dtv

Jede will ihn, doch längst nicht alle bekommen ihn. Dabei ist guter Sex keineswegs reine Glückssache. Wenn wir allerdings darauf hoffen, dass der Liebste uns die intimsten Wünsche von den Augen abliest, gehen wir vermutlich leer aus. Sich selbst zu kennen – den eigenen Körper, die eigenen Bedürfnisse – und zu sagen, was einen anturnt, das sind die Voraussetzungen für ein erfülltes Sexleben. Mit konkreten Tipps und Ratschlägen hilft Sylvia de Béjar dabei zu entdecken, was wir im Bett wollen, und es dann auch in die Tat umzusetzen. Ausprobieren, variieren und genießen ohne Leistungsdruck und falsche Scham, das ist ihre Devise. Denn ob Kuschelsex mit dem Liebsten, One-Night-Stand oder Sex allein – wir tragen selbst die Verantwortung dafür, dass unser Sexleben so ist, wie wir es uns wünschen.

Sylvia de Béjar, geboren 1962, ist Journalistin und Autorin. Sie arbeitet in Barcelona bei ›La Vanguardia‹, wo sie vor allem für die Themen Gesundheit, Psychologie und Schönheit zuständig ist. Sylvia de Béjar ist verheiratet und hat ein Kind.

Sylvia de Béjar

WARUM NOCH DARAUF WARTEN?

Sextipps für Frauen

Aus dem Spanischen
von Sophie Zeitz

Deutscher Taschenbuch Verlag

Deutsche Erstausgabe
März 2003
Deutscher Taschenbuch Verlag GmbH & Co. KG, München
© 2001 Sylvia de Béjar
© der Illustrationen: Sylvia de Béjar
Titel der spanischen Originalausgabe:
Tu sexo es tuyo
Plaza & Janés Editores, Barcelona
Deutschsprachige Ausgabe:
© 2003 Deutscher Taschenbuch Verlag GmbH & Co. KG, München
www.dtv.de
Das Werk ist urheberrechtlich geschützt.
Sämtliche, auch auszugsweise Verwertungen bleiben vorbehalten.
Umschlagkonzept: Balk & Brumshagen
Umschlaggestaltung: Catherine Collin unter Verwendung
eines Gemäldes von François Boucher
Satz: Fotosatz Reinhard Amann, Aichstetten
Gesetzt aus der Weiss Antiqua 10/12,25˙ und der Officina
Druck und Bindung: Druckerei C. H. Beck, Nördlingen
Gedruckt auf säurefreiem, chlorfrei gebleichtem Papier
Printed in Germany · ISBN 3-423-20607-1

Allen Frauen, die mit ihrem Sexleben nicht glücklich sind.

Und den Frauen an meiner Seite.
Wir mögen jede unseren Weg allein gehen,
aber ich weiß, dass ihr da seid.

Für Ángels, Bea, Flo, Laura, María,
Merchi, Mireia, Sandra A., Sandra C. und Z.

Inhalt

Mit eigener Stimme – 9

Ich will kein braves Mädchen sein – 13

Reflexionen über den Körper der Frau – 37

Was keinen Namen hatte – 69

Sex allein – 109

Sex zu zweit – 133

365 + 1 Vorschläge – 203

Epilog – 229

Internetadressen – 231

Danksagungen – 233

MIT EIGENER STIMME

»Wir laden sie zum Essen ein, machen ihnen Komplimente, kraulen ihnen die Klitoris, und sie beschweren sich immer noch!«

Ich sitze beim Aperitif auf der sonnigen Terrasse eines Cafés und hänge meinen Gedanken nach, als die selbstgefällige Männerstimme vom Nachbartisch in mein Bewusstsein dringt.

Seine Freunde amüsieren sich köstlich, während die Damen peinlich berührt auf den Stühlen herumrutschen. Der Redner scheint jetzt erst richtig in Fahrt zu kommen: »Euch Frauen soll mal einer verstehen; und was das Bett angeht – darf man mal fragen, was ihr denn noch wollt?«

Was für ein *Vollidiot*, sage ich mir. Solche Kommentare bringen mich auf die Palme, und wenn ich Machos wie diesen höre, muss ich mich enorm zusammenreißen, um nicht alle Männer in einen Sack zu stecken. Ach, wie mühsam es doch manchmal ist, gerecht zum anderen Geschlecht zu sein!

Dennoch geht mir auf dem Heimweg sein Kommentar nicht aus dem Kopf, und widerwillig gestehe ich mir ein, was mich daran am meisten ärgert: dass nämlich vielleicht ein Körnchen Wahrheit darin liegt. Ich bin seit geraumer Zeit mit der Vorbereitung dieses Buchs beschäftigt, ich habe mit vielen Frauen und mit nicht wenigen Männern gesprochen, mit Psychologen und Medizinern (beiderlei Geschlechts), insbesondere Sexualtherapeuten, und ich habe – leider – festgestellt, dass viele von uns Frauen sich überhaupt nicht mit ihrer Sexualität auseinander setzen, sich nicht die Frage stellen, wie wir Sex erleben und was wir davon erwarten.

Was wollen wir eigentlich?

Weißt du es denn?

Am Anfang hatte ich Angst. Genauer gesagt Panik. Als man mir antrug, dieses Buch zu schreiben, dachte ich: »Ich bin doch nicht verrückt!«

Versetz dich in meine Lage. Wir reden vielleicht ab und zu über Sex, aber mal ganz ehrlich: Bis zu welchem Punkt sagen wir tatsächlich die Wahrheit? Witze und Sprüche zu machen ist einfach, aber frag mal eine Bekannte, ob sie masturbiert ... Machen wir uns nichts vor: Für die meisten ist Sex immer noch etwas Verbotenes, Heimliches, Schmutziges. Ich hatte es also gar nicht einfach.

Aber mit der Zeit und mit der Unterstützung meines Partners, der es von Anfang an ganz nüchtern betrachtete – »Wie oft hast du schon verlangt, dass endlich Klartext geredet wird?« –, begann mich die Idee zu reizen. Als Journalistin hatte ich schon öfters über Sex geschrieben und nun bot sich mir die Chance, endlich selbst etwas gegen unsere Ignoranz – auch die meine – und gegen das überholte Modell der Sexualität, das noch heute maßgeblich ist, zu unternehmen.

Sex ist keine Sache, die sich aufs Bett beschränkt, dort etwas Zeit in Anspruch nimmt und dann erledigt ist. Punkt.

Sex ist viel mehr.

Wenn du voll und ganz zufrieden bist, fantastisch. Aber falls es nicht so ist – halt nicht einfach still, dreh nicht das Gesicht zur Seite und rede dir ein, es wäre nicht so wichtig, es wäre ja nur ein kleiner Teil deines Lebens oder deiner Beziehung.

Sex ist wichtig.

Solange du keine Asketin bist, deren spirituelles Wachstum mit Enthaltsamkeit einhergeht (was vielleicht auch ein Weg zur Seligkeit sein kann), sollte sexuelle Erfüllung nicht der letzte Punkt auf der langen Liste deiner weiblichen Etappenziele sein. Sicher, oberflächlich besehen gibt es eklatantere Ungerechtigkeiten. Doch in Wirklichkeit lehnst du, wenn du auf ein erfülltes Sexleben verzichtest, auch einen wesentlichen Teil deiner selbst ab.

Ich weiß nicht, wie alt du bist oder was für sexuelle Erfahrungen du gemacht hast. Ob du zufrieden bist oder nicht, oder mal so, mal so. Ob du Hemmungen hast oder ob du alles ausprobierst, an jedem Ort, zu jeder Zeit.

Jedenfalls hältst du dieses Buch in der Hand, und das bedeutet, dass du Fragen hast. Genau wie ich.

Doch zuerst müssen wir folgende Tatsache zur Kenntnis nehmen: *Über die weibliche Sexualität ist vieles noch nicht bekannt.* Es herrscht noch nicht einmal eine einhellige Meinung beziehungsweise eine maßgebliche Theorie bezüglich unserer Geschlechtsorgane und unserer Orgasmen. Es gibt viel Sumpf und nicht wenige Zweifel, denn – und darüber klagen die Sexualwissenschaftler zu Recht – in die Forschung fließt kaum Geld.

Woher dieses offensichtliche Desinteresse? Machen wir uns nichts vor: Unser Spaß am Sex ist nebensächlich. Die Studien zur weiblichen Sexualität befinden sich im Vergleich zu denen der männlichen schätzungsweise zwanzig Jahre im Rückstand. Es liegt auf der Hand, wie der Fall liegen würde, wenn bei der Fortpflanzung der Spaß der Frau relevant wäre. Außerdem geht es natürlich ums Geschäft: Die Pharmaindustrie allein wäre in der Lage, höhere Summen zu investieren, und dort forscht man nur, wo kurzfristig Geld zu machen ist, man denke nur an die Erfolgsgeschichte von Viagra. Langsam ist man auf die Idee gekommen, das Gleiche auch für Frauen zu versuchen, nur, bei uns lässt sich der Spaß am Sex nicht einfach mit einer Pille herbeizaubern.

Absolute Wahrheiten oder Patentrezepte kann ich also leider nicht anbieten. Du musst deine eigenen Rezepte finden – glaube bloß nicht an das Ammenmärchen, dass Sex spontan und ganz natürlich passieren müsse oder dass es die eine richtige Art gebe, es zu tun. Das ist nicht wahr, und vor allem bei uns Frauen nicht. Zum einen, weil unsere Form von Beziehungen zum Teil Produkt der patriarchalischen Kultur ist, in der wir leben, und zum anderen, *weil Sex haben nicht dasselbe ist wie Spaß am Sex haben.*

Jede Frau ist eine eigene Welt, und unsere Sexualität ist ein kompliziertes Puzzlespiel, in dem es oft mehrere Teile gibt, die an die gleiche Stelle passen. Es gibt also nicht die eine Form der weiblichen Sexualität (auch nicht der männlichen). Was die eine glücklich macht, ist der anderen zu wenig, unangenehm oder sogar unmöglich. Nicht umsonst sind wir verschieden: Alter, Erziehung, Kindheit, die Zeit, in der wir leben, unsere Hemmungen, unsere Neugierde, unser Glauben, unsere Herkunft und vieles andere haben Einfluss auf unsere Lust. Das Wichtigste ist herauszufinden, was *du* willst.

Daher habe ich versucht alles zusammenzutragen, was wir unbedingt über unsere Sexualität wissen sollten, und auf bestimmte Themen, die viele Frauen beschäftigen, näher einzugehen. Darüber hinaus möchte ich einige Anregungen (nicht Anweisungen) geben. Wahrscheinlich sind wir uns in vielen Punkten einig, in anderen womöglich weniger, aber in jedem Fall hoffe ich, dass dich die Lektüre inspiriert, so wie mich das Schreiben inspiriert hat, denn das sollte unser Ziel sein: *über unsere Sexualität nachzudenken und sie nicht einfach hinzunehmen mit mehr oder weniger Angst, Scham- und Schuldgefühlen und Unzufriedenheit.*

Letztendlich geht es darum, unsere eigene Stimme zu finden, jede Einzelne von uns.

Deine Stimme.

ICH WILL KEIN BRAVES MÄDCHEN SEIN

»Selbsterkenntnis ist der einzige Weg zur Befreiung.«

Manche von uns Frauen haben Ängste: den Männern nicht zu gefallen, als schlechte Liebhaberin zu gelten, dass schlecht über sie geredet wird ...

Manche von uns leiden darunter, dass Sex ihnen keinen Spaß macht oder dass wir es nicht so tun, wie es angeblich sein müsste.

Manche von uns versagen sich den Spaß, weil sie nichts für sich fordern, sondern ihn stattdessen machen lassen, ohne zu mucksen.

Manche von uns schauspielern im Bett. Und nicht nur die, die einen Orgasmus vortäuschen, um »gut im Bett« zu sein, die Gefühle des anderen nicht zu verletzen oder einfach, damit er »endlich fertig wird«. In Wirklichkeit täuschen wir schon dann etwas vor – und zwar vor allem uns selbst –, wenn wir uns auf Praktiken einlassen, die uns nicht so toll gefallen, wie wir vorgeben.

Vortäuschen

Wie vielen Männern ist wohl ein Licht aufgegangen, als Meg Ryan in *Harry und Sally* zeigte, wie leicht es ist, einen Orgasmus vorzutäuschen. Wahrscheinlich mussten Therapeuten daraufhin reihenweise Tipps geben, woran man einen echten Orgasmus erkennt. Dabei ist das nicht einfach. Ein gerötetes Gesicht und beschleunigter Puls sind keine zuverlässigen Beweise: Halte eine halbe Minute die Luft an, und du hast den gleichen Effekt. Einer sportlichen Liebhaberin wäre es sogar möglich, die vaginalen Kontraktionen des Orgasmus zu imitieren – doch das wären wahrscheinlich Perlen vor die Säue geworfen, denn die Mehrheit der Männer gibt zu, Vaginalkontraktionen gar nicht zu spüren. Was bleibt? Allein Ehrlichkeit und Vertrauen.

Schwierig zu sagen, wie viele Frauen vortäuschen, denn keine gibt es gerne zu, aber laut verschiedener Umfragen hat es die überwältigende Mehrheit der Frauen (über 90 Prozent) schon mal getan. Im berühmtberüchtigten *Hite-Report* haben auf die Frage »Täuschen Sie manchmal einen Orgasmus vor?« 53 Prozent der Befragten positiv geantwortet. Der Grund? Shere Hite meint dazu: »Der enorme Druck, der auf die Frauen ausgeübt wird, während des Koitus zum Orgasmus zu kommen«, also so, wie es für den Mann am natürlichsten ist. Meinen Kommentar hebe ich mir für später auf.

Der erste *Hite-Report* stammt noch aus den 1970er Jahren und wurde in bestimmten (von Männern dominierten) Kreisen sehr kritisch aufgenommen; man sah es nicht gern, dass Frauen offen über ihre sexuelle Unzufriedenheit sprachen. Renommierte Zeitschriften wie *Newsweek* und *Time Magazine* kritisierten die Autorin scharf, wobei sich die wenigsten Rezensenten auf den Report bezogen. Stattdessen versuchte man die Autorin zu diskreditieren, weil sie im *Playboy* zu sehen gewesen war – sie war unter anderem Fotomodell –, und man warf ihr zu Unrecht Überspanntheit vor, Gerüchten nach habe sie einen Taxifahrer geschlagen etc. Ihre Umfrage war sicher keine absolute Erhebung, aber das hatte sie auch nie behauptet: Sie gab gar nicht vor, eine Statistik zu erstellen, sondern veröffentlichte einfach die Meinung von Frauen, die sich dazu bereit erklärten. Millionen von Frauen haben sie unterstützt, die in ihr ein Sprachrohr ihrer Unzufriedenheit sahen. Überraschenderweise sind heute, dreißig Jahre später, die Klagen der Frauen noch immer genau die gleichen. Der *Neue Hite-Report*, der im Jahr 2000 erschienen ist, gibt Zeugnis davon. Auch andere Studien der letzten Jahre kommen zu ähnlichen Ergebnissen, dass sich nämlich erschreckend wenig geändert hat, und das, obwohl uns in den Medien ein so liberales und aufgeklärtes Bild der Frau gezeigt wird. Eine Sache ist, was wir vorgeführt bekommen, eine andere, wie wir Frauen wirklich empfinden.

Wunderst du dich nicht manchmal darüber, dass so viel von Sex geredet wird, aber so wenige Tatsachen darüber bekannt sind? Gibt es nicht auch Aspekte unseres Sexuallebens, die dich irritieren? Mir fallen eine ganze Reihe von Fragen ein:

– Welchem ungeschriebenen Gesetz zufolge besteht unser Sex zum großen Teil aus ein paar Minuten Vorspiel, Koitus und Schluss?

– Warum ist vielen Frauen der Spaß des Partners wichtiger als ihr eigener, wo es die Männer doch viel einfacher haben als wir, jedenfalls, um in Fahrt zu kommen?

– Wie kommt es, dass bei den Frauen von Passivität und geringerer Libido gesprochen wird, bei den Männern dagegen vom *unkontrollierbaren Bedürfnis, den »Druck« loszuwerden*?

– Warum fällt es uns so leicht, von Sex zu sprechen, aber beim Wort »masturbieren« werden wir rot?

– Wie ist es möglich, dass wir uns über den Geruch unseres Geschlechtorgans Gedanken machen und Männer diesbezüglich völlig unbefangen sind?

– Warum lassen wir zu, dass über unseren Körper gerichtet wird, während wir seinen Penis bedingungslos verehren müssen – damit er ja nicht denkt, er wäre zu klein/zu groß/zu kurz/zu dünn? (Und wer bezahlt *uns* den Psychiater?)

– Das alte Lied: Er kann so viele Frauen abschleppen, wie er will, und ist ein Frauenheld. Wenn ich das Gleiche mache, bin ich keine Männerheldin, sondern eine Schlampe.

– Und warum finden wir uns damit ab, dass Schwangerschaftsverhütung meist Frauensache ist, wenn er mindestens die Hälfte dazu beiträgt, dass etwas passieren kann?

Es sind viele Fragen offen, und so fange ich mit einer Angelegenheit an, die mich besonders aufregt: dass nämlich eine seltsame Unklarheit über den weiblichen Orgasmus herrscht.

Seltsame Unklarheit

Wie viele Millionen Frauen fragen sich täglich, ob ihre Orgasmen normal sind? Hätte es bei Männern je solche Zweifel gegeben, wäre das Thema längst geklärt. Ich habe mal einen Satz gehört, den ich nie vergessen habe: »Wenn Männer schwanger werden könnten, wäre Abtreibung ein Sakrament.« Sicher eine provokante Formulierung, doch sie bringt auf den Punkt, was sich in unserer Gesellschaft abspielt: Die Protagonisten sind die Männer (es geht um ihre Interessen, Sorgen, Probleme ...), wir dagegen sind Nebendarsteller, die sich ihren Bedürfnissen anpassen. Es ist also nicht verwunderlich, dass Tausende von Frauen die gleichen Zweifel haben, vor allem, wenn man bedenkt, dass diese Zweifel den Männern ganz gelegen kommen. (Im nächsten Kapitel mehr davon.)

Ich kenne deine speziellen Fragen nicht. Konkrete Antworten in Bezug auf Anatomie – Klitoris, Penis, G-Punkt und andere weniger bekannte Zonen – und Liebeskünste, allein oder zu zweit, altbekannt und gewagt, findest du in späteren Kapiteln. Doch wir wollen uns nicht mit Techniken begnügen. Wir haben Größeres vor.

> **Hast du das Gefühl, du lebst deine Sexualität so aus, wie du willst?**

Die Mehrheit der Frauen macht immer irgendwo Abstriche. Ungenügender Standardsex (viermal streicheln, rein-raus und fertig), keine Orgasmen oder »falsche« Orgasmen, Unzufriedenheit mit unserem Körper, ein egoistischer Partner, Routine und Langeweile, Furcht vor Experimenten, Angst zu sagen, was wir wollen, Schuldgefühle, Unkenntnis ... Es gibt so viele Gründe. Kein Wunder:

> **Wir Frauen werden bis heute nicht dazu erzogen, für unsere sexuelle Erfüllung die Verantwortung zu übernehmen.**

Wenn man sich vorstellt, wie anders die Dinge hätten liegen können ... Wusstest du, dass Eva gar nicht die erste Frau war? Wir kennen oft nur die offizielle Version, in der die Frau (gefährlich!) Adam mit dem Apfel in Versuchung führt und damit schuld ist an der Vertreibung aus dem Paradies. Seitdem sind Frauen mit Vorsicht zu genießen. Sie sind nicht vertrauenswürdig. Eine schöne Botschaft, mit der die Bibel da anfängt.

Doch es gibt noch eine andere Version, in der eine andere Frau die Hauptrolle spielt. Sie hieß Lilith und war nicht unbedingt das, was man eine Dame nennt. Und sie hatte sogar uns emanzipierten Frauen von heute eine Menge voraus.

Wie man sich erzählt, hatte Adam im Gegensatz zu allen anderen Tieren der Schöpfung keine Partnerin und war fürchterlich frustriert. Der arme Kerl war so einsam, dass er sich mit jedem Weibchen, das ihm über den Weg lief, zu paaren versuchte. Das machte ihn natürlich nicht glücklicher und er beklagte sich bei Gott; und um Adams Bedürfnisse zu befriedigen, erschuf Gott die erste Frau. Aber als Adam sich zu seiner ersten Freundin legte, um mit ihr zu schlafen, steht sie plötzlich auf und ist sauer: »Warum soll ich unten liegen? Ich bin dir schließlich ebenbürtig.« Erwartungsgemäß hatte er seinen Testosteronspiegel nicht unter Kontrolle und versuchte es mit Gewalt – auf die Idee, mit ihr zu verhandeln, war er natürlich nicht gekommen. Woraufhin Lilith das einzig Richtige tat: Sie gab ihm den Laufpass, oder besser: Sie verließ ihn.

Leider hatte Adam nichts daraus gelernt, und auch die Männer nach ihm nicht. Leider ist Lilith nicht zu unser aller Vorbild geworden.

Schweigen müssen.

Warten müssen.

Sich fügen müssen.

Das ist langweilig. Es ist entfremdend!

Die Rolle, die uns von der Gesellschaft zugeteilt wurde ...

Wer ist denn die Gesellschaft? Die Männer sind schuld, sicher, aber wir auch. Wir sind Komplizen in diesem Spiel.

Es ist Zeit, dass wir endlich reagieren.

Die Gesellschaft

Ein nebulöses Wort, das konkrete Schuldzuweisungen unmöglich macht. Unter seinem Deckmantel waschen sich Männer und Frauen die Hände in Unschuld.

Du erinnerst dich sicher an das Ende von Dornröschen, als der Prinz seine Geliebte wachküsst. Romantisch, nicht wahr? Wäre es nicht schön, Dornröschen zu sein (oder Schneewittchen oder die Prostituierte aus *Pretty Woman*)? Anscheinend haben solche Märchen ein Happyend – zumindest, wie uns versichert wird, leben die Prinzessin und ihr Prinz »glücklich bis an ihr Lebensende«.

Aber was wäre passiert, wenn der Prinz Dornröschen nicht geküsst hätte? Dann wäre sie niemals aufgewacht.

Auf Wiedersehen Happyend. Glaub ja nicht, Julia Roberts hätte beschlossen, nicht mehr auf den Strich zu gehen und ein braves Mädchen zu werden, wenn Ritter Richard Gere nicht gekommen wäre. Ohne ihn stünde sie heute noch mit zerlöcherten Stiefeln und bunten Kondomen an der Ecke. Übersieh nie die *negative* Botschaft, die solche Filme und Märchen transportieren: Ohne Mann (der uns zeigt, wo's langgeht) sind wir nichts.

Tja, Schätzchen, willkommen im wirklichen Leben. Hier kommt kein Märchenprinz auf seinem Pferd vorbeigeritten, so beharrlich wir auch von ihm träumen mögen.

Im wirklichen Leben sind Männer aus Fleisch und Blut, wie du und ich, und haben genug damit zu tun, sich um sich selbst zu kümmern.

Und die Moral von der Geschichte? Wenn wir unser Leben nicht mit Warten vergeuden wollen, heben wir uns Prinzessinnen und Prinzen lieber für die Dosis Kitsch im Kino auf und gewöhnen uns ansonsten daran, dass wir die Kastanien selbst aus dem Feuer holen müssen. Du kannst dich nur selbst wachküssen, denn du allein trägst die Verantwortung für dein Leben.

Und das gilt auch für Sex. Auf den Prinzen, der dir das Schlüsselchen zur Tür deiner Lust überreicht, kannst du lange warten. Es wird keiner kommen, der dir sagt, was du tun sollst und was dir Spaß macht.

Deinen Sex bestimmst du.

Nur du allein kannst Erfahrungen machen, die deinen Körper und deine Lust betreffen:

Ausprobieren. Sein lassen.

Ausprobieren. Wiederholen.

Fordern. Nicht fordern.

Mit einem mitgehen, mit einer anderen, mit mehreren oder mit keinem.

Genießen. Leiden. Lachen. Weinen.

Es gibt nicht nur gute Erfahrungen, sondern auch schlechte, aber solange du deine eigenen Regeln aufstellst, wirst du als Frau respektiert und kannst nach deinen Vorstellungen leben.

Das Modell der Sexualität

In unserer Kultur ist das Vergnügen des Mannes maßgeblich. In anderen Worten: Im Patriarchat bestimmen die Lust und die Bedürfnisse des Mannes, was Sache ist, und die weibliche Sexualität existiert nur als Reaktion darauf. Auch wenn in unserem Kulturkreis die Konventionen langsam aufweichen, liegt noch ein weiter Weg vor uns.

Mach dir klar: Das Modell der Sexualität spiegelt die Rollenverhältnisse in der Gesellschaft wider.

Was heißt das für uns?

Bestimmte Vorstellungen, Meinungen und Formen der Sexualität müssen überwunden werden, damit sich ein neues Modell der Sexualität etablieren kann, ein Modell, das uns weniger Zwänge auferlegt, das gerechter ist und befriedigender für uns alle.

> **Sex soll eine wohltuende, befreiende Aktivität sein.**
> **Für jeden Beteiligten, ohne Unterschiede.**

Wir haben bereits festgestellt, dass das nicht immer der Fall ist. Sex ist nicht immer so fantastisch, und das liegt nicht am Mangel an Orgasmen, sondern daran, dass die Spielregeln uns nur bedingt einleuchten. (Falls du noch nie einen Orgasmus hattest, kannst du es lernen: Eine Anleitung findest du im fünften Kapitel, in dem es um »Sex allein« geht.)

Was ist also zu tun? Nach allem, was wir bis jetzt besprochen haben, gehst du vermutlich nicht mehr davon aus, dass der Weihnachtsmann kommt und dir hübsch verpackt mit einer Schleife Lust mitbringt. Natürlich nicht. Also gibt es nur einen Weg für uns (für dich!), du kennst ihn schon: Wir Frauen müssen Verantwortung für unseren Sex übernehmen.

Wir müssen unseren Körper kennen lernen, wissen, wie er funktioniert, und herausfinden, was uns wirklich Lust bereitet, und wir müssen uns fragen, wie wir unsere sexuellen Beziehungen gestalten wollen. Wir müssen darüber sprechen, laut und deutlich, damit wir uns verstehen und damit wir ein für allemal verstanden werden.

Leben mit der Angst

Als ich neulich abends in einer gottverlassenen Gegend an einer roten Ampel hielt, sah ich ein gebrechliches altes Männchen, das auf seinen Stock gestützt auf Grün wartete. Auf einmal tauchte neben ihm ein riesiger Kerl auf, der einen bedrohlichen Eindruck machte. Plötzlich kam mir der Gedanke, dass der alte Mann jetzt, wo er wehrlos und schwach war, die Angst nachempfinden konnte, mit der wir Frauen täglich leben. Die Furcht, die wir vor einem Mann empfinden können, nur weil er ein Mann ist. Wahrscheinlich hatte der Große selbst die gleiche Wehrlosigkeit gefühlt, wenn er in der Schule von einem stärkeren Jungen bedroht worden war. Kinder kennen die Angst, von der ich spreche. Aber wenn Jungs aufwachsen, vergessen sie sie für gewöhnlich.

Wir Frauen leben damit. Nicht konstant, aber die Angst ist da: im Verborgenen, sie kann jederzeit hervorbrechen. Traurigerweise sind sich die Männer nicht bewusst, in welchem Maß sie uns einschränken. Was kann man auch dagegen tun? Eine weltweite Debatte in Gang bringen? Unsere Söhne zum bedingungslosen Respekt vor Frauen erziehen? Die Mädchen zu Nahkampfmeisterinnen ausbilden? Übergriffe härter bestrafen? Ehrlich gesagt, ich weiß es nicht. Ich weiß nur, dass ich oft spüre, dass ich in meiner Freiheit beschnitten bin, und das sollte nicht so sein.

Wir müssen endlich selbst das Ruder übernehmen, wissen, was wir wirklich wollen, und es klar ausdrücken, um Sex in der Form auszuleben, die unseren eigenen Wünschen und Gefühlen entspricht und nicht den Normen, die uns von außen auferlegt werden, von der Gesellschaft, dem aktuellen Liebhaber, Freunden, der Öffentlichkeit, Filmen, Liebesromanen... Und das darf nicht nur heimlich im Schlafzimmer geschehen, nicht jede Einzelne unter sich mit ihrem Partner ausmachen, sondern alle, in aller Öffentlichkeit.

Vielleicht fragst du dich, was etwas so Intimes wie Sex in der Öffentlichkeit zu suchen hat. Ich meine auch nicht, dass du auf eine Seifenkiste steigen, dich laut schreiend der sexuellen Ignoranz schuldig bekennen und verkünden sollst, dass er darüber hinaus ein Versager ist, dass du mehr Romantik willst, weniger Grobheit und mehr Liebeskunst (so etwas sagt man zu Hause... und zwar mit Feingefühl!). Aber auf der Straße muss *auch* geredet werden. Wir tragen nicht nur die Verantwortung für uns selbst, sondern, und daran glaube ich fest, wir sind es *allen Frauen* schuldig, vor allem denen, die nicht darüber sprechen können.

Schweigen arbeitet gegen uns, Schweigen ist Geschichte.

Unsere Lust wurde jahrhundertelang – jahrtausendelang! – geknebelt. Unsere Geschlechtsteile hatten noch nicht einmal einen Namen. Ein kleiner Junge weiß von Anfang an, was der Penis ist, *sein* Penis; wie viele kleine Mädchen wissen von ihrer Klitoris? Unsere Sexualität liegt Jahrzehnte nach der so genannten *Women's Liberation* immer noch zum großen Teil in seiner Hand.

Keine Frau darf sich scheuen, ihre Rechte einzufordern:

- das Recht, mit unserem Körper die Dinge zu machen, die uns Spaß machen, und zwar mit wem es uns gefällt,
- das Recht, unsere Wünsche auszuleben und auszuprobieren, ohne Angst, dass wir dafür körperlich oder seelisch zur Rechenschaft gezogen werden,
- das Recht auf Information, die uns ermöglicht, unsere Sexualität frei entfalten zu können.

(Das sind nicht mehr oder weniger Rechte als die der Männer.)

Und die Männer, was haben sie davon?

Auch wenn dieses Buch vornehmlich den Frauen gewidmet ist, auch die Männer können davon profitieren. (Wenn du einen Partner hast, solltest du ihm das Buch mal leihen.) Denn:

1. So gut läuft es bei den Männern auch nicht.
2. Auch sie können ihren Horizont erweitern.
3. Dann haben auch sie mehr Spaß am Sex.

1. So gut läuft es bei den Männern auch nicht. Offenbar haben Männer viele Vorteile uns gegenüber, doch zugegebenermaßen ist ihre »dominante« Rolle auch nicht immer ganz leicht.

Stell dir mal den Wissensstand vor, mit dem die Männer anfangen. Von klein an lernen sie, dass der Penis das einzige Werkzeug ihrer Sexualität ist und dass ein echter Mann keine Unsicherheit und Ängste kennt. Ihre Kenntnisse umfassen bei ihrer allerersten sexuellen Erfahrung in etwa das, was sie in der Schule über die Fortpflanzung gelernt haben, nämlich pure Biologie; die gleichermaßen grandiosen und unrealistischen Sexszenen im Kino; das, was sich die Jungs so erzählen, also viel Fantasie und wenig Wahrheit, und die spärliche Information, die sie von zu Hause mitnehmen. In einem Satz: Sie haben keine Ahnung, was sie tun müssen (und wollen) und wie.

Männer sind auch nicht als Meister vom Himmel gefallen

In einem Artikel im *Playboy* erzählt der US-Schauspieler Bill Cosby, dass in seiner Teenagerzeit alle seine Freunde nur von dem einen sprachen. Cosby wollte ihnen in nichts nachstehen und fragte seine Freundin, ob sie *es* nicht mit ihm tun wolle. Sie war einverstanden, und als der Tag der Verabredung gekommen war, stellte er fest, dass er nicht die leiseste Ahnung hatte, wie man *es* tat. Auf dem Weg zu ihr dachte er nach: »Das Schlimmste wird sein, die Hosen auszuziehen. Das muss ich ganz schnell hinter mich bringen. Gut. Dann bin ich nackt. Was jetzt? Ich stehe dort wie angewachsen und sie sagt mir auf den Kopf zu, dass ich nicht weiß, wie es geht. Ich könnte einfach sagen: Doch, aber ich hab's vergessen ...« – Auf die Idee, dass sie ihn hätte einführen können, war er überhaupt nicht gekommen. »Ich wollte nicht, dass es mir jemand zeigt, aber es wäre schön gewesen, wenn ich einen Spickzettel gehabt hätte.«

Das Ganze klingt vielleicht lustig, aber eigentlich ist es traurig, ungerecht und grausam. Ein durchschnittlicher Vater verbringt mehr Zeit damit, seinem Sohn beizubringen, wie man Fahrrad fährt, Fußball spielt oder Nägel in die Wand schlägt, als über Sex zu reden. (Im Laufe ihres Lebens spielen die Jungs vielleicht mehr Fußball, als Sex zu haben, aber so viele Nägel werden sie nicht bearbeiten.)

Noch eins: Wir Frauen träumen von Männern mit Erfahrung. Wir denken nicht daran, woher diese Erfahrung kommen soll. Wäre es nicht besser, wenn wir alle geeignete Informationen und Anleitungen zur Verfügung hätten?

Außer wenn sich Jungs eingestehen, dass sie viel zu lernen haben, wird ihre Ignoranz und/oder Unsicherheit bestehen bleiben und sogar wachsen, wenn die Frauen von ihnen erwarten, dass sie die Experten sind.

Auch das Gefühl, dass Männer immer bereit sein müssen, unterstützen wir Frauen mit Aussprüchen wie: »Er denkt immer nur mit dem Schwanz.« Das ist genauso abgedroschen, wie wenn er sagt: »Du hast wohl wieder deine Tage.« Laut einer US-Studie geben 62,7 Prozent der befragten Männer an, manchmal gegen ihren Willen Sex zu haben (übrigens sagen das Gleiche nur 46,3 Prozent der Frauen). Auch Männer schlafen also mit Frauen aus reiner Pflichterfüllung. (Der Großteil der Studien, auf die ich mich beziehe, stammt aus den USA, denn dort wird am meisten Geld für Forschungen auf dem Gebiet der Sexualität ausgegeben – ein enormer Vorteil uns gegenüber.) Das ist eigentlich nicht überraschend. Männer täuschen sogar Orgasmen vor. Als 1996 die Zeitschrift *Glamour* eintausend Männer zu ihrem Sexualleben befragte, räumten 43 Prozent der Männer ein, mindestens einmal einen Orgasmus vorgetäuscht zu haben (manche gaben sogar an, es regelmäßig zu tun). Versetze dich mal in seine Position: was für eine Belastung, immer wollen zu sollen und immer kommen zu müssen. Kein Wunder, dass auch er von Zeit zu Zeit so tut als ob – um gut im Bett zu sein, die Gefühle des anderen nicht zu verletzen und/oder endlich zum Ende zu kommen. Die gleichen Gründe, die auch Frauen dafür haben mögen.

Von wegen Männern wäre es technisch gar nicht möglich: ein paar besonders leidenschaftliche Stöße, eine paar Stöhner und dann sackt er erschöpft über dir zusammen. Und das Sperma? Bei all den Flüssigkeiten, die im Spiel sind … Mit Kondom ist es noch einfacher: Er zieht es ab und wirft es weg.

Doch zurück zu den Kenntnissen des Mannes: Das ist also sein Wissensstand, wenn er auf eine Frau trifft, die Orgasmen von ihm fordert, und zwar am besten multiple. Ganz ohne Gebrauchsanweisung.

Ich beneide die Männer nicht im Geringsten. Der Druck, der auf ihnen lastet, und die Angst, ihm nicht standzuhalten, sind so groß, dass die Zahl der psychisch bedingten sexuellen Störungen bei Männern rasant ansteigt.

2. Auch Männer können ihren Horizont erweitern. Dass der Penis für sie das Zentrum des Universums ist, stellt sich als traumatisch heraus, wenn die Dinge nicht so sind, wie sie sein sollten, wenn Länge, Dicke und Dauer der Erektion und das Geschick, Frauen zum Orgasmus zu bringen, nicht dem Bilderbuch entsprechen. Darüber hinaus ist dieser Götzenkult eine echte Einschränkung, denn er macht den Penis im Liebesspiel zum einzigen Werkzeug der Lust (für sie und für ihn). Was ist mit dem Rest des Körpers? Auch ein Mann hat Ohrläppchen, Lippen, Hals, Brustwarzen, Po, Schenkel, Füße und andere Zonen, die liebkost, geküsst, massiert, gestreichelt werden wollen. Manche Männer sind so festgefahren, dass sie sich nicht mal der Existenz anderer erogenen Zonen bewusst sind, und manche wollen sie gar nicht spüren, weil sie Angst haben, damit auf »schwules Terrain« zu geraten. Diese Engstirnigkeit spiegelt sich in ihrem sexuellen Repertoire wider. Sex scheint ein Synonym zu sein für Penis-in-

Vagina. Alles andere wird zum Vorspiel degradiert und dauert ungefähr einen Atemzug. Streicheln, küssen, Hand anlegen, lecken – alles für das eine Ziel: die Penetration.

Aber die Penetration muss nicht die einzige Form des Sexualverkehrs sein – außer wenn wir uns fortpflanzen wollen. Vor Millionen von Jahren war es wichtig, alles für den Erhalt der Spezies in einer feindlichen Welt zu tun, aber heute, im 21. Jahrhundert? Wie oft haben wir wohl Sex im Leben? Tausend Mal, fünftausend Mal oder mehr? Und wie oft tun wir es, um uns fortzupflanzen? Was ist also mit dem Rest? Kein Wunder, dass sich so viele Paare im Bett langweilen. Mehr Fantasie!

Außerdem gibt es ab einem gewissen Alter Erektionen nicht mehr auf Knopfdruck. Kein Wunder, dass die Entwicklung von Viagra den Markt mit Zeitungsartikeln, Werbekampagnen, Fernsehsendungen und Radioprogammen überschwemmt hat. Wäre auch nur die Hälfte der Informationen der Aufklärung gewidmet gewesen, wäre der Großteil der Männer und Frauen unseres Kulturkreises sehr viel besser bedient und das Mittelchen vielleicht gar nicht nötig.

Was tun, wenn der Penis den Dienst versagt? Frustriert sein? Mit dem Sex ganz aufhören? Eine traurige Alternative. Dabei sind Lust und Erektion zwei Paar Schuhe. Es braucht keinen steifen Penis, um Lust zu empfinden, und auch nicht, um zum Orgasmus zu kommen beziehungsweise zur Ejakulation.

Einen Steifen haben

Bei jungen Männern ist der Penis vielleicht hart wie Stahl, und gleich nach dem Orgasmus geht es schon weiter, doch im Laufe der Jahre ändern sich die Dinge. Es wird zunehmend schwieriger, mehr Handarbeit ist nötig, mit fünfzig ist der Ständer nicht mehr ganz so standfest und auch nicht mehr ganz so groß. Ab sechzig kommt es auch seltener zur Ejakulation.

Deswegen muss das Geschäft noch lange nicht »mangels Personal« geschlossen werden. Wir müssen uns einfach umstellen. Auch im nicht erigierten Zustand verfügt das Glied über Tausende von Nervenenden und ist damit höchst empfindlich. Geschlechtsverkehr ist nicht nur mit hartem Penis möglich, die Ejakulation ebenso. Und auch wir Frauen haben viele Möglichkeiten, Lust zu empfinden.

Wichtig: Wenn der Mann von seinem Penis nicht zu viel erwartet, springt dieser meistens besser an. Die Angst vor dem Versagen ist der schlimmste Feind der Lust.

Für die meisten Männer ist das Ziel des Geschlechtsverkehrs der Orgasmus. Dabei geht ihnen einiges flöten. Es ist ein Unterschied, ob man den Weg zum Ziel genussvoll geht oder ihn mit angelegten Ohren hinter sich bringt. Natürlich ist der Höhepunkt wundervoll, aber sich nur auf ihn zu versteifen ist wie ein Eis herunterzuschlingen, statt es sich auf der Zunge zergehen zu lassen. Sexualtherapeuten bestätigen: Die Erregungsphase ist das Beste am Sex. Außerdem ist erwiesen, dass das Hinauszögern den Orgasmus intensiviert.

Es lohnt sich also auf alle Fälle auch für Männer, ihr Repertoire zu erweitern.

3. Dann haben auch sie mehr Spaß am Sex. Ein uraltes Klischee kursiert immer noch in einigen sinistren Männerkreisen: *Frauen haben weniger Lust.* Da kann ich nur sagen: Dann strengen Sie sich bitte etwas mehr an, meine Herren!

Dreizehn Dinge, die besser sind als Sex (in ungeordneter Reihenfolge):

Keine Lust zum Aufstehen haben und liegen bleiben dürfen.
Eine Reise um die Welt (oder eine kleinere).
Ein gutes Gespräch mit dem Partner.
Das Lachen meines Kindes.
Die Momente, in denen ich das Gefühl habe, alles ist gut (es sind so wenige).
Den letzten Punkt hinter dieses Buch zu machen.
Einen Text zu lesen, der mir das Gefühl gibt, extrem lebendig zu sein.
Ein atemberaubender Sonnenuntergang.

Mit einer Freundin etwas aushecken.

Zeit für Langeweile haben.

Ein gutes Essen in noch besserer Gesellschaft.

Ins Meer eintauchen.

Schokolade (wie könnte es anders sein?)

Zahlreiche Studien belegen, dass Männer mehr an Sex denken als Frauen und mehr Lust darauf haben. Die Frage ist: warum? Darüber sind sich die Experten alles andere als einig. Die einen reden von biologischen Ursachen, von menstruationsbedingten Hormonzyklen und von Testosteron, das für den Sexualtrieb von Männern und Frauen verantwortlich sei und von dem wir Frauen weniger ausschütten. Andere, wie Masters und Johnson, gehen nicht von biologischen Unterschieden aus, sondern machen die Kultur verantwortlich, die Jahrhunderte der Repression, die sich nicht einfach auslöschen lassen. Und dann gibt es die Therapeuten, die ganz gegen das simple Ursache-Wirkung-Modell sind und die Gründe in einer Kombination verschiedener Ursachen suchen.

Ehrlich gesagt leuchten mir alle Argumente ein, solange man sich um eine Lösung oder Einigung bemüht. Hier noch ein paar Gedanken dazu:

– Egal wie heiß wir sind, wir überlegen genau, ob wir mit einem Typen ins Bett gehen. Warum eigentlich? Wie viele verschenkte Möglichkeiten!

– Hat es damit zu tun, dass One-Night-Stands, diese spontanen Explosionen der (männlichen) Lust, für uns Frauen selten wirklich klasse sind? Oft gibt es nicht einmal ein zweites Mal. Was haben wir von diesem zweitklassigen Sex?

– Das Gleiche gilt für Frauen, deren Partner immer nur die gleiche Nummer abspult. Was habe ich vom Sex, wenn ich dabei an ein bevorstehendes Meeting, das Mittagessen oder den Zahnarzt denke?

– Viele scheuen sich, das Thema anzusprechen. Viele Frauen in langjährigen Beziehungen (in denen eigentlich ein gewisses Vertrauen herrschen sollte) hoffen immer noch darauf, dass ihr Partner den ersten Schritt aus der Routine macht. Es hängt wohl mit unserer Erziehung zusammen.

– Wir von der Partner-Kind-Beruf-Haus-und-was-noch-alles-Fraktion sind oftmals schlicht und einfach erschöpft. Wenn das Essen abgeräumt ist, die Kinder im Bett und die Arbeit und andere Sorgen vergessen worden sind (ja, auch wir haben beruflichen Stress), sollen wir ins Negligé hüpfen und uns auf ihn stürzen wie eine Tigerin? Sonst noch was?

– Wenn etwas in der Partnerschaft nicht stimmt, die Beziehung nicht harmonisch ist, schlägt sich das oft auf das sexuelle Begehren nieder. Wie kann ich Lust auf einen Mann haben, der ansonsten gleichgültig ist?

– Depressionen wirken sich übrigens als Erstes auf die Libido aus.

– Wir stellen meistens unsere eigenen Bedürfnisse hintenan. Unsere eigenen Gelüste kommen oft an letzter Stelle. Ich glaube, viele haben schon gar keine Gelüste mehr, seien es erotische oder anders geartete. Wenn wir alles unter einen Hut bringen wollen, bleibt kein Platz fürs Verlustieren. (Vor kurzem hörte ich eine Freundin sagen: »Ich weiß schon gar nicht mehr, was mir Spaß macht.« Wenn ich mich umsehe, habe ich das vage Gefühl, dass es Millionen von Frauen ähnlich geht.)

– Bestimmt habe ich einiges ausgelassen. Wenn du eine Frau bist, fallen dir wahrscheinlich von selbst noch eine Menge Gründe ein.

Die Männer mögen sich darüber beschweren, dass sie nicht so viel vögeln, wie sie gerne würden. Aber warum sollten wir es tun, wenn es uns keinen Spaß macht? Vielleicht haben wir Kopfschmerzen, weil es sehr viel erregender ist, in Morpheus Arme zu sinken als in die Arme eines Mannes, der uns weder emotional noch sexuell befriedigt. Und damit es klar ist: Wenn ich von mangelnder Befriedigung spreche, dann meine ich nicht nur einen Mangel an Orgasmen (Orgasmen sind wichtig, aber lange nicht das Wichtigste), sondern vor allem den Mangel an Sensibilität gegenüber den Bedürfnissen der Frau.

Es sind viele Jahre vergangen seit der Zeit, als sich die Frauen darauf beschränken mussten, ihre ehelichen Pflichten zu erfüllen, und man über Sex nicht redete. Damals konnten die Männer ungestraft tun und lassen, was sie wollten, aber die Zeiten haben sich geändert.

Jungs, ihr seid dran.

Die Zeit ist gekommen, zuzuhören und von uns zu lernen.

Frauen, ihr seid dran.

Es nutzt nichts, wenn sie zuhören, aber wir nicht wissen, was wir sagen sollen. Es nutzt nichts, wenn sie lernen wollen, aber wir nicht in der Lage sind, sie zu lehren.

Erlebst du deine Sexualität genau so, wie du willst?

Bist du zufrieden mit deinem Sex? Bevor wir zum nächsten Kapitel kommen, gibt es ein paar Hausaufgaben. Lesen allein bringt dich nicht weiter! Mach es dir bequem und nimm dir so viel Zeit, wie du willst, um die folgenden Fragen zu beantworten. Keine Angst, dies ist keine Prüfung und es gibt auch keine Bewertung. Die Fragen sollen uns nur helfen, uns bewusst zu werden, wie wir unsere Sexualität wirklich leben.

Versuch ganz ehrlich zu sein. Keiner kann deine Gedanken lesen. Die ganz spontanen Antworten sind übrigens meistens die ehrlichsten. Beim Zögern tauchen gleich von irgendwo Ausreden und Rechtfertigungen auf, um nicht Dinge zugeben zu müssen, die einem nicht gefallen. Wenn du erst mal spontan geantwortet hast, kannst du es danach immer noch überdenken.

Welche Botschaften bezüglich deines Körpers und deiner Sexualität wurden dir in deiner Kindheit vermittelt? Wie wir heute mit unserem Frausein umgehen, wie wir unseren Körper akzeptieren, unsere Sexualität und unsere Beziehungen erleben, ist von dem Umgang mit dem Thema geprägt, den wir als Kind wahrgenommen haben. Unsere Eltern sind der Spiegel, durch den wir uns sehen. Wenn Sexualität bei unseren Eltern etwas Schmutziges, Unaussprechliches, Verbotenes war, wie erleben wir sie dann heute? Genau so, wie wir es von unseren Eltern gelernt haben ... es sei denn, wir schaffen es, unsere Komplexe und Traumata zu überwinden.

Die folgenden Aussagen sollen dir helfen, die positiven und negativen Botschaften herauszukristallisieren, die du in der Kindheit empfangen hast.

- Meine Eltern hätten wohl lieber einen Jungen gehabt. Ich hatte immer das Gefühl, dass ich ihnen nicht genügte,dass ich minderwertig war.

- Meine Mutter/mein Vater/beide gaben mir das Gefühl/sagten mir, dass Frauen es schwerer haben als Männer, dass sie mehr ertragen müssen.

- Ich habe meine Eltern nie nackt gesehen, sie haben ihren Körper vor mir versteckt. Sie haben auch nie über Sex gesprochen. Sex war etwas Verbotenes, etwas Schlimmes.

- Meine Geschlechtsteile hatten keinen Namen, man sprach höchstens von »da unten«. Sie taten so, als existierten sie nicht oder als wäre es besser, wenn sie nicht existieren würden.

- Dass ich eine Frau war, war ganz natürlich. Sie liebten und respektierten mich. Ich hatte nie das Gefühl, minderwertig zu sein, im Gegenteil. Sie haben mich gelehrt, mich zu lieben und mich selbst zu respektieren.

- Meine Eltern fühlten sich wohl in ihrem Körper; ich habe sie auch manchmal nackt gesehen.

- Wir sprachen zwar nicht oft über Sex, aber wenn, dann reagierten sie dabei ganz natürlich, auch wenn sie manchmal rot wurden.

- Meine Eltern waren alles andere als verklemmt: Sie liefen die ganze Zeit nackt durchs Haus und sprachen auch ganz offen über Sex. Es war mir manchmal sogar zu viel.

Welche Gefühle hast du heute in Bezug auf deinen Körper und deine Sexualität? (Versuche die Motive hinter deinen Antworten zu ergründen – auch im Zusammenhang mit dem Vorhergehenden.)

– Schamgefühle.

– Schuldgefühle.

– Angst.

– Distanz. Als hätten sie nichts mit mir zu tun.

– Ich habe Probleme damit.

– Hemmungen.

– Ich bin gerne Frau.

– Ich fühle mich wohl in meinem Körper.

– Sex macht mir Spaß.

– Nichts von allem, sondern...

Betrachtest du dich als aufgeklärte Frau? Hast du dir deine eigene Meinung gebildet oder hast du deine Überzeugungen nie hinterfragt?

– Ja. Ich bin aufgeklärt und habe meine eigene Meinung.

– So lala.

– Nein. Ehrlich gesagt, habe ich eine Menge Zweifel. Wer sagt, er wüsste alles über Sex, lügt. Lass dich nicht verunsichern.

Masturbierst du?

– Ja, ich befriedige mich selbst. Wann immer ich Lust dazu habe, egal ob ich einen Partner habe oder nicht.

– Ich habe es schon mal getan, aber ich habe dabei Schuldgefühle. Ich schäme mich. Sex sollte man nur mit seinem Partner haben.

– Nein. Bei mir funktioniert es nicht, weil...

Wie ist dein Sexualleben? Verhältst du dich so, wie du Lust hast, oder eher so, wie es ihm gefällt? Tust du manchmal etwas, um dein Sexualleben zu bereichern? (Füge nach Belieben Antworten hinzu.)

– An meiner Befriedigung liegt mir genauso viel wie an der meines Partners.

– Mir Lust zu verschaffen überlasse ich dem Schicksal und seinen hellseherischen Fähigkeiten (oder dem Prinzen auf dem Pferd, auf den ich immer noch warte).

- Meine Fantasien, meine Begierden, meine eigene Erregung machen mir Angst.
- Ich übernehme die Initiative.
- Mein Partner »führt«.
- Insgesamt bin ich mit meinem Sexualleben zufrieden.
- Ich täusche Orgasmen vor oder habe es getan.
- Auch wenn ich Orgasmen habe, befriedigt mich der Sex, den ich habe, nicht.
- Ich hätte gern mehr Zeit fürs Vorspiel. Er fasst mich an, als würde er einen Parkschein ziehen, und schon ist er drin.
- Ich hätte lieber weniger Verkehr und würde dafür gerne andere Sachen ausprobieren.
- Ich glaube, ich bin eine schlechte Liebhaberin.
- Er ist nur dann zärtlich, wenn er Sex will, und wenn er ihn bekommen hat, macht er den Fernseher an oder schläft ein.
- Ich weiß nicht, warum man es »Liebe machen« nennt, er ist nicht mal dann zärtlich.
- Ich übernehme nicht gerne die Führung, weil ich mich dabei nicht konzentrieren kann.
- Ich mache manchmal Sexpraktiken mit, die mir unangenehm sind.
- Ich tue nichts, das ich nicht will.
- Ich habe keine Lust mehr. Wir sprechen über das Thema nicht und ich tue nur so, als ob es mir Spaß macht.
- Wir schlafen selten miteinander. Er hat nie Lust.
- Wir machen es zu häufig.
- Wir sprechen regelmäßig über Sex.
- Ich fühle mich unwohl, wenn ich mit ihm über Sex reden muss.
- Um es nicht tun zu müssen, gehe ich erst ins Bett, wenn er schon schläft, oder sage, ich hätte Kopfschmerzen oder etwas in der Art . . .
- (Bitte denke noch ein paar Minuten darüber nach, was dir Spaß macht, was dich stört oder dir unangenehm ist.)

Darüber reden

In der Lage zu sein, deine Wünsche und Bedürfnisse zu formulieren, wirkt sich zweifellos positiv auf ein befriedigendes Sexualleben aus. Verschiedene Studien haben ergeben, dass Frauen, die mit ihrem Partner über Sex reden, mehr Spaß am Sex haben als die, die sich nicht mit ihrem Partner austauschen. Ein paar Tipps findest du im Kapitel »Sex zu zweit«.

Glaubst du, dass Frauen ihre Sexualität genauso frei von Zwängen erleben können wie Männer? Du auch?

– Ja. Wir Frauen tun, was uns Spaß macht.

– Das können wir nicht. Patriarchat und Doppelmoral bestehen fort: Männer und Frauen werden mit zweierlei Maß gemessen.

– Ich finde, Frauen dürfen sich nicht genauso wie Männer verhalten, weil ...

– Auch wenn ich für die sexuelle Befreiung der Frauen bin, habe ich mich über meine eigene Haltung gewundert, wenn es um weibliche Promiskuität ging.

– Ich schlafe, mit wem ich will, und benehme mich, wie es mir passt.

– Ich traue mich nicht, bestimmte Sachen zu machen, ich habe Angst vor übler Nachrede oder davor, dass ich weniger respektiert werde (auch von meinem Partner).

– Wenn ich es täte, würde ich mich schmutzig und/oder schuldig fühlen.

– Für uns Frauen ist Sex und Liebe eins, daher sollte es für uns auch keine One-Night-Stands geben.

Hast du schon einmal mit einem Mann geschlafen, ohne es wirklich zu wollen? (Viele junge Frauen geben zu, schon mal mit jemandem geschlafen zu haben, nur um nicht als frigide zu gelten oder aus Angst, dass ihr Kerl sie sonst fallen lassen würde. Viele ältere Frauen tun genau dasselbe. Sogar die, die in einer Beziehung leben, sind nicht ganz frei davon. Sogar von meiner Freundin Z. musste ich hören:

»Wie oft habe ich schon mitgemacht, obwohl mir eine gute Massage lieber gewesen wäre.«)

– Aus Angst, ihn zu verlieren.
– Weil er so lieb/großzügig/verständnisvoll gewesen ist – ich war es ihm schuldig.
– Aus Angst, den Job zu verlieren (oder Ähnliches).
– Um ihn nicht zu verletzen.
– Weil ich nicht Nein sagen kann.
– Damit er nicht wütend wird.
– Damit er nicht fremdgeht.
– Damit Ruhe ist.
– Damit er mich liebt.
– Nein.

Benutzt du eine verlässliche Verhütungsmethode?
– Ja.
– Nein. (Das ist unverantwortlich, wenn du nicht gerade ein Kind bekommen möchtest!)

Risiko

Wieso gibt es trotz des hohen Risikos Frauen, die ohne Kondome Sex haben? Wenn der Mann sagt, er spürt weniger, ist das sein Problem. Schön die Knie zusammenkneifen, solange ein Risiko da ist und kein Kondom im Spiel. Sag es auch deinen Töchtern, Schwestern, Freundinnen – verlange bedingungslos von ihnen, dass sie den Mut aufbringen, im richtigen Moment ein Kondom herauszuholen.

Schützt du dich vor AIDS und anderen Geschlechtskrankheiten?
– Ja.
– Nein. (Du brauchst gar nicht weiterzulesen, bevor du dieses Problem nicht im Griff hast. Ist dir dein Leben so egal? Diese Antwort darf nur geben, wer in einer festen Beziehung lebt, in der beide gesund sind und sich schützen, falls sie sexuelle Beziehungen mit Dritten eingehen.)

Wenn du dein Sexualleben bewerten müsstest, welche Note würdest du ihm geben und warum?

- 4–6. (Damit darfst du dich auf keinen Fall zufrieden geben. Lies erstmal dieses Buch zu Ende.)
- 2–3. (Nicht schlecht, aber vielleicht lässt sich da noch was machen. Du kannst ihm sicher noch was beibringen, findest du nicht?)
- 1–2+. (Das ist das Mindeste, was eine Frau erwarten sollte. Weiter so.)

Vielleicht war das alles etwas anstrengend. Aber wenn du dir Zeit zum Nachdenken genommen hast, wenn du dir über dich und dein Sexualleben mehr oder weniger bewusst geworden bist, bist du schon auf dem besten Weg.

REFLEXIONEN ÜBER DEN KÖRPER DER FRAU

»Sex beginnt bei der Erektion und endet mit der Ejakulation.«
Eine gelangweilte Frau

Julia und Luis kennen sich seit ein paar Monaten, seit sie gemeinsam an einem Projekt arbeiten. Es war vom ersten Tag an klar, dass sie sich mögen. Luis hat tausendundeine Ausrede erfunden, um immer wieder mit ihr zu sprechen. Sie haben viel Zeit miteinander verbracht. Aber auch wenn sie inzwischen viel voneinander wissen – Arbeit bleibt Arbeit. Jedenfalls bis heute. Vor einigen Tagen haben sie das Projekt abgeschlossen, alles ist gut gelaufen und an diesem Morgen hatten sie die letzte gemeinsame Besprechung. Nun gibt es keine Ausreden mehr, um sich weiterhin so oft zu sehen. Auf jeden Fall keine beruflichen.

Beim Abschied hat Luis Julia gefragt, ob sie heute Abend zusammen essen gehen.

»Klar. Gerne.«

Den Rest des Nachmittags kann sich Julia nicht mehr konzentrieren. Sie denkt an Luis, daran, was sie anziehen soll, ob es ein Fehler war, dass sie sich die Haare hat abschneiden lassen (auch wenn sie bis vor ein paar Stunden den neuen Haarschnitt super fand). Es ist wie immer: Jedes Mal vor einem Rendezvous mit einem potenziellen Liebhaber wird sie total nervös. »Und dass Luis mir gefällt, macht es noch schlimmer.« Nach dem Büro trifft sie sich kurz mit ihrer besten Freundin. »Ich habe leider keine Zeit, ich muss mich noch für heute Abend fertig machen, und er holt mich schon in drei Stunden ab!«

Zu Hause zieht sich Julia aus, stellt sich nackt vor den Spiegel und geht die Checkliste durch. »Augenbrauen? Gezupft. Glück gehabt, keine Pickel und keine Augenringe heute. Der Busen ist ein Trauerspiel! Ich weiß gar nicht, wofür ich mich so abrackere, er hat immer noch Erbsengröße. Verdammt, mein Bauch ist ganz aufgebläht. Ich bekomme ja auch bald meine Tage. Ich darf nichts Enges anziehen. Ich muss mir auch noch die Beine rasieren. Und die Füße? Wo sind denn die Papierfeilen? O nein, ich habe sie weggeschmissen und noch keine neuen gekauft. Scheiße, jetzt muss ich noch mal raus.« Und noch mal rein in die Klamotten und auf die Straße.

Noch eine halbe Stunde und Julia ist völlig entnervt. Zu allem Überfluss hat auch noch ihre Mutter angerufen, und als sie von dem Rendezvous hörte, hat sie nicht aufgehört mit guten Ratschlägen. »Zeig ihm bloß nicht, dass du zu haben bist. Kind, hör auf mich. Mach dich rar. Und pass auf, gerade die scheinbar Netten haben es faustdick hinter den Ohren.« Sie hätte beinahe aufgelegt.

Julia duscht, rasiert sich die Beine, cremt sich ein, legt Parfüm auf, sogar einen Hauch auf die Leisten – hat nicht Coco Chanel gesagt, überall dort, wo man hofft, geküsst zu werden? Sie wählt ein schmeichelndes, aber nicht zu aufdringliches Kleid aus (»Nicht dass er denkt, ich biete mich ihm auf dem Silbertablett an.«). Bevor sie das Haus verlässt, wirft sie einen letzten Blick in den Spiegel.

»Im nächsten Leben möchte ich ein Mann sein. Wie praktisch das sein muss. Während ich mich den ganzen Nachmittag verrückt mache, ist er bestimmt völlig entspannt. Die Welt ist ungerecht ... Und ich hätte mir was anderes anziehen sollen, mit dem dicken Bauch. Ob ich mich doch noch schnell umziehe?«

Doch dafür ist keine Zeit mehr. Es ist 20.30 Uhr. Er ist pünktlich. Offensichtlich war er gar nicht mehr zu Hause: Er hat das Gleiche an wie am Morgen, nur dass er jetzt nach Zigarettenrauch riecht und eine Rasur gebrauchen könnte. Er sagt, er hätte die ganze Zeit in einer Konferenz gesessen, so dass er sich leider nicht mehr umziehen konnte. Er entschuldigt sich und macht ihr ein Kompliment.

Julia strahlt und murmelt: »Die Welt ist definitiv ungerecht.«

»Was hast du gesagt?«

»Ach, nichts. Nur, dass heute ein schöner Abend ist.«

Sie gehen essen. Sie unterhalten sich gut, lachen, sehen einander tief in die Augen. Es macht nichts, das sein Hemd nicht frisch ist, Luis ist lustig, nett und aufmerksam. Julia schwebt auf einer Wolke. Er ist ein Juwel. Er kann mit Verantwortung umgehen, das hat sie gesehen, liest gern, spielt Gitarre, Fußball lässt ihn kalt und er zeigt Interesse an ihr.

Sie gehen noch in eine Bar. Am Eingang fasst er ihr um die Taille, um ihr durch die Menge zu helfen. Es ist das erste Mal, dass er sie berührt, bis auf das unpersönliche Händeschütteln im Büro. Sie bekommt Gänsehaut und denkt: »Bitte hör nicht auf damit.« Er lässt die Hand, wo sie ist. Sie unterhalten sich weiter, lächeln, wechseln tiefe Blicke.

Er erzählt tausend Geschichten, verliert sich in ihren Augen, fragt nach allem Möglichen. Nimmt ihre Hand und spielt mit ihren Fingern, während sie reden. Julia entspannt sich. Beide fühlen sich wohl. Luis scheint von ihr fasziniert zu sein. Langsam rückt er näher. Er streicht ihr eine Strähne aus den Augen, streichelt ihr Gesicht. Sie lächelt, lässt ihn gewähren.

»Geht es dir gut?«, fragt er.

Er will ihr nicht zu nahe treten, nicht aufdringlich sein, er hat schon so lange gewartet.

Sie lächelt.

Dann fasst sich Luis ein Herz und küsst sie. Auf den Hals, die Wange, den Mund.

Julia glaubt in Ohnmacht zu fallen.

Es ist zwei Uhr morgens. Das Lokal will schließen. Um diese Zeit haben beide einen Gedanken. Es ist genau der gleiche, nur dass sich Luis sicher ist – und Julia nicht ganz. Es hat mit dem zu tun, was ihr seit Wochen durch den Kopf geht: »Wenn ich beim ersten Mal mit ihm ins Bett gehe, denkt er, dass ich leicht zu haben bin, und lässt mich fallen.« Sie kämpft eine Weile lang mit sich, bis sie, betört von seinen Worten, ihre Unsicherheit schließlich überwindet. »Ich bin so blöd, es ist doch offensichtlich, dass er sich für mich interessiert.«

Doch im gleichen Moment hört sie die Stimme ihrer Mutter: »Wenn er sich so für dich interessiert, warum hat er so lange gebraucht, bis er dich gefragt hat, ob du mit ihm ausgehst? Ist das nicht merkwürdig? Vielleicht hat er nur gewartet, bis euer Projekt beendet ist, damit er keine Konsequenzen mehr zu fürchten braucht.« Julia schwankt: »Vielleicht hat sie Recht. Vielleicht ist das alles nur Theater... Nein, das kann nicht sein. Ich habe schließlich drei Monate lang mit ihm gearbeitet. Wenn er ein Arschloch wäre, hätte ich es gemerkt. Immer trichtert Mama mir diese Ängste ein.«

Zwanzig Minuten später sind sie in seiner Wohnung. Es ist ordentlich, sauber und warm. Das gibt Julia den Rest. Banderas und Clooney würde sie links liegen lassen, dieser Typ ist einfach unglaublich, er ist perfekt und er liegt ihr zu Füßen...

Aber Julia kann sich nicht entspannen.

Als er näher kommt, beginnen sie immer mehr Dinge zu beunruhigen. »Vielleicht mache ich es ihm zu einfach. Denkt er, ich gehe mit jedem so schnell ins Bett? Er ruft bestimmt nicht mehr an... Er ist zu perfekt. Warum interessiert er sich eigentlich für mich? Mit seinem Aussehen rennen ihm doch die Frauen hinterher. Ich weiß nicht, ob ich ihm vertrauen kann... Vielleicht ist er ja schwul und sucht nur eine Alibifrau. Aber wenn doch... Ich bin so blöd...«

Luis nimmt sie in die Arme.

»Julia, was hast du denn?«

»Ach nichts, entschuldige.«

»Du machst mich wahnsinnig. Und das weißt du, oder?«

Julia antwortet nicht.

Er küsst sie. Flüstert ihr wunderschöne Dinge ins Ohr. Er streichelt ihr Haar. Spielt mit ihrem linken Ohrläppchen. Küsst ihren Hals. Hat die Hände überall auf ihrem Körper. Sie...

Sie versucht den Bauch einzuziehen.

Luis knöpft ihr das Kleid auf, zieht es ihr über die Schultern und lässt es auf den Boden gleiten. Er lächelt. Ihm gefällt, was er sieht. Er sagt es ihr: »Du bist wunderschön. Ich wusste, dass du wunderschön bist.« Aber . . .

Julia bekommt es gar nicht mit.

Sie ist woanders mit ihren Gedanken. Woran denkt Julia? An Mängelbeseitigung. »So aufgebläht, wie ich bin, denkt er, er hat eine Seekuh vor sich. Wie peinlich. Ich hätte gehen sollen. Er findet mich bestimmt schrecklich, mit diesen Erbsenbrüsten . . . Am Montag rufe ich bei Dr. Puértolas an, damit er sie mir so macht wie die von meiner Cousine.«

Sie sind nackt, ihre Körper eng umschlungen. Seine Erregung ist mehr als offensichtlich.

Julia denkt: »Das Kondom! Hat er welche? Hoffentlich zieht er sich eins über. Und wenn er nicht will? Na ja, ich nehme ja die Pille . . . Nein, das Risiko, ich will es nicht, ich muss es ihm sagen, aber wie? Und wenn er gekränkt ist?«

Er ist völlig versunken. Streichelt ihre Brüste, beißt ihr zärtlich in die Brustwarzen. Julia zittert vor Lust und einen Moment lang vergisst sie alles. Luis spürt, wie sie sich hingibt, und während er sie küsst, gleitet seine Hand langsam in Richtung Schamhaar. Doch als seine Hand beim Bauchnabel ist, kehrt Julia in die Realität zurück: zu ihrem aufgeblähten Bauch, ihrer flachen Brust und dem Kondom, während sie sich immer wieder sagt: »Ich muss mich entspannen, ich muss mich entspannen.«

Seine Zunge wandert an Julias Körper hinunter, sie hält seinen Kopf fest.

»Nein, nicht.«

»Gefällt es dir nicht?«

»Nein, doch, ja, schon.«

»Dann lass mich weitermachen.«

Sein Kopf taucht zwischen ihren Beinen ab.

Sie denkt an ihren Geruch. »O nein, jetzt riecht er das Parfüm und denkt, ich hätte mich auf genau so etwas vorbereitet. Wie peinlich. Und wenn er dagegen allergisch ist?«

Aber Luis sagt nichts und denkt auch gar nichts. Er genießt einfach nur, es macht ihm Spaß.

Julia denkt: »Er sagt nichts, vielleicht stört es ihn gar nicht. Außerdem hat er gesagt, ich soll ihn lassen.« Und sie lässt ihn machen.

Doch schon nach einer Minute fühlt sie sich schrecklich: »Ich brauche viel zu lange! Er kriegt ja einen Krampf in der Zunge. Entspann dich, Julia, Luis hat gesagt, dass er es will. Aber er macht ja die ganze Arbeit, ich habe ihn noch nicht mal angefasst. Er denkt sicher, ich bin kalt wie eine Schaufensterpuppe. Und ich schaff es nicht, erregt zu werden, weil ich so nervös bin. Ich bin ein Idiot.«

Voller Schuldgefühl zieht sie ihn nach oben. Luis interpretiert das als Zeichen, dass sie jetzt mit ihm schlafen will, zieht sich ein Kondom über und dringt in sie ein. »Noch nicht«, denkt sie, »ich bin noch nicht so weit.« Sie hätte es lieber gehabt, wenn sie sich noch länger geküsst hätten, er sie weiter gestreichelt und mit ihr gesprochen hätte. Aber sie sagt nichts.

Sie will nicht, dass er denkt, sie sei gefühlskalt.

Sie will ihn nicht nerven.

Sie will keinen schlechten Eindruck machen.

»Egal«, sagt sich Julia, »es fühlt sich ja auch gut an, wenn er in mir ist.« Und sie bemüht sich, ihre Scheidenwände zu kontrahieren, denn sie ist schließlich eine aufgeklärte Frau, sie liest alle Artikel über Sex in den Zeitschriften und macht schon seit Wochen ihre Kegel-Übungen. (Keine Sorge, wenn du noch nicht weißt, wer Kegel ist. Im nächsten Kapitel gehen wir ins Detail.)

Julia presst ihren Körper gegen seinen.

Es macht ihr Spaß. Ihm natürlich auch.

»Mmmm«, stöhnt Julia, um ihm zu zeigen, dass er kommen kann, auch wenn sie weiß, dass sie nicht kommt, solange ihre Klitoris nicht gestreichelt wird, und dafür schämt sie sich. »Soll ich es tun? Soll ich es ihm sagen? Ich weiß nicht, was ich machen soll.« Sie zögert.

Dann merkt sie, dass Luis die Luft anhält.

Sie ist unentschlossen. Aber es spielt schon keine Rolle mehr. Er kommt, sie ...

Sie findet sich damit ab.

»Hat es dir Spaß gemacht?«, fragt Luis, als er neben ihr legt.

»Sehr«, sagt Julia und denkt: »Nächstes Mal vielleicht.«
(Fortsetzung folgt.)

Wie Männer sich auf ein Rendezvous vorbereiten

Du rasierst dir die Beine, gehst zum Frisör, ziehst haufenweise Klamotten
an und aus ... Und was macht er? Hier ein paar der schönsten Antworten,
die ich bekommen habe:

»Ich kaufe eine Flasche Wein, eine Schachtel Kondome und putze mir
lange die Zähne.«

»Ich hole mir einen runter. Dann bin ich entspannter und laufe nicht Gefahr, zu früh zu kommen.«

»Ich drehe die Musik laut auf und tanze wild, um Dampf abzulassen.«

»Ich sehe fern, damit ich auf andere Gedanken komme.«

»Ich male mir das Rendezvous bis ins kleinste Detail aus. Was wir machen
könnten, Gesprächsthemen und so weiter, damit ich nachher keinen Aus-
setzer habe.«

»Ich schneide meine Fingernägel, damit ich ihre Schleimhäute nicht ver-
letze.«

»Ich bereite ein großes Essen vor. Das wirkt immer.«

»Wie ich mich vorbereite? Ich beziehe das Bett frisch.«

»Ich schneide mir die Nasenhaare.«

Alles schien zu laufen wie im Kino, doch, wie du gesehen hast, das
richtige Leben ist kein Hollywood-Film.

Dabei ist Luis wirklich ein netter Kerl. Ja, wirklich, Luis ist ein
Typ, der mir gefällt, weil er kein Fußball mag, aber vor allem wegen
der Art, wie er sich Körper an Körper benimmt, bis auf das kleine
Missverständnis, als er so schnell zum Ende kam; aber dazu hatte Julia ihren Teil beigetragen: Wenn sie sich von Anfang an entspannt
hätte, wären wir jetzt noch bei der Szene auf dem Sofa und wahrscheinlich hätte sie den ersten Orgasmus schon gehabt, bevor er in
sie eingedrungen wäre.

Was Julia angeht, da möge jede Frau mal ihr Gewissen untersuchen, denn wenn die Episode auch etwas übertrieben dargestellt sein mag, so hat ihr Verhalten doch leider viel mit vielen von uns gemein:

– Unsicherheit und fehlendes Selbstvertrauen,
– Hemmungen aus Angst vor dem, was er denken könnte,
– Scham, weil sie so lange braucht, um erregt zu werden,
– Nervosität, weil sie souverän wirken und ihn befriedigen will,
– Angst, ihn zu langweilen oder zu klammern.

Noch ein paar Beispiele: Wie viele Frauen würden selbst dann nicht den ersten Schritt machen, wenn sie am Verhungern wären (sexuell, versteht sich)? Wie viele von uns verstecken sich beim Sex unter der Decke und fürchten das Licht wie ein Vampir? Wie viele sind nicht gerne oben, weil sie dann Hängebrüste haben, ein Doppelkinn und man denn Bauch sieht? Wie viele von uns sagen nicht, was sie wollen (fass mich hier an, noch nicht, sag mir Schweinereien, fessle mich ...), aus falscher Scham oder weil sie nicht so fordernd wirken wollen? Ich höre jetzt auf damit, weil es so deprimierend ist.

Julia fühlt sich schlecht, weil er alles und sie gar nichts tut (»wie eine Schaufensterpuppe«). Was soll das? Es geht hier um Sex, nicht ums Aufrechnen. Luis tut, was er tut, weil es ihm größte Lust bereitet. Dafür ist Julia ihm nichts schuldig.

Viele von uns Frauen bemühen sich so sehr, souverän zu wirken und alle Bedürfnisse zu befriedigen (= seine), wollen gut im Bett sein, und vor lauter Anstrengung sind wir nicht in der Lage, selbst zu genießen.

Zu viele eingebildete Erwartungen, zu viele Unsicherheiten, zu viele Hemmungen ... So hat man doch keinen Spaß beim Sex! Wir sagen immer, dass wir die gleichen Rechte wie die Männer haben sollten. Aber glauben wir das wirklich? Wenn du mal die hehren Worte beiseite lässt, sieh dich mal um: Oft verhalten wir uns, als glaubten wir, die Männer hätten mehr verdient als wir. Im Bett zum Beispiel. Gibt es irgendeinen Grund, der rechtfertigt, dass Männern mehr Spaß beim Sex zusteht als uns? Nein, natürlich nicht. Davon ist auch Julia überzeugt. Und trotzdem haben wir gesehen, wie es abgelaufen ist, und das kommt häufig vor: Sie ist so damit beschäftigt, ihren Körper zu kaschieren, ihre Ängste zu verdrängen, dafür zu sorgen, Luis nicht zu langweilen und ihm Befriedigung zu verschaffen, dass sie am Schluss feststellen muss, dass ihre eigene Lust zu kurz gekommen ist. Er kommt zuerst, und wenn sich zufällig bei ihr was regt, Glück gehabt.

So viele von uns verhalten sich, als sei unsere Lust zweitrangig, als würden die Männer uns eine Gefälligkeit damit erweisen. Eine reine Gefälligkeit, wenn sie sich Zeit nehmen, uns zu streicheln, wenn sie uns lecken, ohne dafür eine Gegenleistung zu erwarten, wenn sie nicht gleich zur Sache kommen. Als wäre unsere Befriedigung ein Extra, mit dem sie uns besonders verwöhnen.

Und warum ist das so? Mehr als ein Vierteljahrhundert ist seit der *Women's Lib* vergangen, doch noch heute gilt alles, was nicht der unmittelbaren Befriedigung des Mannes dient, nicht als normal, sondern als *Sahnehäubchen*.

Wir haben das Ganze verinnerlicht und ziehen gar nicht mehr in Zweifel, dass *unsere* Sexualität etwas so Kompliziertes sei, voller dunkler Geheimnisse, die niemand durchblicke, und dass es für uns schwierig sei, zum Orgasmus zu kommen . . .

Ist es da ein Wunder, dass wir uns schämen, Schuldgefühle haben und den Mund halten, um nicht noch mehr Umstände zu machen, ihn nicht noch mehr zu nerven, als unbedingt notwendig ist? Denk an Julia. Sie ist nicht in der Lage zu genießen, was Luis ihr Gutes tut, dabei ist er ein zärtlicher und willfähriger Liebhaber.

Julia ist nicht daran gewöhnt zu *nehmen*, sie wurde zum *Geben* erzogen und der ungewohnte Rollenwechsel ist ihr peinlich, sie fühlt sich unwohl, es belastet sie und sie will ihren Partner schnell von seiner Arbeit erlösen.

Das Ganze ist ein Trauerspiel, denn was dahinter steckt, ist, dass Julia das Gefühl hat, kein Recht zu der Lust zu haben, die ihr bereitet wird, sie fühlt sich nicht würdig.

Nicht würdig wegen ihres minderwertigen Körpers.

Nicht würdig wegen ihrer komplizierten Sexualität.

Nicht würdig, weil ihre Bedürfnisse schwerer zu befriedigen sind als seine.

Nicht würdig, weil sie sich nicht verhält, wie er von ihr (angeblich) erwartet.

Aus welchen Gründen auch immer – viel zu leicht setzen wir uns selbst herab. Julia fühlt sich nicht würdig, ein Gefühl, das ihr Inneres verbiegt, sie ihre Bedürfnisse verleugnen lässt und verhindert, dass sie ihre Sexualität genussvoll erleben kann.

Selbstwertgefühl

Du bist der Anfang von allem. Solange du mit dir selbst nicht im Reinen bist, ist alles andere verlorene Liebesmüh. Selbstwertgefühl ist grundlegend im Leben und beim Sex. Die Frau, die du draußen auf der Straße bist, ist die Gleiche, die du im Bett mit einem Partner bist. Es sind nicht zwei unterschiedliche Identitäten, sondern ein und dieselbe. Denk daran, wie du dich im Alltag verhältst, dein Selbstwertgefühl dort, deine Überzeugungskraft, deine Ansprüche, Leistungen, deine Identität … und dann denk an dein Verhalten im Liebesspiel. Und nun versuche es umgekehrt: Stell dir dich erst im Bett vor und dann draußen im Alltag.

Falls du ein Problem mit deinem Selbstwertgefühl haben solltest, dann leg nicht die Hände in den Schoß: Lies Bücher zu dem Thema und/oder sprich mit einem guten Psychologen; das sind wertvolle Investitionen für deine innere Zufriedenheit. Hier sind ein paar Übungen, die von Therapeuten gern empfohlen werden, um ein gutes Selbstwertgefühl zu erlangen:

– Reserviere eine Viertelstunde täglich nur für dich. (Sag jetzt nicht, du hättest keine Zeit.) In dieser Viertelstunde sollst du nur das machen, wozu du Lust hast, und zwar nur du alleine. Musik hören, tanzen, einen Spaziergang machen, schreiben, malen, dich in die Sonne legen, dein Lieblingsessen kochen, lesen, singen … Bilde dir kein Urteil über das, was du tust, und bitte auch niemand anderen um seine Meinung. Du sollst lernen zu tun, was dir Spaß macht, und verstehen, dass du wichtig bist. Mit der Zeit steigere dich: eine halbe Stunde, Dreiviertelstunde oder eine Stunde, wenn du willst.

– Stelle eine Liste mit deinen Vorzügen zusammen und denke darüber nach. Wenn dir nicht viele einfallen, frag deine Freundinnen oder deinen Partner. Außenstehende sind objektiver und helfen dir zu sehen, dass du besser bist, als du denkst. Sieh dir die Liste nach einer Woche an und füge noch mehr hinzu. Mit der Zeit wirst du dir deiner Vorzüge bewusster und mit dir selbst zufriedener.

– Denke am Ende jeden Tages an die positiven Dinge, die du getan hast, und belohne dich dafür.

– Schreibe Tagebuch. Damit lernst du dich selbst besser kennen, lernst, deine Gefühle auszudrücken, die Dinge ins rechte Licht zu rücken und kannst deine Entwicklung nachverfolgen.

– Denke an alles Positive, das es in deinem Leben gibt. Willst du, dass es im Großen und Ganzen bleibt, wie es ist? Was würdest du gerne ändern? Lerne zu unterscheiden zwischen dem, was du ändern kannst, und dem, was nicht, und arbeite daran, dass es besser wird.

– Wenn du dich schlecht fühlst, versuche es mal mit diesem Trick: Stell dir vor, du wärst deine eigene Tochter oder deine beste Freundin, und überlege dir, was du ihr raten würdest. Oft sind wir viel objektiver, liebevoller und großzügiger mit anderen als mit uns selbst.

Lektüre: Es gibt Hunderte von Büchern dazu auf dem Markt, daher nenne ich hier nur einige wenige. U. a. (in alphabetischer Reihenfolge): *Die Kunst der Selbstachtung* von Christophe André und François Lelord, *Die sechs Säulen des Selbstwertgefühls* von Nathaniel Branden, *Gute Mädchen kommen in den Himmel, böse überall hin* von Ute Ehrhardt, *Mehr Selbstbewusstsein für Frauen* von Lynda Field und *Self Esteem* von Gael Lindenfield.

Sex fängt im Kopf an. Du kennst sicher die alte Weisheit: »Befreie deinen Geist, und dein Körper wird frei sein.« Genau darum geht es. Ich gebe zu, es ist leichter gesagt als getan. Und wir wollen auch nichts durcheinander bringen – ich rede nicht von: »Entspann dich einfach«. Lust und Selbstzensur passen nicht zusammen. Julia hat es uns vorgeführt: Es ist unmöglich Lust zu empfinden, solange der Kopf mit unserem Äußeren beschäftigt ist, mit der Angst, schlecht im Bett zu sein, mit der Frage, ob man fordern soll oder nicht, mit tausend Sachen, nur nicht mit Sex.

Es sind noch viele Schlachten zu schlagen. Aber die wichtigste davon ist die gegen uns selbst, denn wir werden unser Recht auf befriedigenden Sex so lange nicht wahrnehmen können, bis wir uns von dem mentalen Korsett befreit haben. Der Schlüssel dazu liegt in deiner Fähigkeit, dir die Erlaubnis zu geben.

Die innere Zensur ausschalten

Es gibt keine Zauberformeln dafür, wie man seinen Geist befreit. Es ist ein langer Weg, den jede von uns Schritt für Schritt, Tag für Tag bewältigen muss, bis wir unser Ziel erreichen, nämlich Verantwortung für unsere Sexualität zu übernehmen. Ein paar Tipps gibt es aber, die dabei helfen können:

- *Höre auf dich (und vor allem: liebe dich selbst).* Das war Sinn des Fragebogens auf den Seiten 29–35. Du musst ergründen, wie du deine Sexualität emotional und körperlich erlebst, was bleiben soll, wie es ist, was verbesserungswürdig ist und wie du das schaffst. Es ist von grundlegender Wichtigkeit, dass du dir deiner eigenen Wünsche und Gefühle bewusst bist und dass du erkennst, welche Vorstellungen von außen kommen, welche unrealistischen Mythen und Ängste sich eingeschlichen haben und deine Lust einschränken. Du – nicht die Gesellschaft, dein/deine Partner etc. – bist diejenige, die über deine Sexualität entscheidet. Denke an dich, an deine Wünsche. Warum sollte er dürfen und du nicht?
- *Wissen ist Macht.* Wie wir gesehen haben, ist Sex nichts Spontanes, nichts ganz Natürliches, das einfach so passiert. Klar, mit dem Lehrbuch in der Hand funktioniert es auch nicht, aber auf jeden Fall solltest du informiert sein. Deswegen liest du ja dieses Buch.
  Die Welt ist überfüllt mit verlogenen Bildern von dem, was Sexualität angeblich ist; unsere Aufklärung ist mangelhaft; die Medien verkaufen uns perfekte Körper und wilden Spontansex, so gut wie nirgendwo herrscht Ehrlichkeit bei diesem Thema. Und dazu drängeln sich in unseren Gesprächen auch noch die Großmäuler unter Frauen und Männern vor und prahlen mit ihren persönlichen Höchstleistungen. Eine Voraussetzung dafür, den Geist zu befreien, ist, nicht alles zu schlucken, was dir serviert wird.
  Auch beim Sex ist Wissen Macht: Wissen gibt dir mehr Sicherheit, hilft

dir, Mauern niederzureißen, verleiht dir Mut zum Experimentieren und befreit dich.

– *Übung macht den Meister.* Theorie ist wichtig, aber sie nützt nichts ohne Praxis, und eine Portion Kreativität hilft, den Horizont zu erweitern. Ausprobieren, dich selbst kennen lernen, deinen Körper und den deines Partners erforschen. Dinge, die du gehört/gelesen hast, in die Tat umsetzen. Was gefällt, ins Repertoire aufnehmen, was nicht gefällt, nicht wiederholen.

– *Mut zum Risiko.* Irren ist menschlich. Solange du Respekt vor dem anderen und vor dir selbst hast, kannst du ruhig riskieren zu bitten, zu fordern, Irrtümer zu begehen, sogar, dich lächerlich zu machen... Denk dran, im Alter bereuen wir fast immer nur die Dinge, die wir nicht getan haben.

Wenn dir etwas peinlich ist (zum Beispiel ihn zu bitten, dass er dir den Hintern versohlt, die Zehen lutscht oder den ungezogenen Schüler mimt), raten manche Psychologen, dass du dir den schlimmstmöglichen Fall dessen, was passieren könnte, ausmalst. Meistens sind die Folgen gar nicht so schrecklich (dass er Nein sagen könnte). Wenn du Angst hast, dass dein Liebhaber deine Wünsche pervers finden könnte, ist er vielleicht nicht der Richtige?

– *Such dir Hilfe.* Wenn deine Sexualität ein ständiger Konfliktherd ist und du das Gefühl hast, ein Außenstehender könnte dir helfen, zögere nicht, einen guten Therapeuten um Hilfe zu bitten. Dein Sexualleben ist keine Nebensache. Es verdient deine Aufmerksamkeit. Wichtig ist die Wahl des Therapeuten. Informiere dich, zum Beispiel bei örtlichen Beratungsstellen, die du im Telefonbuch oder im Internet findest. In den meisten deutschen Städten gibt es Beratungsstellen von PRO FAMILIA, die dir weiterhelfen können. Im Internet kannst du unter folgenden Adressen suchen: www.sexualberatung-sexualtherapie.de (auf dieser Seite findest du auch eine Liste von Therapeuten und Beratungsstellen); www.partnerschaftsberatung.de; www.desafinado.de.

Das Diktat der Schönheit

Julias Geschichte zeigt, dass wir nicht von Sex reden können, ohne auf unseren übertriebenen Körperkult einzugehen. In den letzten Jahren ist das unerreichbare Idealbild weiblicher Schönheit zu einer der effektivsten Waffen gegen den Aufstieg der Frau in unserer Gesellschaft geworden: Uns werden die Flügel damit gestutzt, es ist eine neue Form der Unterdrückung.

Vielleicht hast du schon mal Fotos der Giraffenfrauen in Padaung (Birma) gesehen, die ihren Hals ihrer Tradition folgend mit Kupfer- oder Silberringen in die Länge strecken. Es erscheint uns grausam, ähnlich dem alten chinesischen Brauch, den Frauen wohlhabender Familien die Füße abzubinden, damit sie nicht wachsen konnten. Nicht minder grausam ist das groteske Schönheitsideal, dem uns unsere heutige Gesellschaft unterwirft.

Ist dir schon mal aufgefallen, wie viel Zeit wir unserem Aussehen widmen?

Wie viele Gehirnzellen wir mit den Gedanken daran blockieren?

Wie viel Geld wir darauf verschwenden?

Welche Hungergefühle wir dafür ertragen?

Die Komplexe, die wir deswegen haben?

Wie viel Energie wir in diese Schlacht investieren, die von vornherein verloren ist?

> **Das heutige Schönheitsideal macht es einer Frau unmöglich, zufrieden mit sich selbst zu sein.**

Wusstest du, dass ...

... jede zweite Frau fast ihr ganzes Leben lang Diät hält?

... die Mehrheit aller erwachsenen Frauen sich dicker findet, als sie ist?

... die Umfrage einer amerikanischen Zeitung ergeben hat, dass die Hälfte aller Frauen lieber fünf Kilo abnehmen würde, als den Mann ihres Lebens zu finden oder ihre beruflichen Ziele zu erreichen?

Und das Perfide an dieser Form der Sklaverei ist, dass physische Unvollkommenheiten jede andere weibliche Stärke in den Schatten stellen, sei es Intelligenz, Kreativität, positives Denken, Fleiß, Großzügigkeit, Liebenswürdigkeit, Sympathie, Verständnis, Solidarität oder Einfühlungsvermögen.

In anderen Worten:
- dick sein (also alles, was mehr als Haut und Knochen ist) bedeutet Versagen;
- Zellulitis bedeutet Versagen;
- schlaffe Haut bedeutet Versagen;
- graue Haare bedeuten Versagen;
- alles, was uns von den Models auf Zeitschriften und Plakaten unterscheidet, macht uns zu Versagerinnen.

Das Gesetz der Schwerkraft, die Zeit, das gehetzte Leben, das wir führen, Stress, Müdigkeit, unser mühseliges täglich Brot haben scheinbar nichts damit zu tun. Die Verantwortung tragen wir selbst allein. Weil wir nicht die Willensstärke haben, aufs Dessert zu verzichten und stattdessen ins Fitnessstudio zu gehen, weil wir nicht genügend Salben und Cremes verwenden, weil wir uns nicht in teurer Mode kleiden, weil wir uns selbst einfach nicht im Griff haben – und gleichzeitig wird uns vorgeworfen, wir hätten nicht genug Selbstachtung.

Sicher kennst du den Werbespruch einer Kosmetikfirma, der jeweils einem anderen Model in den Mund gelegt wird: »Weil ich es mir wert bin.« Ich sehe aber nicht aus wie das Model. Also bin ich es mir nicht wert? Nur noch ein paar Gedanken dazu:

- Die Energie, die wir für unsere Schönheit aufwenden, fehlt uns beim Kampf für die Gleichstellung der Geschlechter. Die Selbstzweifel (im Klartext: Minderwertigkeitsgefühle aufgrund unseres Körpers), die uns eingetrichtert werden, geben uns das Gefühl, dass wir es nicht wert sind, uns das Recht auf Gleichheit zu nehmen … Nichts da! Wer sich unter Wert verkauft, hat keine Kraft zu kämpfen!

— Unsere Komplexe finanzieren eine ganze Industrie. Es sind Millionen, die wir für Kosmetik, Pflegeprodukte, Diätmittel, Schönheitsinstitute, plastische Chirurgie (immer mehr Mitfünfzigerinnen wollen unters Messer), Kleidung, Schuhe etc. Saison für Saison ausgeben. Und Millionen, die von den verschiedenen Firmen für Werbung ausgegeben werden, die uns überzeugen soll, dass wir ihre Produkte brauchen …

— Den Männern verleihen die ersten grauen Haare einen gewissem Sexappeal. Wir Frauen müssen zu diesem Zeitpunkt schon längst zur Tönung gegriffen haben. (Langsam landen auch die Männer in der Falle des Schönheitswahns. Ich hoffe ehrlich, dass sie sich nicht genauso verrückt machen lassen wie wir.)

— Als Kinder waren wir noch nicht so blöd. Ungefähr bis zum achten Lebensjahr haben die meisten Mädchen reichlich Selbstvertrauen und eine gesunde Haltung gegenüber ihrem Äußeren. Erst danach und vor allem während der Pubertät wird das Selbstwertgefühl infrage gestellt. Der Grund? Uns wird die Wirkung bewusst, die wir auf andere Menschen haben, und die Erwartungen, die man an uns stellt.

— Ein Gedanke, der mich besonders schmerzt: Das Bedürfnis zu gefallen kann zwischen Frauen Zwietracht fördern und unsere schlimmsten Instinkte wie Neid, Eifersucht, Stutenbissigkeit auslösen. Glücklicherweise haben wir alle echte, gute Freundinnen, aber es gibt auch richtige Ziegen.

— Wusstest du, dass sich der Schlankheitswahn auf die Libido auswirkt? Es wurde festgestellt, dass Frauen, die ständig um ihre Linie besorgt sind, einen geringeren Sexualtrieb als die Frauen haben, die nicht von ihrer Figur besessen sind. Die Studie eines Chicagoer Krankenhauses, die genau das Gegenteil belegen sollte, hat sogar aufgedeckt, dass dicke Frauen mehr Lust haben als dünne, wie Margaret Leroy in ihrem Buch *Pleasure. The Truth about Female Sexuality* schreibt.

– Wenn du dich nicht wohl in deinem Körper fühlst, macht Sex weniger Spaß.

Es fühlt sich nicht gut an, von jemand angefasst zu werden, wenn du dich deiner schämst. Wenn du deinen Körper nicht liebst, wie kannst du dann Genuss durch ihn finden? Wäre es nicht besser zu lernen, dich zu akzeptieren, dich selbst zu lieben und dir Lust zu erlauben?

Versöhnung mit dem Spiegelbild

Wenn du kein gutes Verhältnis zu deinem Körper hast, hier ein paar Übungen zur Steigerung des Selbstwertgefühls, die von Psychologen empfohlen werden:

– Stell dich nackt vor einen Spiegel, am besten vor einen, in dem du deinen ganzen Körper sehen kannst. Sieh dir deinen Körper aus allen möglichen Winkeln gut an. Du suchst keine Mängel, sondern willst dich genau kennen lernen. Tu so, als sähest du dich zum ersten Mal, wahrscheinlich entdeckst du Dinge, die dir noch nie aufgefallen sind. Wiederhole das Gleiche im Sitzen. Probiere verschiedene Posen aus. Mach die Übung mehrere Male, bis dir dein Körper vertraut ist.

– Stelle eine Liste zusammen mit allem, was dir an deinem Körper gefällt. Sei großzügig. Du kannst auch nach und nach Dinge hinzufügen. Wenn du willst, frag auch deinen Partner oder eine Freundin, was ihnen an deinem Körper gefällt. Manche Psychologen empfehlen, zunächst nur zwei Dinge aufzuschreiben und nach und nach mehr hinzuzufügen.

– Nachdem du deinen Körper im Ganzen betrachtet hast, wende dich nun den Details zu. Betrachte deine Haarspitzen, dein Haar, den Scheitel, den Haaransatz etc. bis zu den Zehenspitzen. Entscheide, was dir gefällt und was weniger. Überlege realistisch, was du verbessern kannst und was du akzeptieren musst. Denk dran, du darfst nichts Unmögliches verlangen. Wenn du mit einer bestimmten Schwäche extreme Probleme hast, bitte deinen Partner oder eine gute Freundin um seine/ihre Meinung: Du wirst sehen, die Menschen, die dich mögen, finden dich meistens viel schöner als du selbst. Mit ihrer Hilfe kannst du dein Bild von dir ändern.

– Verändere etwas an deinem Äußeren. Eine andere Frisur, eine neue

Brille oder ein neuer Pullover können wie eine Selbstvertrauensspritze wirken.

– Sei realistisch. Die Supermodels stellen einen winzigen Prozentsatz der Bevölkerung dar. Vergleiche dich nicht mit anderen. Du bist du, Punkt. Verliere keine Zeit damit, unmöglichen Vorbildern hinterherzulaufen. Denk an den Spruch, den der Body Shop seiner Selbstwert-Kampagne vorangestellt hat: »Von 3 Milliarden Frauen auf der Welt sind nur 8 Top-Models.«

– Wenn jemand zu dir sagt: »Gut siehst du heute aus« oder: »Was für ein hübsches Kleid du anhast«, antworte nicht mit Verlegenheitssprüchen à la: »Stimmt doch gar nicht« oder: »War im Sonderangebot.« Vermindere nicht deinen Wert oder den Wert deiner Vorteile. Lerne Komplimente anzunehmen und an sie zu glauben.

– Lies Bücher über das Thema, sich selbst lieben zu lernen. Wenn du ein ernsthaftes Problem damit hast, sprich mit einem guten Psychologen.

Lektürevorschläge: *Die Kunst, sich selbst zu lieben* von Rita Freedman und *When Women Stop Hating Their Bodies* von Jane R. Hirschmann und Carol H. Munter. Beide Bücher sind großartig.

Ich bewahre seit langer Zeit ein paar Seiten der australischen Zeitschrift *Cleo* auf, auf denen von einer Studie über »Liebe, Sex und Diät« berichtet wird, in der sich zeigt, wie eklatant die Unterschiede in unserer Betrachtung sind. Den Befragten wurden die Fotos vier verschiedener Models vorgelegt. Sie sollten entscheiden, welches für sie dem Idealkörper entspricht. Die überwältigende Mehrheit der Frauen befand die Dünnste als die Vollkommenste – im Gegensatz zu nur 19 Prozent der Männer. Die Männer hatten sich dagegen auf eine Frau geeinigt, die von 85 Prozent der Frauen als leicht übergewichtig eingeschätzt worden war.

In dem dazugehörigen Artikel hieß es unter anderem: »Uns Männer überrascht das weibliche Ideal, das in den Modezeitschriften verkauft wird, denn eigentlich mögen wir Kurven lieber, und dazu gehört einfach etwas Fleisch. Uns gefällt das Weiche am Körper einer Frau. Außerdem haben wir das Gefühl, dass eine junge Frau, die täglich hungert, um wie ein Bleistift auszusehen, kaum ein leidenschaftlicher Mensch sein kann, und das ist wahrscheinlich die Eigenschaft, die eine Person am attraktivsten macht.«

Es scheint also, als beurteilten die Männer unser Äußeres viel positiver.

Orgasmen nach Maß ... für jede passend

Mit deiner Erlaubnis (es bleibt dir nichts anderes übrig) möchte ich Sex à la Hollywood einmal unter die Lupe nehmen. Keine Angst, ein kleiner Ausschnitt genügt.

Im Bild sehen wir einen Mann und eine Frau. Luis und Julia oder Bob und Mary, ganz egal. Beide sind groß, schön und wahrscheinlich reich, und zweifellos haben beide fantastische Körper. Sie halten sich noch zurück – doch es fällt ihnen offensichtlich schwer. Die Tür zum Apartment/Fahrstuhl/Hotelzimmer öffnet sich. Er sieht sie an, sie sieht ihn an. Die Tür schließt sich hinter ihnen. Die Welt um sie herum verschwindet. Sie küssen sich. Küssen sich leidenschaftlich. Als wäre es der letzte Tag in ihrem Leben. Die Musik wird lauter. Sie öffnet seinen Gürtel, den Reißverschluss und zieht seine Hose und die Boxershorts herunter. Er schiebt ihr das Kleid über den Kopf. Zieht ihr BH und Slip aus, alles schnell, fieberhaft, atemlos. Dann umfasst er mit beiden Händen ihren Hintern, hebt sie hoch, setzt sie auf seine Lenden und dringt in sie ein. Sie küssen sich weiter. Leidenschaftlich. Zwei, drei Stöße. Und schon kommen beide, im gleichen Moment.

Eine Oscar-reife Vorführung.

Manchmal habe ich das Gefühl, alle Sexszenen wären vom selben Regisseur gedreht worden. Dabei ist es vollkommen lächerlich, was sie uns da vormachen. Ich ärgere mich jedes Mal, denn so funktioniert es einfach nicht.

Solche Szenen sind Gift für die, die immer noch an den Wahrheitsgehalt von Kinofilmen glauben, die ihre eigene Existenz an ihnen messen. Was für eine Enttäuschung, wenn er dich endlich küsst und im Hintergrund keine romantische Melodie erklingt, oder wenn er deinen Gürtel berührt und du nicht sofort im siebten Himmel bist, oder wenn er kommt und du nicht zur gleichen Zeit ... Wie frustrierend, wenn du hinter einem Ideal herläufst, das niemals Wirklichkeit werden kann: schneller, einfacher Sex, ohne Komplikationen. Hier und jetzt, und beide sind glücklich.

Doch dass es diese Art von Sex nicht gibt, ist noch lange kein Grund zum

Jammern: Echter Sex kann nämlich noch viel schöner sein. Und nicht, weil er leicht, schnell und unkompliziert vor sich geht (auch das kann es geben), sondern weil er für dich passt, weil er dich erfüllt, befreiend ist, dich in deinem Körper und mit deiner Lust glücklich macht.

Luis hat einen Penis, Julia eine Vagina. Ein großer Unterschied, ein grundlegender Unterschied. Und Julia ist leer ausgegangen.

»Schön«, sagt jemand, »das ist nicht schlimm, jeder weiß doch, dass das Wichtigste für die Frau die Nähe ist.«

»Wie bitte?«

»Na, dass Frauen beim Sex vor allem die emotionale Nähe zu ihrem Partner suchen: nah bei ihm sein, umarmt werden, sich geliebt fühlen...«

»Also, wir Frauen sollen so eine Art Teddybär sein.«

»Reg dich nicht auf, das weiß doch jeder.«

»Dass wir Teddybären sind?«

»Dass die emotionale Nähe das Wichtigste ist.«

Hier platzt mir der Kragen. Vielleicht ist es so, dass wir Frauen im Allgemeinen möglicherweise irgendeine Art von Gefühl brauchen, um mit einem Mann ins Bett zu gehen. Aber das ist eine Sache. »Macht nichts, wenn wir keinen Orgasmus haben«, ist eine völlig andere.

Ich meine nicht, dass wir immer zum Orgasmus kommen müssen, manchmal steht uns nicht der Sinn danach oder wir sind nicht so scharf drauf, oder manchmal ist uns sogar die Zärtlichkeit genug. Aber, wie gesagt, nur manchmal.

> Es steht dir frei, nicht zu kommen, aber nur du allein sollst das zu entscheiden haben.

Nicht kommen

Nicht zu kommen ist nicht die Norm, solange es keine gravierende körperliche oder psychische Indikation dafür gibt. Die Orgasmusfähigkeit bei

Frauen ist meistens sogar größer als die der Männer, und warum solltest du das Recht dazu nicht genauso wahrnehmen wie er? Ehrlich gesagt kommt es mir verdächtig vor, dass über dieses Thema so wenig gesprochen wird. Weil es den Männern vielleicht nicht entgegenkommt? Wir sollten diese Frage so schnell wie möglich klären.

Männer müssen sich um die Art ihres Orgasmus und wie sie ihn erreichen keine Gedanken machen, sie haben einfach einen. Das ist das Normale.

Wir dagegen ...

Wir machen uns um den Orgasmus Gedanken, weil viele von uns Frauen nicht immer einen haben und weil er oft nicht so ist, wie man uns eingetrichtert hat, dass er sein soll.

Aufgepasst! Wir kommen hier an ein Schlüsselproblem unserer Sexualität.

Einer der fatalsten Irrtümer bezüglich der weiblichen Sexualität ist der allgemeine Glaube, dass das weibliche Gegenstück zum Penis die Vagina beziehungsweise Scheide sei. Aus einem männlichen Blickwinkel betrachtet passen die beiden auch wunderbar zusammen. Trotzdem stimmt es nicht. Die Klitoris ist das Gegenstück. Und bei der Betrachtung unserer Anatomie fällt auf, dass, wer auch immer unsere Körper kreiert hat, auf keinen Fall einen Designpreis damit gewonnen hat: Denn bei den üblichen Stellungen des Sexualverkehrs kommen die beiden nicht einmal in direkten Kontakt. Das bedeutet, dass für die Mehrheit der Frauen die vaginale Penetration nicht ausreichend ist, um zum Orgasmus zu kommen.

Allgemein herrscht bis heute die irrtümliche Meinung, es gäbe zwei Kategorien von Orgasmen: die vaginalen (die echten) und die klitoralen (Orgasmen zweiter Klasse), und demzufolge sei das eigentlich Richtige, beim Koitus zu kommen. Die Schuld an dieser Legende trägt der Vater der Psychoanalyse, Sigmund Freud. Ich will nicht die Bedeutung eines großen Teils seiner Arbeit schmälern, doch hier war er auf dem Holzweg. Nach seiner Theorie entsprächen Orgasmen, die über Stimulation der Klitoris erreicht werden, einem frühen, kindlichen Stadium der Lust, während der vaginale Höhepunkt die sexuelle Reife einer Frau kennzeichne. Leider hält sich diese These bis heute. Frauen, die vaginal nicht zur Befriedigung kommen, werden bei Freud als sexuell unreif und sogar neurotisch deklassiert, und ihnen wird eine therapeutische Behandlung verschrieben, mithilfe derer sie ihre erotischen Empfindungen von der Klitoris in die Vagina transferieren sollten. Vor Freud gab es die Vorstellung eines anderen Orgasmus als den klitoralen gar nicht. Mit den Worten des Historikers Thomas Laqueur, der Autor der hochinteressanten Studie *Auf den Leib geschrieben. Die Inszenierung der Geschlechter von der Antike bis Freud*: »Nach vierhundert Jahren, oder sogar zweitausend, tauchte plötzlich eine weitere Stelle auf, an der Frauen sexuelle Lust empfinden sollten. (...) Vor 1905 hatte niemand daran gedacht, dass es eine andere Art von Orgasmus gäbe als den klitoralen. Diese Tatsache wurde genau und ausführlich in Hunderten von medizinischen Texten dargelegt, von hochgelehrten wie populären, ebenso wie in der pornografischen Literatur. (...) Der Kitzler war, parallel zum Penis, jahrtausendelang als ›Liebesperle‹ das maßgebliche Sexualorgan und nicht irgendeine ›abweichende‹ Stelle.«

Es mussten viele Jahre vergehen, bis jemand wagte, Freuds Theorie infrage zu stellen. Endlich bestätigte der Biologe Alfred Kinsey die zentrale Bedeutung der Klitoris für die weibliche Lust, nachdem er Tausende von Frauen befragt hatte. Er wies außerdem darauf hin, wie einfach es für viele Frauen sei, durch Masturbieren zum Orgasmus zu kommen, und erklärte öffentlich, dass der Koitus nicht die beste Variante sei, um bei Frauen einen Orgasmus hervorzurufen.

Seitdem wurden Millionen von Seiten geschrieben, die Freuds These widerlegen, doch was hat es genutzt!

– Nach der Befragung von mehr als 14 000 Frauen zu ihren Koitusund Masturbationspraktiken haben Masters und Johnson die Klitoris als Zentrum der Lust bestätigt und gefolgert, dass es nur eine Art von Orgasmus gibt, unabhängig davon, wie man ihn erreicht, also durch direkte Stimulation der Klitoris oder Penetration, durch beides gleichzeitig oder durch andere physische oder psychologische Reize. Ein Orgasmus ist physiologisch immer gleich. Laqueur bemerkt, dass Masters und Johnsons Entdeckungen schon längst bekannt gewesen waren: »Jede Hebamme des 17. Jahrhunderts wusste es und auch die Studien des 19. Jahrhunderts dokumentieren diese Tatsache in wissenschaftlicher Breite. Seit 1900 ist die Forschungswelt diesbezüglich jedoch in Amnesie verfallen, bis in die Mitte des 20. Jahrhunderts, als alte Wahrheiten plötzlich gefeiert wurden wie revolutionäre Entdeckungen.«

– Basierend auf ihrer klinischen Erfahrung gibt die berühmte Therapeutin und Sexualforscherin Helen Kaplan an, dass von den 90 Prozent der Frauen, die überhaupt Orgasmen haben, »weniger als die Hälfte regelmäßig während des Koitus ohne zusätzliche Stimulation der Klitoris zum Orgasmus kommen«.

– Dr. Seymour Fisher untersuchte die orgasmischen Reaktionen von 300 Frauen in einem Zeitraum von fünf Jahren und kam zu dem Ergebnis, dass ca. 65 Prozent die klitorale Stimulation vorzogen.

– Shere Hite kam zu einem ähnlichen Ergebnis. In ihren zwei Berichten zur weiblichen Sexualität (1976 und 2000) geben mehr als 70 Prozent der Frauen an, dass sie ohne Stimulation der Klitoris beim Koitus nicht zum Orgasmus kommen.

Abgesehen davon, dass sie auf einem Irrtum beruht, spiegelt Freuds Theorie ein durch und durch chauvinistisches Bild der weiblichen Sexualität wider, denn er bewertet unsere Orgasmen je nachdem, ob sie angeblich vom Penis hervorgerufen werden oder nicht. Ich sage angeblich, denn, egal ob wir von klitoralen oder den unglücklich als vaginal bezeichneten Orgasmen sprechen, der Orgasmus wird immer durch Stimulation der Klitoris hervorgerufen.

Der Unterschied besteht darin, ob die Stimulation direkt oder indirekt erfolgt. In beiden Fällen ist das Ergebnis, der Orgasmus, das Gleiche.

– Der klitorale Orgasmus wird durch die direkte Stimulation der Klitoris/des Kitzlers und/oder der sie umgebenden Zone erreicht, ob mit vaginaler Penetration oder ohne. Die Stimulation kann
- oral (also mithilfe unseres Partners, so gelenkig sind wir meistens nicht) erfolgen,
- manuell (mit deiner Hand oder mit seiner/ihrer) oder
- mechanisch, mit einem Vibrator oder anderem Zubehör (auch ein Kissen oder der Wasserstrahl der Dusche eignen sich dafür).
– Der so genannte vaginale Orgasmus (auch er ist klitoral!) wird während des Koitus durch indirekte Stimulation der Klitoris hervorgerufen. Die Stimulierung erfolgt,
- wenn die Stellung den Druck auf den weiblichen Schamhügel ermöglicht oder dessen ständige Reibung (die gängigste Methode),
- wenn die Bewegungen von Penis und Vagina die inneren Schamlippen auf und ab gleiten lassen und diese wiederum den Kitzler bzw. seine Vorhaut reiben,
- wenn durch die Penetration die Klitorisschenkel und die inneren Schwellkörper der Klitoris stimuliert werden, die im Innern die Vulva umschließen, und/oder der berühmte G-Punkt.

Vielleicht sind dir Optionen wie der Druck auf den Schambereich neu und du hast noch nie von den Klitorisschenkeln und den inneren Schwellkörpern gehört (sie wurden erst kürzlich entdeckt), und vielleicht hast du deinen G-Punkt noch nicht gefunden; im nächsten Kapitel klären wir genau, was es damit auf sich hat – es lohnt sich.

Der Pionier Alfred Kinsey

Der schlecht gekleidete Professor, stets mit Fliege und zerzaustem Haar, war ein Revolutionär; keiner vor ihm hatte Sexualität, und vor allem weibliche, bisher ernsthaft wissenschaftlich untersucht. Er begann damit im Jahr 1938 an der Universität von Indiana, als eine Gruppe von Studentinnen um einen Einführungskurs in die Ehe bat. Kinsey übernahm dabei die

Biologiestunden beziehungsweise den Sex. Als er feststellte, dass es so gut wie keine Literatur zu dem Thema gab, begann er mit Umfragen unter seinen Studentinnen (es waren viele, denn seine Kurse erfreuten sich größter Beliebtheit), und heraus kam eine Studie mit über 12 000 Teilnehmerinnen. Schließlich gelang es ihm mit der finanziellen Unterstützung der Rockefeller Foundation das Institute for Sexual Research ins Leben zu rufen. 1948 wurde seine erste Arbeit veröffentlicht, über das Sexualverhalten der Männer, und fünf Jahre später über das der Frauen. Seine Ergebnisse enthalten natürlich auch einige Polemiken. Wir dürfen nicht vergessen, dass in jener Zeit Sex vornehmlich der Fortpflanzung zu dienen hatte. Aber Tatsache ist, dass er immerhin in aller Öffentlichkeit bestätigte, dass wir Frauen ebenfalls einen Sexualtrieb haben, dass Menschen im Laufe ihres Lebens ihre sexuelle Orientierung ändern können, dass mindestens ein Drittel der Männer und 13 Prozent der Frauen in den Vereinigten Staaten vor ihrem 45. Lebensjahr homosexuelle Erfahrungen gemacht haben und dass 92 Prozent der Männer und 62 Prozent der Frauen sich selbst befriedigen. Er wirbelte viel Staub auf, und schließlich wurde er beschuldigt, an einer kommunistischen Verschwörung teilzunehmen. Tief getroffen starb er 1956 viel zu früh.

Wir sehen, dass Millionen von Frauen immer noch glauben, irgendetwas läuft falsch, wenn sie den irrtümlich so genannten vaginalen Orgasmus nicht erreichen, obwohl die Bedeutung der Klitoris seit Jahren bekannt ist. Anscheinend spielt es keine Rolle, dass die namhaftesten Sexualforscher der Welt die freudianischen Theorien längst über Bord geworfen haben und dass nicht einmal die Psychoanalytiker mehr wagen, seine Lehren zu verteidigen. Und doch redet man uns ein, dass irgendetwas mit uns nicht stimmen kann, wenn wir als Frau beim Koitus nicht zum Orgasmus kommen.

Wenn sechs oder sieben Frauen von zehn (manche Therapeuten sprechen von noch mehr) der direkten Stimulation der Klitoris bedürfen, um einen Orgasmus zu erreichen und die restlichen durch indirekte Stimulation der Klitoris zum Ziel kommen, warum bleibt der Glaube, die Penetration sei die eigentlich richtige Form, um zum Orgasmus zu kommen, bestehen?

Wir verurteilen mit allem Recht die barbarische Verstümmelung der weiblichen Geschlechtsteile in vielen Ländern der Dritten Welt und doch erhebt keine ihre Stimme, wenn es um das Totschweigen der Klitoris in unserem Teil der Welt geht.

Totschweigen – eine verbale Amputation

Vielleicht bist du überrascht, dass ich wage, uns privilegierte Frauen der Ersten Welt in einem Atemzug zu nennen mit der brutalen Aggression, der viele weniger privilegierte Frauen zum Opfer fallen: der Klitoridektomie (Klitorisbeschneidung) oder der Infibulation (das Zunähen des weiblichen Geschlechts, um den Geschlechtsverkehr bis zur Entjungferung durch den Ehemann zu verhindern). Verstehe mich nicht falsch, ich verdamme diese Grausamkeit ebenso wie du; auch ich nehme an Protestaktionen und Demonstrationen für die 130 Millionen verstümmelten Frauen und Mädchen teil (man schätzt, dass pro Jahr zwei Millionen dazukommen).
»The State of the World Population«, Jahresbericht der Vereinten Nationen. Zitiert nach einem Artikel in der Tageszeitung La Vanguardia vom 21.09.2000.
Nichtsdestotrotz möchte ich anklagen, dass wir einer subtileren Art der Verstümmelung unterzogen werden. Wir werden gezwungen, unsere Lust zu negieren, wenn auch ohne Messer. Auch für unsere Lust müssen wir kämpfen.

Warum bekommt die Klitoris nicht wieder den Platz, der ihr zusteht? Warum wird sie nicht gebührend gewürdigt? Wer profitiert vom Mythos des vaginalen Orgasmus? Was, wenn wir Frauen zu dem Schluss kommen würden, dass wir den Penis gar nicht brauchen, um zum Höhepunkt zu kommen? Welche Wirkung hätte das auf unsere Beziehung zu den Männern? Haben Männer vielleicht eine gewisse Angst, ihre Hauptrolle zu verlieren?

Frustrierende Hierarchien

Susan Quillian ist in einer Studie in Großbritannien zu dem Schluss gekommen, dass es eine fälschliche »Hierarchie der Orgasmen« gibt und dass der von den Frauen am meisten herbeigesehnte Höhepunkt der ist, den sie während des Koitus im gleichen Moment wie ihr Partner erreichen, und zwar ohne manuelle Stimulation. Auf den hinteren Rängen folgen der Orgasmus durch manuelle oder orale Stimulation durch den Partner und ganz am Schluss der Orgasmus bei der (eigenhändigen) Masturbation.

Meiner Meinung hat der schlechte Ruf unserer wunderbaren Klitoris viel damit zu tun, dass sie in das patriarchalische Modell der Sexualität nicht hineinpasst. Aber das ist es nicht allein; wir sind wieder einmal (unfrei-) willige Komplizinnen, und das hat mit unserer mangelhaften Aufklärung, der misslichen Gleichsetzung von Sex mit Fortpflanzung, dem Glauben an vollkommene Beziehungen, die in der Penetration ihre Erfüllung finden, mit Konformismus und mit unserer eigenen Feigheit zu tun.

Ich sage nicht, dass wir den Penis verdammen müssen. Dafür wäre er viel zu schade. Ich möchte nur deutlich machen, dass es die eine korrekte Art, Sex zu machen, nicht gibt.

Wir müssen uns endlich von der falschen Unterscheidung zwischen klitoral und vaginal verabschieden.

Es gibt sogar noch ganz andere Arten zum Orgasmus zu kommen, auch wenn sie seltener vorkommen:

Manche Frauen kommen, wenn man ihnen nur die Brust streichelt, andere kommen durch einen Kuss auf den Mund, durch eine Nackenmassage, wenn man ihnen an den Zehen saugt oder wenn sie gefesselt weden, andere brauchen nicht einmal körperliche Berührung: ein erotischer Traum (vielleicht ist es dir schon passiert, je älter wir werden, desto häufiger kommt es vor), erotische Fantasien, sogar bestimmte alltägliche Situationen können sie zum Orgasmus bringen. Kinsey hat festgestellt, dass jede dritte reife Frau solche Träume hat und dass sie am häufigsten zwischen 40 und 55 vorkommen. Bei

Männern kommt das Gleiche in der Jugend vor (die berühmten feuchten Träume), während es im Alter so gut wie nicht mehr passiert.

Sicher ist:

Alle Orgasmen gelten.

Ein Orgasmus kann auf alle möglichen Arten erreicht werden, und zwischen den verschiedenen gibt es keine Rangordnung. Mit leidigen Theorien in der Richtung ist schon viel zu viel Zeit und Energie vergeudet worden. Es geht hier schließlich immer noch um Lust.

Wie laufen unsere Orgasmen ab?

Die Form, in der unser Körper während eines Höhepunkts reagiert, ist praktisch immer die gleiche: rhythmische Kontraktionen des Uterus, der inneren Scheide und des analen Schließmuskels. Die Kontraktionen erfolgen zuerst alle 0,8 Sekunden, nach der dritten oder vierten werden sie schwächer und die Intervalle größer, bis nach 10 bis 15 Kontraktionen das Ende erreicht ist. Aber manche Frauen (und viele Männer) spüren die Kontraktionen nicht einmal.

Im Grunde glaube ich, dass es uns an der Bereitschaft fehlt, uns einzugestehen, dass weibliche Lust vom Mann unabhängig ist und die des Mannes ebenso unabhängig von der Frau. Ein jeder kann allein für seine Lust sorgen. Wenn wir diese Ausgangssituation akzeptierten, würden wir vielleicht unsere Sexualität mit mehr Freizügigkeit, einem erweiterten Horizont und mehr Offenheit genießen.

Beischlaf ist nicht alles

Vorspiel und Koitus, das ist das gängige Rezept. Wie, glaubst du, sähen unsere sexuellen Praktiken aus, wenn wir Frauen allein bestimmen dürften?

Es wird geschätzt, dass 90 bis 95 Prozent der sexuellen Begegnungen zum Koitus führen, obwohl er für uns nicht gerade die effektivste Methode ist, zum Orgasmus zu kommen. Natürlich macht es uns Spaß, miteinander zu schlafen, aber wir mögen auch andere Sachen, vor allem, wenn wir unseren Körper kennen und verstehen, wie er funktioniert.

Männern fällt es in der Regel leicht, zum Kommen zu kommen. Für sie ist das Vorspiel nur eine Art Wegezoll, den sie begleichen müssen, um an ihr Ziel zu gelangen. Daher machen sie es meist so kurz wie möglich, außer wenn sie, zum Beispiel altersbedingt, mehr Stimulierung brauchen, um die gewünschte Erektion zu bekommen.

Oralsex, gegenseitige Masturbation, manuelle Stimulierung des G-Punkts, die Benutzung von Vibratoren, all die anderen Spielarten, die uns auch Spaß machen und zum Orgasmus bringen, werden meistens zum bloßen »Vorspiel« degradiert.

Aber warum müssen sie zum Vorspiel gehören?

Warum können sie nicht Hauptteil sein, wenn sie uns gefallen?

Du erinnerst dich daran, dass es Julia peinlich war, so lange zu brauchen, um bereit zu sein. Bereit für was?, fragten wir. Dass er in sie eindringen und das gängige Ritual vollziehen konnte? Viel besser wäre es doch gewesen, wenn Julia sich treiben lassen und genossen hätte, was Luis zwischen ihren Beinen tat, egal wie lange; Luis ist erwachsen, wenn ihm die Zunge erlahmt wäre, hätte er es gesagt. Aber sie ließ es nicht zu und fühlte sich schuldig. So gingen sie zur nächsten Phase des Programms über und das Ganze fand bald sein abruptes Ende.

Was wäre gewesen, wenn sie zuerst zum Orgasmus gekommen wäre und später das Gleiche für ihn getan hätte? Warum nicht? Weil sie sich damit nicht ans Drehbuch halten würde?

Die Sexualtherapeuten betonen es immer wieder:

Sex und Koitus sind nicht dasselbe.

Schon aus dem einfachen Grund nicht, weil die Ejakulation des Mannes das Ende des Koitus bestimmt, unabhängig davon, ob die Frau gekommen ist oder nicht.

Multiorgasmisch

Frauen können mehrere Orgasmen hintereinander bekommen, innerhalb weniger Sekunden oder Minuten. Das ist möglich, weil das Blut, das sich bei der Frau während der Erregungsphase in den Geschlechtsorganen sammelt, langsamer zurückfließt als beim Mann, so dass wir, wenn wir weiter stimuliert werden, noch einmal zum Orgasmus kommen. Beim Mann dagegen verschwindet die Erektion meistens schnell nach dem Orgasmus, und außer in der Jugend braucht er eine gewisse Zeit – die so genannte Refraktärzeit –, bis er wieder erregbar ist. Im Allgemeinen spricht man davon, dass ungefähr ein Drittel bis die Hälfte der Frauen multiorgasmisch sind, wobei u. a. Masters und Johnson der Meinung sind, dass diese Zahl weit höher wäre, wenn wir nur auf die richtige Weise stimuliert werden würden.

Es wäre aber völlig unsinnig, aus dem multiplen Orgasmus eine fixe Idee werden zu lassen, wie es mit dem »vaginalen Orgasmus« der Fall ist. Wenn du zum Orgasmus kommst und befriedigt bist, ist es gut. Wenn du es als Spiel und nicht als ein Muss betrachtest, kannst du es jederzeit ausprobieren. Wie das geht? Nachdem du zum Orgasmus gekommen bist, stimuliere dich weiter (vielleicht brauchst du erst ein paar Sekunden Pause). Mehr Informationen dazu gibt es in den nächsten Kapiteln.

Wir müssen damit aufhören, an das eine maßgebliche Modell der Sexualität zu glauben. So etwas gibt es nicht!
Das Beste ist, alle Normen über Bord zu werfen und sich treiben zu lassen, je nach Tagesform, Laune und den Vorlieben jedes Einzelnen bei jeder einzelnen Begegnung.

Also: wenn du es am liebsten hast, dass er dich manuell stimuliert und du danach ihn: wunderbar;

oder du magst Koitus ohne Drumherum: wunderbar;

Cunnilingus und danach Verkehr, bei dem du selbst deine Klitoris streichelst: wunderbar;

du befriedigst dich, während er dir seine erotischen Fantasien erzählt und umgekehrt: wunderbar;

ihr streichelt euch gegenseitig: wunderbar;

ihr erregt euch wahnsinnig, haltet dann inne und verschiebt die Erlösung auf morgen: wunderbar;

Analsex: wunderbar;

Fellatio, ohne dass er dich anfasst, weil du keine Lust hast zu kommen: wunderbar;

alles andere – genauso wunderbar.

Solange ihr euch gegenseitig respektiert, ist alles erlaubt. Es ist wichtig, dass deine Beziehungen auf Dauer für dich befriedigend sind. Natürlich auch für ihn.

Wir haben gemerkt, dass Sex nichts Natürliches, Spontanes ist, bei dem nur unser Instinkt uns leitet. Sex ist eine kulturelles Phänomen und damit erlernbar. Also lerne, es ist zu deinem eigenen Vorteil.

(Fortsetzung)

Und Luis, wie hat er das Rendezvous mit Julia erlebt?

Luis hatte den Tag über an sie gedacht, nicht so viel, wie er eigentlich wollte, denn er hatte zu viel zu tun. Er wollte möglichst früh gehen, damit er noch nach Hause gehen und duschen könnte, aber es ging einfach nicht. Er fühlte sich unwohl, weil er sich nicht umgezogen hatte, vor allem, weil er wahnsinnig gern mit Julia ins Bett gegangen wäre, doch jetzt hatte er das Gefühl, dass er ziemlich streng roch. Aber schon nach kurzer Zeit hatte er alles vergessen: Er fühlte sich wohl mit Julia und fand sie so toll, dass ihm alles andere egal war.

Offensichtlich hatte er keine Zweifel daran, dass er mit ihr schlafen wollte; er wusste nur noch nicht, wie er es ihr zeigen sollte, ohne ins Fettnäpfchen zu treten oder von ihr in die Wüste geschickt zu werden. Er hätte auch noch gewartet, denn Julia interessierte ihn, und zwar ernsthaft. Dass sie mit zu ihm kommen wollte, versetzte ihm einen Adrenalinschub, und er kam nicht mal auf die Idee, die Moralvorstellungen dieser Frau infrage zu stellen, wie er ihr auch gesagt hatte. Sie machte ihn wahnsinnig. Er war glücklich, bis auf einen kleinen Nebengedanken: Er fühlte sich schmutzig und ungepflegt. Also würde er darauf achten, dass Julias Mund seinem Penis nicht zu nahe käme.

Luis machte sich ebenfalls Gedanken, wenn auch nicht so viele wie Julia: Vorbereitungen treffen – also Kondome dahaben –, nicht versagen, sein Körpergeruch, nicht zu früh kommen und vor allem der Wunsch, dass es ihr Spaß machen sollte.

Und nun zum Fortgang dieser Nacht:

»Hat es dir Spaß gemacht?«, fragt Luis, als er neben ihr liegt.

»Sehr«, antwortet Julia und denkt: »Nächstes Mal vielleicht.«

Er dreht ihr nicht den Rücken zu und schläft ein.

Er zündet sich noch nicht einmal eine Zigarette an.

Luis ist ein echter Volltreffer.

Er sieht Julia an, lächelt und sagt:

»Wo hast du lügen gelernt?« Dann beginnt er sie zärtlich zu küssen, während seine Hand ihren Bauch herunterwandert. Sie kann es kaum glauben.

Doch nach kurzer Zeit entspannt sie sich. Und dann fliegt sie über den Wolken. Und ein paar Sekunden später kommt sie noch einmal.

Luis ist entzückt, er war schon immer fasziniert von der Orgasmusfähigkeit der Frauen und macht weiter.

Julia ist verblüfft. »Wo ist dieser Kerl bloß hergekommen?«

(Und hier würde ich am liebsten schreiben: Aus dem Bett einer Frau, die ihre Wünsche artikulieren konnte.)

WAS KEINEN NAMEN HATTE

Um zu genießen, musst du dich von Angst, Scham und Schuldgefühlen befreien und lernen, dich deines Körpers als Lustobjekt zu bedienen.

Ich finde, dass Männer es leichter haben. Von Anfang an ist ihr Penis da, sichtbar, ein Kamerad und Begleiter in allen Lebenslagen. Sie fassen ihn mehrmals täglich an und machen sich so mit ihm vertraut. Außerdem wissen sie von Anfang an, wie wichtig er ist: Sogar die Erwachsenen bewundern ihn! (Stolze Väter freuen sich über die imposante Größe bei ihren neugeborenen Söhnen – in Proportion zu den kleinen Körpern ist sie bei Babys wirklich erstaunlich.) Eltern vermitteln ihren kleinen Söhnen gemeinhin Stolz und Respekt vor ihrem Penis, bei Mädchen ist das anders – die Geschlechtlichkeit der Kleinen wird meistens ignoriert.

Männer wachsen praktisch mit ihrem Glied in der Hand auf und mit dem Wohlwollen ihrer Eltern, die hoffen, dass ihr Sohn ein erfülltes Sexualleben vor sich hat. Mädchen dagegen wird selten vermittelt, dass sie eine schöne Vulva haben, mit der sie einmal viel Spaß haben und viele Männer glücklich machen werden. Männer haben schon in der frühen Jugend begriffen: »Aha, er ist also auch dafür da, dass ich Spaß habe.«

Das ist der Vorteil, den ich meine.

Wir dagegen ... Warum werden unsere Geschlechtsteile nicht gewürdigt? Unsere Sexualität wird zu einem Geheimnis gemacht, zu etwas Unbekanntem, zum weißen Fleck auf der Landkarte, und bei den Namen für unsere Geschlechtsteile ist es noch schlimmer: Ritze, Möse, Busch, Muschi, Schlitz ... Es tut schon beim Hinschreiben weh. Doch so sieht es leider aus: Er hat ein Mordsgerät und wir haben ... ein vulgäres Loch.

Zwischen unseren schönen Beinen scheint sich etwas Unsägliches, Unaussprechliches, Peinliches zu befinden, und jeder etwas kultiviertere Name, der uns für »da unten« einfällt, klingt gleich wie aus einem medizinischen Lehrbuch und fällt unter das Vokabular, das mit der menschlichen Fortpflanzung in Verbindung steht: Vagina, Uterus, Eierstöcke, Menstruation, Eisprung, Befruchtung, Schwangerschaft, Geburt ... Wie schön: der Kreislauf des Lebens!

Liebe Eltern, liebe Professoren und liebe Gesellschaft im Allgemeinen: Werdet euch bewusst, dass das, was keinen Namen hat, doch einen hat und dass wir Mädchen »da unten« viele verschiedene Organe haben, die höchst interessante Funktionen haben.

> Was hast du zwischen den Beinen: etwas Schmutziges, Heimliches und Verbotenes oder ein wunderschönes Geschlecht, die Quelle deiner Lust?

Die leidige Menstruation

Die Menstruation ist eins der ältesten Tabus. Es gibt sogar die Theorie, dass das Wort »Tabu« von »tupua«, dem polynesischen Wort für Menstruation, stammt. Einige Gedanken dazu:

Die Menstruation ist etwas Intimes, Heimliches, Schmutziges, was bedeutet, dass du verbergen musst, wenn du die Tage hast, und vor allem vor Männern nicht darüber reden darfst. Auch wenn du Schmerzen hast, musst du so tun, als ob nichts wäre.

Die Erfindung des Tampons ist für die gesamte Frauenwelt von unschätzbarem Wert. Seitdem sind wir in der Lage, zumindest äußerlich ungebremst am »normalen« Leben teilzunehmen und niemanden mit unserer Menstruation zu belästigen.

Gott sei Dank dürfen wir während der Tage duschen. Noch unsere Großmütter hatten während der Menstruation Badeverbot, und auch heute ist wegen der so genannten Unreinheit während der Regel in vielen Kulturen den Frauen das Waschen untersagt.

Wusstest du, dass ein Orgasmus die Menstruationsbeschwerden zeitweise lindern kann? Man geht davon aus, dass die Kontraktionen beim Höhepunkt die Rücken- und Unterbauchschmerzen und auch die Krämpfe mildern. Außerdem kommt es beim Orgasmus zu Hormonausschüttungen, die ebenfalls eine positive Wirkung haben.

Es ist ein Irrglaube, dass du während der Periode nicht schwanger werden kannst. Auch wenn es selten vorkommt, kann es bei einer längeren Regelblutung und einem frühen Eisprung zu einer Schwangerschaft kommen. Außerdem gibt es manchmal Zwischenblutungen im Eisprung, die du mit der Menstruationsblutung verwechseln kannst; dann gehst du ohne Verhütung das Risiko ein, schwanger zu werden.

Wie hast du deine erste Periode erlebt? In der abendländischen Kultur gibt es leider kein Ritual, keine Feier, die uns den Übergang vom Mädchen zur Frau erleichtert. Von heute auf morgen landen wir in einer unbekannten Welt, der Welt der Sexualität der Erwachsenen, meistens empfinden wir eher Angst, Schamgefühl und Ekel als Freude. Und dazu tragen wir noch eine enorme Verantwortung, weil wir schwanger werden können. Wenn deine erste Menstruation eine negative Erfahrung war, empfehlen manche Therapeuten, dass du deine nächste Periode als Fest begehen solltest – feiere, dass du eine Frau bist.

Was wäre, wenn Männer ihre Tage hätten? Gloria Steinem spielt diese Idee in ihrem gleichnamigen Essay durch: Sie würden mit der Dauer und der Intensität ihrer Periode prahlen; es gäbe Feierlichkeiten zu ihrem Eintritt in die Männlichkeit; das Staatliche Institut für Menstruationsbeschwerden würde für die Forschung Millionen zur Verfügung stellen; es gäbe Tampons Marke Paul Newman, Muhammed-Ali-Slipeinlagen und Maxibinden John Wayne ... Aus Gloria Steinems Buch *Outrageous Acts and Everyday Rebellions*, New York 1983.

Der Körper der Frau: Siehe, du bist schön!

Deinen eigenen Körper zu kennen ist unerlässlich, um deine Sexualität zu begreifen und Verantwortung für sie übernehmen zu können.

Eigentlich müssten sich alle Mädchen mit ungefähr zwölf Jahren, auf jeden Fall vor der Menarche (der ersten Menstruation), mit erwachsenen Frauen ihres Vertrauens zu einem Gespräch von Frau zu Frau treffen: über die Menstruation und die Fortpflanzung natürlich, aber auch, um Gedanken zum Thema Sexualität und Lust auszutauschen.

Am Ende sollten die Erwachsenen jedem Mädchen ein Forschungs-Set schenken (die Erforschung der Sexualität ist ein Abenteuer!), denn die Theorie nützt gar nichts ohne Praxis: »Hier, Liebes, ein Handspiegel und eine Gebrauchsanweisung, damit du lernst, wie dein Geschlecht aussieht und wie es funktioniert. Wenn du Hilfe brauchst oder eine Frage hast, kannst du immer zu mir kommen. So oder so ähnlich sollte die Normalität aussehen, dann würden wir uns einige Traumata und viel Leid ersparen.

Wir haben kein sehr realistisches Bild von unseren Geschlechtsteilen. Viele von uns bilden sich ein, sie seien hässlich und riechen schlecht. Wie können wir nur so dumm sein ... wenn wir es uns noch nicht einmal näher angesehen haben – und noch weniger daran gerochen haben.

Ist dir schon mal aufgefallen, dass die Männer/Frauen, mit denen du deinen Körper geteilt hast, und dein/e Gynäkologe/in besser Bescheid wissen, wie dein Geschlecht aussieht und wie es riecht, als du?

Wenn du ein Bild von deinen Augen, deiner Nase, deinen Lippen, deinem Busen, deinem Bauch, deinen Händen, deinem Hintern, deinen Füßen hast, wäre es da nicht logisch, wenn du ebenso ein Bild von deinem Geschlecht hättest? Es ist ganz einfach. Nimm einen Handspiegel und setz dich bequem hin: in die Hocke, auf den Po, wie auch immer. Wenn dir die Vorstellung nicht geheuer ist, du dich ekelst oder es dir peinlich ist, frage dich, warum. Warum akzeptierst du deinen Körper nicht? Denke über die Gründe für deine Ablehnung oder für das Unbehagen nach, das dich dabei überfällt. Du darfst nicht einfach darüber hinwegsehen: Wenn dir deine eigene Sexualität peinlich ist, ist das ein ernstes Problem, und wenn dir dieses Buch nicht dabei helfen kann, dich selbst zu akzeptieren, dann solltest du überlegen, ob du nicht einen guten Therapeuten zu Rate ziehen solltest. (Natürlich hast du kein ernsthaftes Problem, wenn du nicht sofort zum Spiegel greifen willst. Aber wenn du dich ekelst oder deines Körpers schämst – das ist etwas anderes.)

Auf den folgenden Seiten findest du Illustrationen, die dir helfen sollen, die verschiedenen Teile deines äußeren Geschlechts, der Vulva, zu unterscheiden. Spreize die äußeren Schamlippen und sieh dir an, was dazwischenliegt: die inneren Schamlippen, der Kitzler oder die Klitoris, die Harnöffnung und der Scheideneingang. Manche Sexualtherapeuten meinen, dass auch das Perineum oder der Damm und der Anus zu unserem Geschlecht zählen, denn auch wenn sie zunächst keine Geschlechtsorgane sind, sind sie höchst sensibel und können uns große Lust verschaffen (wir werden über dieses Thema an anderer Stelle sprechen).

Berühre die verschiedenen Zonen mit den Fingern. Wie fühlen sich die unterschiedlichen Teile deines Geschlechts an? Führe einen Finger in die Vagina oder Scheide ein und erfühle ihre Beschaffenheit. Hast du sie dir so vorgestellt? Du kannst auch deine Scheidenmuskulatur ausprobieren (falls du nicht weißt, wie es geht, in wenigen Seiten gehen wir näher darauf ein). Rieche an deinen Fingern, wenn du willst, leck sie ab. Du brauchst gar nicht die Stirn zu runzeln, die Vagina ist sehr viel hygienischer als das Innere deines Mundraums, denn sie reinigt sich selbst. Wenn du einen Penis in den Mund nimmst, ohne dich zu ekeln, solltest du das hier auch nicht eklig finden.

Hygiene

Wir müssen täglich das Äußere unseres Geschlechts waschen, doch die Vagina selbst sollten wir in Ruhe lassen. Verwende bitte keine Vaginal-Duschen. Vorsicht: mit der falschen Seife bringst du den pH-Wert der Haut ins Ungleichgewicht. Beim täglichen Waschen brauchst du nicht einmal Seife, klares Wasser reicht aus, um sich gründlich zu waschen. Bei deiner Unterwäsche solltest du darauf achten, dass sie bequem sitzt und möglichst aus natürlichen Materialien ist. Wirf alles raus, was zu eng und unbequem ist oder kratzt. Und eins noch: Verwende nur luftdurchlässige Slipeinlagen, sonst kann die Haut nicht atmen.

Wie sehen deine Geschlechtsteile aus? Überrascht? Hast du sie dir so vorgestellt? Der erste Anblick ist für manche von uns ein Schock. Selbst Betty Dodson fühlte sich beim ersten Anblick an die »Kehllappen eines Truthahns« erinnert und schwor sich, dass sie nie mehr masturbieren würde: »Ich machte einen Pakt mit Gott: Wenn er mich von diesen Dingern befreien würde, die da runterhängen, würde ich mich nie mehr anfassen, immer mein Zimmer aufräumen und meine kleineren Geschwister lieben.« Das sagte sie als Zehnjährige – später hat sie Kurse über weibliche Sexualität und Masturbation gegeben, die Tausende von Frauen auf der ganzen Welt beeinflusst haben.

Betty Dodson

Wenn einer Bescheid weiß über unsere Geschlechtsorgane und über weibliche Orgasmen, dann sie. Tausende von Frauen sind mit der Hilfe der Sexualtherapeutin zum Orgasmus gekommen. Dreißig Jahre lange wurden in ihren Bodysex-Workshops (gegründet in den USA, später gab es sie auch in anderen Ländern) Selbsterforschung und weibliche Masturbation in Gruppen gelehrt. Ohne falsche Scham! Heute, mit über siebzig Jahren, leitet sie keine Workshops mehr, aber sie gibt immer noch Einzelunterricht, und zwar den Frauen, die ihre Arbeit fortführen – auch wenn Betty Dodson darüber klagt, dass diese Frauen keine Gruppenselbstbefriedigung mit ihren Schülerinnen mehr durchführen wollen. Betty Dodson hat ein großartiges Buch geschrieben, *Sex For One*, und verschiedene Lernvideos veröffentlicht. Auf ihrer Homepage (www.bettydodson.com) sind unter anderem Fotos von weiblichen und männlichen Genitalien zu sehen, die begeisterte Fans ihr zuschicken.

Warum finden wir unsere Geschlechtsteile so komisch, vielleicht sogar hässlich? Weil sie uns fremd sind. Wie oft hast du dir schon eine Vulva angesehen? Natürlich kann sie dir nicht normal, schön und wohlgeformt vorkommen, wenn du die »Norm« gar nicht kennst. Deine sexuelle Anatomie ist dir nicht vertraut, außerdem wirst du dazu erzogen, sie zu ignorieren.

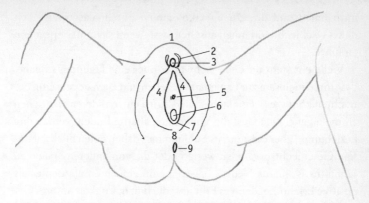

1 Scham- oder Venushügel; 2 Vorhaut der Klitoris/des Kitzlers; 3 Klitorisspitze/Kitzler; 4 Äußere Schamlippen; 5 Harnöffnung; 6 Scheideneingang/Vagina; 7 Innere Schamlippen; 8 Perineum oder Damm; 9 Anus

Eine Zeichnung ist natürlich immer vereinfacht – genauso, wie jede von uns ein einzigartiges Individuum ist, so sind es auch unsere Genitalien.

Äußere Schamlippen gibt es in tausendundeiner Form: dicke, mittlere, dünne, manche sind sehr behaart, andere kaum. Die Hälfte der Frauen hat kaum innere Schamlippen, bei der anderen Hälfte sind sie größer als die äußeren, und bei vielen ist die eine Seite größer als die andere. Von den unterschiedlichen Farben und Formen ganz zu schweigen: wie die Blütenblätter verschiedener Pflanzen.

Auch die Klitoris kann die verschiedensten Farben haben (Rosa- und Brauntöne, schwarz, blau etc.), alle Größen und Formen, manche sind zweigeteilt; es gibt einfache, glatte Vorhäute, während andere faltig sind, als bestünden sie aus mehreren Lagen.

Ich glaube, langsam bekommst du eine Idee, wovon ich spreche. Betrachte die Farbe, Form und Größe deiner Geschlechtsteile. Sie sind einzigartig, sie gehören zu dir und sie sind wunderschön.

Wenn du noch mehr tun willst, kannst du beim nächsten Besuch beim Frauenarzt (ich setze voraus, dass du mindestens einmal im Jahr zur Untersuchung gehst) einen Handspiegel und eine Taschenlampe mitnehmen und deine/n Gynäkologin/en bitten, dass sie/er dich dein Geschlecht von innen ansehen lässt, wenn sie/er das Speculum einführt.

Vielleicht steht dir deine Schwester oder eine Freundin so nahe, dass ihr gemeinsam zur Frauenärztin gehen und euch gegenseitig betrachten könnt; es ist einfacher, die Vagina einer anderen anzusehen als die eigene. Du magst die Vorstellung abartig finden (verdammte Erziehung!), aber es ist nichts Schlimmes dabei, einen Blick auf unsere Geschlechtsorgane zu werfen oder die von anderen Frauen zu sehen. Es ist nichts Neues. Tausende von Frauen empfinden es als positive Erfahrung, denn es hilft uns, die Einzigartigkeit unseres Geschlechts zu verstehen. Es geht einzig und allein darum, den Nebel über einem Teil deines Körpers zu lichten, dein Geschlecht zu entmystifizieren, die Angst zu verlieren.

Letzter Vorschlag: Teile die Erfahrung mit deinem Partner. Denk einmal darüber nach. Wenn du die Vorstellung nicht unangenehm findest, frage ihn, ob er Lust hat. Viele Männer haben eine unbewusste Angst vor dem weiblichen Geschlecht, vor der »Vagina dentata«, in die sie ihren Liebling versenken. Als würden wir ihrem Penis etwas antun wollen. Eine gemeinsame Annäherung an unsere Sexualität könnte mit solchen Vorurteilen aufräumen und den Sex noch schöner machen.

Mehr Bilder

– Wenn du noch mehr Vulvas sehen willst, kann ich dir den Fotoband *Femalia* von Joani Blank empfehlen, den du über eine Online-Buchhandlung oder einen Internet-Sexshop bestellen kannst. Den Band gibt es nur auf Englisch, aber es handelt sich ohnehin ausschließlich um Fotografien. Wie gesagt, in Bezug auf Sexualforschung haben uns die Amerikaner viel voraus.

– Kauf dir einfach eine Porno-Zeitschrift, auch wenn es darin manchmal Bilder gibt, die nichts für schwache Nerven sind. Frag in deinem Zeitschriftenhandel nach (vielleicht ist dir einer lieber, den du normalerweise nicht besuchst). Ist dir das peinlich? Denk an all die Männer, die sich Pornos kaufen – es ist nichts dabei. Vielleicht nimmst du eine Freundin mit oder, falls du nicht solo bist, deinen Partner. Ihr könnt auch einen guten Sexshop besuchen, dort werden sie dich am besten beraten. Außerdem findest du/findet ihr dort vielleicht noch andere Dinge, die euch Spaß machen. Lass dir von deiner Schüchternheit nicht die Lust verderben.

Jetzt, da wir unsere Geschlechtsteile *entdeckt* haben, wollen wir sehen, wie sie funktionieren und wie Lust entsteht. Auf den folgenden Seiten werden wir unsere Geschlechtsteile anders betrachten, als in der gängigen Literatur zu diesem Thema noch immer üblich ist. Wir begreifen die weibliche Sexualität sehr viel positiver und gehen sogar von einem anderen Bild unseres Geschlechts aus, vor allem von der Klitoris. Wir werden außerdem sehen, dass unsere Lust weder nur auf eine Art, noch nur an einer Stelle stattfindet.

Wir müssen unseren Kopf freimachen und einfach ausprobieren. Unsere Lust schließt alles ein. Sie erstreckt sich auf unsere gesamte Anatomie und sogar weiter, auf Geist und Seele.

Es ist ein Fehler, den Körper in lusttaugliche und -untaugliche Zonen einzuteilen. Gib dir die Erlaubnis Lust zu spüren und sei bereit zu genießen, auszuprobieren, zu experimentieren und zu entdecken. Ohne Verpflichtungen, ohne feste Bestimmung, ohne Leistungsdruck. Der Weg ist wichtiger als das Ziel. Vielleicht entdeckst du ganz neue Gefühle, vielleicht lernst du auch Namen von Dingen kennen, die dir vertraut sind. Oder du lehnst dich einfach zurück und genießt es, mit deiner Sexualität noch vertrauter zu werden.

Lust ist eine subjektive Empfindung. Wir Frauen sind nicht alle gleich. Die Intensität unserer Orgasmen hängt außerdem mit unserer Tagesform zusammen, mit unserem Körpergefühl, das schwanken kann, unserer Aufnahmefähigkeit, der Situation etc. Unsere Orgasmen können länger oder kürzer sein, einzeln oder mehrfach und sogar an verschiedenen Stellen stattfinden. Wir müssen offen sein, um die Schattierungen empfinden zu können. Es spielt keine Rolle,

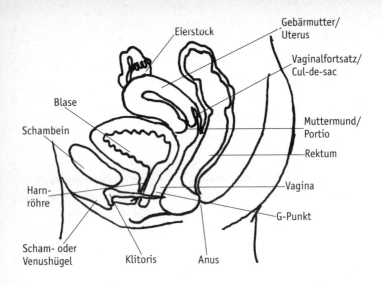

seit wie vielen Jahre wir Sex haben, es wird immer Überraschungen geben, die auf uns warten. Denk dran: Befreie deinen Geist, und dein Körper wird folgen.

Venushügel und Schamlipppen

Der Venushügel, so benannt zu Ehren der römischen Göttin der Liebe, ist ein Kissen aus Fettgewebe über dem Schambein, das bei bestimmten Stellungen als schützendes Polster dient. Die Haut, die den Venushügel bedeckt, ist mit einer großen Zahl von Nervenenden ausgestattet. Daher genießen es viele Frauen, dort gestreichelt zu werden, und der Druck auf den Venushügel löst lustvolle Gefühle aus. Das hängt unter anderem damit zusammen, dass sich am unteren Rand des Venushügels die äußeren Schamlippen und der Kitzler befinden. Du kannst es selbst ausprobieren (wahrscheinlich hast du gemerkt, dass *ausprobieren, experimentieren, selbst versuchen* die wichtigsten Wörter dieses Buches sind).

Am unteren Rand des Venushügels beginnen die äußeren Schamlippen (Labial), die bis zum Anus reichen und den großen Teil unserer Vulva bedecken (auch wenn die inneren Schamlippen oft herausschauen). Vielleicht ist dir schon einmal aufgefallen, dass deine Körpersekrete an dieser Stelle einen besonderen Geruch haben; es gibt die Theorie, dass sie Männer anlocken. Auch wenn die äußeren Schamlippen primär dem Schutz dienen, reagieren auch sie auf Berührung und Druck und schwellen an, wenn wir erregt sind.

Die inneren Schamlippen bilden am oberen Ende die Vorhaut der Klitoris und verlaufen an beiden Seiten des Scheideneingangs entlang. Hier gibt es besonders viele Nervenenden, die Schammlippen sind daher sehr empfindlich; wenn wir erregt sind, ändert sich ihre Farbe und sie schwellen an – sie können dreimal so groß werden wie ihr Normalzustand. Viele Frauen kommen durch Stimulierung der inneren Schamlippen sogar zum Orgasmus.

Die Klitoris

Sie ist das eigentliche weibliche Sexualorgan. Die Klitoris ist das einzige menschliche Organ, das allein der sexuellen Lust dient. Der Penis dient »nebenbei« reproduktiven und physiologischen Zwecken – die Klitoris ist nur fürs Vergnügen da! Und trotzdem – weder huldigen wir unserer Klitoris, noch verwöhnen wir sie, wie es die Männer mit ihrem Lieblingsorgan tun. Das sollten wir ändern.

Der Kitzler befindet sich dort, wo die inneren Schamlippen vorn zusammenlaufen. Er entspricht der Eichel des Mannes und verfügt ebenso über eine Vorhaut. Er ist ungefähr so groß wie eine Erbse (das ist bei jeder Frau unterschiedlich) und besteht aus einem schwammartigen erektilen Gewebe, das sich mit Blut füllt, wenn du erregt bist, so dass er anschwillt und steif wird; er kann also genau wie ein männlichen Glied erigieren.

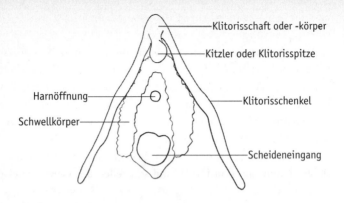

Wenn die Erregung immer größer wird und der Orgasmus bevorsteht, bewegt sich der Kitzler um 180 Grad nach oben, wo er zum Teil unter dem umliegenden Gewebe verschwindet, das ebenfalls anschwillt. Die äußeren und vor allem die inneren Schamlippen wachsen mit der Erregung erheblich. Das schützt den Kitzler vor direktem Kontakt, denn hier befinden sich besonders viele Nervenenden auf engstem Raum, die immer empfindlicher werden, je stärker er durchblutet wird; es kommt häufig vor, dass direkte Reibung eher irritiert, als gut tut. Aus diesem Grund berühren viele Frauen beim Masturbieren auch nicht direkt den Kitzler, sondern massieren die Vorhaut oder den Bereich darum herum, üben mit der Hand Druck auf die ganze Zone aus oder halten einen Vibrator an die Schamlippen, um die Vibrationen zu dämpfen.

Hör nicht auf, bis ich es sage

Wenn ein Mann den Punkt erreicht hat, an dem die Ejakulation nicht mehr aufzuhalten ist, kommt er zum Orgasmus, egal ob die Stimulation fortgesetzt wird oder nicht. Bei uns Frauen ist es ganz anders: Wir müssen weiter stimuliert werden, um zu kommen, sonst wird unser Höhepunkt unterbrochen. Selbst wenn der Orgasmus schon im Anmarsch ist, verliert er seine Intensität oder wird sogar abgewürgt.

> Es ist wichtig, dass die Männer das verstehen: Wir funktionieren anders.
> Sie müssen wissen, dass sie erst mit der Stimulation aufhören dürfen,
> wenn wir es ihnen sagen.

Der Kitzler ist nur die Spitze der Klitoris und damit die Spitze eines Eisbergs. 1998 hat die Ärztin Helen O'Connell endgültig bewiesen, dass unsere Klitoris ein viel größeres Organ ist, als man bisher geglaubt hatte. Ich schreibe endgültig deswegen, weil die Größe der Klitoris schon früher erkannt wurde, was aber keinen Eingang in die Lehrbücher gefunden hatte, bis Dr. O'Connell ihre Arbeiten veröffentlichte. Wir dürfen das Verdienst anderer Pionierinnen aber nicht vergessen, zum Beispiel das der Psychiaterin Mary Jane Sherfey und der Wissenschaftlerin Josephine Lowndes Sevely, denen mit ihrer Theorie nicht die Ehre zukam, die sie verdient hatten, und der nordamerikanischen Feministinnen, vor allem der Federation of Feminist Women's Health Centers (Autorinnen des hervorragenden Werks *A New View of a Woman's Body*) und der Boston Women's Health Collective (der wir das großartige Buch *Unser Körper, unser Leben* verdanken), die die Thesen unter die Leute beziehungsweise die Frauen gebracht haben.

Unter dem Kitzler befindet sich der Klitorisschaft, der etwa zwei, drei Zentimeter lang ist, bevor er ins Innere des Körpers verschwindet. Was du nicht siehst oder fühlst, ist, dass die Klitoris innen weitergeht und sich gabelt, ungefähr wie ein Y. Zur Klitoris gehören:

– zwei Schenkel von jeweils zwischen 7,5 cm und 9 cm Länge, die, beginnend beim Klitorisschaft, dem Verlauf der Beckenknochen folgen und, wie der Klitorisschaft, aus erektilem Gewebe bestehen;

– außerdem zwei Schwellkörper, die mit dem Schaft der Klitoris verbunden sind und unter den kleinen Schamlippen liegen. Sie füllen den Raum zwischen den Klitorisschenkeln und der Vulva. (In manchen Texten werden sie »bulbus vestibuli« genannt, da sie sich auf beiden Seiten des Scheideneingangs befinden. Dr. O'Connell ordnet sie der Klitoris zu und nennt sie »Bulbus clitoridis«.)

Helen O'Connell

Ihr Interesse für die Anatomie des weiblichen Geschlechts entstand bei ihrer Arbeit als Chirurgin in der urologischen Abteilung des Royal Melbourne Hospital (Australien). Sie stellte fest, dass bei Männern, die zum Beispiel wegen Prostatakrebs operiert wurden, besondere Sorgfalt angewandt wurde, um ihre sexuelle Leistungsfähigkeit nicht zu beeinträchtigen, während bei entsprechenden Eingriffen bei Frauen, beispielsweise bei einer Hysterektomie, keinerlei Gedanke auf dieses Thema verschwendet wurde. Von da an widmete sich Helen O'Connell der Erforschung der weiblichen Anatomie, um dafür zu sorgen, dass auch die weibliche Sexualität nicht durch chirurgische Eingriffe beeinträchtigt werden würde.

Wenn wir erregt sind, erigiert nicht nur der Kitzler (der seine Größe meist verdoppelt), sondern auch die Klitorisschenkel und ihre Schwellkörper. Je stärker die Erregung, desto größer werden sie, so dass sie sich enger um den Scheideneingang und das untere Drittel der Scheide schließen (wo sich der G-Punkt befindet). Einige Experten vermuten, dass Frauen auf diese Weise während des Koitus ohne Stimulation des Kitzlers oder der äußeren Zonen zum Orgasmus kommen: Auch wenn keine direkte Stimulation von außen erfolgt, wird die Klitoris indirekt über ihre Schenkel und Schwellkörper stimuliert.

Stellen wir uns den Koitus vor

Während des Eindringens ist der Penis eng von der Vagina umfangen. Fast die ganze Zeit über wird er vollständig von ihr umfasst, so dass seine Stimulation lückenlos erfolgt. Was ist mit der Frau? Während des Koitus kommt der Penis normalerweise nicht in direkten Kontakt mit dem Kitzler, er liegt irgendwo zwischen den Klitorisschenkeln und ihren Schwellkörpern und kann nur schwerlich direkt und ununterbrochen stimuliert werden – was eine Frau aber braucht, um zum Orgasmus zu kommen.

Wenn eine Frau sehr erregt ist, ihre Geschlechtsteile sehr stark durchblutet und angeschwollen sind, dann kann sich die Reibung der Rein-raus-Bewegungen des Penis in der Vagina auf die Klitorisschenkel und Schwellkörper übertragen, auf die ganze Vulva, inklusive des Kitzlers und seiner Vorhaut, in den die Schenkel zusammenlaufen. Diese indirekte Stimulierung entfaltet ihre Wirkung jedoch eben nur in Zuständen äußerster Erregung, und das ist häufig nicht der Fall, aus Gründen, die wir schon beschrieben haben. Außerdem bedeutet es nicht, dass jede Frau auf diese Art zum Orgasmus kommen kann. Die meisten Frauen müssen direkt stimuliert werden, um zum Orgasmus zu kommen.

Oft genug dringt der Mann in die Vagina ein, lange bevor die Frau ausreichend erregt ist, denn viele Frauen glauben für den Koitus bereit zu sein, sobald sie feucht sind. Doch das ist nicht unbedingt der Fall. In Wahrheit ist das Zeichen ausreichender Erregung – wie beim Mann – die Erektion, nämlich wenn die Vulva, besonders die inneren Schamlippen und der Kitzler, angeschwollen ist (es staut sich Blut). Je dicker, desto empfindlicher, und damit mehr Vergnügen.

Doch auch diese beschriebene Erregung ist noch keine Garantie dafür, dass eine Frau während des Koitus zum Orgasmus kommt. Die Erregung geht wieder verloren, wenn die Stimulation unterbrochen wird, und das geschieht oft, wenn der Mann die Erregung erst durch Streicheln der Klitoris hervorgerufen hat, diese aber nach dem Eindringen in die Vagina nicht weiter stimuliert, oft einfach nur, weil er (und sie) es vergisst.

Ein weiterer Irrglaube ist, dass der Mann besonders lange durchhalten muss, damit er der Frau Zeit gibt zu kommen. Wenn die Frau richtig erregt ist und beide die richtigen Dinge tun, kommt sie in kürzester Zeit. Wenn sie nicht erregt ist, dann hilft es auch nichts, wenn er sie noch zwei Stunden penetriert.

Nach dem Orgasmus benötigt die Klitoris (beziehungsweise der ganze Geschlechtsapparat) fünf bis zehn Minuten, um ihre Normalgröße zu erreichen; so lange braucht das Blut, um abzufließen – aus diesem Grund ist es der Frau möglich, mehr als einen Orgasmus zu haben. Aber Vorsicht! Wenn eine Frau sehr erregt ist und nicht kommt, also die Schwellung nicht abklingt, kann sich der Gefäßstau über Stunden halten und sogar Schmerzen verursachen, neben Gefühlen der Frustration, Reizbarkeit und sogar Wut dem Partner gegenüber.

Kommt dir das bekannt vor? Hast du vielleicht schon gehört, dass Männer über »dicke Eier« klagen? Bei uns passiert etwas Ähnliches und wie immer wird kaum darüber gesprochen: Seit Jahren ist bekannt, dass Frauen, bei denen sich die sexuelle Erregung über einen langen Zeitraum nicht mit einem Orgasmus löst, körperliche Beschwerden erleiden können, ähnlich wie Männer, die nicht kommen. In anderen Worten, wenn wir erregt sind, brauchen wir einen Orgasmus. Von wegen »den Frauen genügt das Gefühl der Nähe«.

Wenn diese Art von Frustration öfter vorkommt, kann es zum Beckenvenenstau oder Pelvic Congestion Syndrome kommen, was in schweren Fällen während des Geschlechtsverkehrs äußerst schmerzhaft ist.

Harnöffnung und Harnröhre

Wenn wir erregt sind – du kannst es selbst testen –, wird der Bereich zwischen den inneren Schamlippen höchst sensibel und verwandelt sich in eine wichtige erogene Zone. Um die Harnöffnung herum befinden sich viele Nervenenden, deren Stimulation als sehr lustvoll empfunden werden kann. Doch Vorsicht – jede Frau ist unterschiedlich und es muss dir nicht unbedingt gefallen. Wenn es dir keinen Spaß macht, lass es sein.

Die Harnöffnung

Der Austausch von Flüssigkeiten, Schweiß, die Nähe zur Scheide – es gibt viele Faktoren, die erklären, warum Frauen oft unter Harnwegsentzündungen zu leiden haben, zum Beispiel unter der leidigen Blasenentzündung. Um die Gefahr solcher Entzündungen zu verringern, ist es ratsam, nach dem Geschlechtsverkehr Wasser zu lassen und so die Keime hinauszuspülen.

Die Harnröhre wird normalerweise nicht als erogene Zone angesehen, doch durch das sie umgebende Gewebe mit seinen zahlreichen Blutgefäßen, das bei Erregung anschwillt, können die Harnöffnung und die sie umgebende Zone sehr empfänglich sein für sexuelle Stimulation (es wird auch vom »U-Punkt« gesprochen). Die Drüsen im Schwellgewebe können das weibliche Ejakulat ausschütten – durch die Harnöffnung. Das gleiche Gewebe kann auch durch die Scheide stimuliert werden, wenn der berühmte G-Punkt gestreichelt wird. Doch dazu später.

Vagina

Manche nennen sie eine virtuelle Öffnung, denn erst beim Koitus oder bei der Geburt öffnet sie sich wirklich. Im Ruhezustand berühren sich die Scheidenwände und schließen sich zusammen. Die Vagina ist enorm elastisch. Wenn wir erregt sind, erwacht sie zum Leben: Sie wird feucht, schwillt an und wird größer und verwandelt sich in einen richtiggehenden Kanal, der den Penis aufnimmt (ihre Elastizität wird bei der Geburt hinreichend bewiesen). Viele Frauen glauben, ihre Vagina sei sehr empfindlich. Doch das ist ein Irrtum. In Wirklichkeit ist sie viel widerstandsfähiger als der Penis.

Die Vagina ist nicht überall gleich sensibel. Der Scheidenvorhof, also das äußere Dreieck zwischen Klitoris und den inneren Schamlippen, verfügt über viele Nervenenden und reagiert sehr empfindlich auf Stimulierung. Wenn wir die Vagina in drei Teile (von jeweils acht bis zwölf cm Länge) aufteilen, wird das erste Drittel nahe dem Eingang normalerweise als der erregbarste Bereich betrachtet, da sich in dieser Gegend die Klitorisschenkel und Schwellkörper der Klitoris befinden, außerdem zahlreiche Nervenenden und der G-Punkt. Außerdem ist dies der Teil, der sich während des Orgasmus zusammenzieht.

Das nächste Drittel gilt allgemein als weniger empfindlich, da es über eine geringere Zahl an Nervenenden verfügt. Seit einiger Zeit weiß man jedoch, dass sich auch hier eine besondere Stelle befindet: im hinteren Scheidengewölbe, am Ende der Vagina, befindet sich eine kleine Grube hinter dem Muttermund, die ihre Entdecker Cul-de-sac (französisch für Sackgasse) genannt haben.

Viele Frauen empfinden es als unangenehm, wenn der Penis den Muttermund berührt, vor allem wenn er heftig dagegenstößt, andere dagegen genießen es ganz besonders, dort stimuliert zu werden, und können sogar zum Orgasmus kommen. Die Ärztin Beverly Whipple, ehemalige Präsidentin der American Association of Sex Educators, Counselors and Therapists und eine der Wiederentdeckerinnen des G-Punkts, führte Mitte der 1990er Jahre eine Reihe von Untersuchungen bei Patientinnen mit Rückenmarksverletzungen durch, die angaben, Orgasmen zu spüren, welche ihre Ärzte als »Phantom-Orgasmen« bezeichnet hatten. Sie führte den Frauen ein Diaphragma in die Scheide ein, mit dem sich mithilfe eines Tampons der Muttermund stimulieren ließ. Die Ergebnisse bestätigten die außergewöhnliche Sensibilität des Muttermunds. Drei der sechzehn Patientinnen kamen sogar zum Höhepunkt. In der Kontrollgruppe (von Frauen ohne Verletzungen) waren die Ergebnisse proportional: Eine von fünf Frauen kam zum Orgasmus (ein weiteres Beispiel dafür, wie viel noch unerforscht ist auf diesem Gebiet).

Vielleicht hast du noch nie vom Cul-de-sac gehört, und doch hat er dir eventuell schon Lust verschafft. Die Frauen, die diese Erfahrung gemacht haben, finden, er verdiene ebenso viel Anerkennung wie der G-Punkt. Bei starker Erregung spannen sich die Muskeln im Uterus und dieser hebt sich, wodurch sich der Cul-de-sac öffnet, eine Grube am Scheidenende, die normalerweise vom Uterus und den Muttermundlippen verdeckt wird. Wenn dann der Mann von ausladenden Stößen zu sanften, kurzen Stößen übergeht – eher leichten Druck ausübt als stößt –, kann er diese Zone mit dem Penis stimulieren. Beide Partner können sich dabei einander anpassen, einem gemeinsamen sanften Rhythmus folgen, sich aneinander reiben und/oder mit der Vaginalmuskulatur spielen (über die wir in Kürze sprechen werden).

Die drei Stellungen, in denen der Cul-de-sac am leichtesten stimuliert werden kann (und gleichzeitig manuell der Kitzler), sind:

– Geschlechtsverkehr von hinten;
– die Frau liegt auf dem Rücken und zieht die Beine zur Brust oder legt sie auf seine Schultern;
– die Frau ist oben (diese Stellung erlaubt große Bewegungsfreiheit; manche empfehlen, sich mit dem Gesicht in Richtung der Füße des Partners zu setzen).

Jede Frau hat andere Vorlieben. Ratsam ist auch hier, dass du auf dein Inneres hörst. Probier es aus, sooft du willst, und achte darauf, wie dein Körper reagiert. Wenn es dir Spaß macht, ist es gut, wenn nicht, lass es sein; vergiss dabei nicht, dass sich unsere Vorlieben und Bedürfnisse im Laufe der Zeit ändern.

Wir können lernen, die Sensibilität der verschiedenen Zonen unseres Geschlechts zu vergrößern, indem wir unsere Scheidenmuskulatur beziehungsweise Beckenbodenmuskulatur trainieren. Sie befindet sich zwischen Harnröhre, Rektum und Vagina und zieht sich während und nach dem Orgasmus rhythmisch zusammen. Du kannst es ausprobieren, wenn du auf der Toilette bist: Versuche beim Urinieren den Strom zu unterbrechen. Du kannst natürlich auch einen Finger in die Scheide stecken und versuchen ihn zu drücken. Am Anfang ist es vielleicht gar nicht so leicht. Achte darauf, dass du nicht stattdessen die Unterbauch-, Po- oder irgendwelche anderen Muskeln spielen lässt.

Viele Frauen stärken ihren Beckenboden beziehungsweise ihre Scheidenmuskulatur mit den Kegel-Übungen und sind sich darüber einig, dass schon nach sechs Wochen regelmäßiger Übung ihre Sensibilität und ihr Spaß beim Sex merklich angestiegen sind. Damit ist auch eine größere Kontrolle über die Scheidenwände möglich, was natürlich auch für den Mann von Vorteil ist, da wir besser in der Lage sind, seinen Penis zu halten und zu drücken.

Kegel

In den 1950er Jahren hat Dr. Arnold Kegel Übungen zum Training des Beckenbodens entwickelt, um einen Gebärmuttervorfall (das Absinken der Gebärmutter) verhindern zu können und Frauen zu helfen, die unter Inkontinenz leiden. Seine Patientinnen erklärten, dass die Übungen nicht nur bei der Vermeidung dieser Probleme half, sondern dass auch die Sensibilität ihrer Vagina gewachsen war. Außerdem erwiesen sich die Kegel-Übungen als große Hilfe für die Kräftigung der Scheidenmuskulatur nach der Geburt und half Frauen während der Menopause, die Scheide feucht zu halten.

Sei nicht faul, probier es aus. Wenn du es regelmäßig tust, kannst du dich bald über den Erfolg des kleinen Aufwands freuen. Jede Frau sollte es tun. Die Übungen sind sehr einfach und du kannst es fast zu jeder Tageszeit tun: am Telefon, bei der Arbeit, im Kino, beim Kochen. Manche Frauen erregen die Übungen sogar.

Die Kegel-Übungen bestehen aus zwei Teilen:
— Zuerst wird die Muskulatur in kurzen Abständen 10- bis 15-mal angespannt (hochziehen) und entspannt (loslassen). Am besten ist, dies dreimal am Tag zu tun: morgens, mittags und abends. Am Anfang bist du vielleicht unsicher, ob du es richtig machst – aber lass dich nicht abschrecken. Zur Kontrolle kannst du einfach den Finger in die Scheide stecken.
— Wenn du die erste Übung beherrschst, nach ein paar Tagen vielleicht, kombiniere sie mit der folgenden: Spanne deine Scheidenmuskulatur an, zähle bis drei und entspanne sie dann einige Sekunden, wiederhole das Ganze 10- bis 15-mal. Vergiss nicht, während der Übungen normal zu atmen.

Du kannst nach und nach die Zahl der Übungen erhöhen, bis zu 150 Kontraktionen am Tag. Doch auch hier ist es wie bei anderen Fitnessübungen: langsam anfangen, sonst kann es zu Verspannungen kommen. Außerdem ist die Regelmäßigkeit der Übung viel wichtiger als die Menge. Die Scheidenmuskulatur sollte jeden Tag trainiert werden. Wenn du es nach einem Monat wieder sein lässt, bringt es gar nichts.

Während der Übungen kannst du als Widerstand für deine Muskulatur einen Gegenstand in deine Scheide einführen. Das ist sogar notwendig, wenn deine Muskulatur besonders schwach ist, wenn du zum Beispiel Probleme hast, Wasser zu halten. In der Apotheke gibt es kleine Kunststoffkegel (Konen) in verschiedenen Größen und Gewichten, die mit einem Rückholbändchen versehen sind und in die Vagina eingeführt werden. Du kannst aber auch einen Dildo, einen Vibrator oder deinen Finger benutzen.

Außer der Beckenbodenmuskulatur kannst du auch die Muskulatur im oberen Bereich der Vagina trainieren. Versuche, die Muskeln aufwärts zusammenzuziehen, wie einen Fahrstuhl, der nach oben fährt, bis zum Muttermund und wieder zurück. Auch hierzu lassen sich Kegel etc. benutzen.

Das Becken lösen

Um die Sensibilität der Scheide zu erhöhen, tut es – neben dem Beckenbodentraining – gut, das Becken *zu befreien*, um den Fluss unserer sexuellen Energie freizusetzen. Eine besonders einfache Übung, die du sicher schon ausprobiert hast, ist zu tanzen, indem du nur das Becken kreisen lässt. Außerdem empfehlen sich folgende Übungen, die verschiedenen tantrischen Lehren entstammen:

- Stehe breitbeinig mit leicht gebeugten Knien da (Füße parallel hüftbreit auseinander) und kippe das Becken nach vorn und nach hinten, ohne den Rest deines Körpers zu bewegen. Atme tief ein, bis der Luftstrom dein Geschlecht erreicht. Spürst du es?
- Knie dich nackt hin und klemme ein Kissen, ein zusammengerolltes Handtuch o. Ä. zwischen die Beine. Versuche, mit gestrecktem Rücken dein Becken nach vorn und nach hinten zu balancieren, ohne es anzuheben: deine Vulva, Perineum und Anus müssen am Kissen bleiben. Atme ein, sauge die Luft bis zu deinem Geschlecht und spanne deine Scheidenmuskulatur an, wenn du willst.

Wenn du eine dieser Übungen eine Zeit lang durchführst, wirst du wahrscheinlich den Energiestrom spüren. Wenn du dabei erregt wirst, wehre dich nicht. Lass dich fließen.

Zum Schluss sollten wir auf das Hymen oder Jungfernhäutchen zu sprechen kommen. Es handelt sich dabei um eine dünne Membran, die den Scheideneingang bei vielen Frauen teilweise bedeckt, deren Nutzlosigkeit von keinem Wissenschaftler mehr angezweifelt wird, mit der wir Frauen jahrhundertelang geknechtet worden sind. Nach der Geburt beginnt sich das Hymen nach und nach zurückzubilden. Normalerweise zerreißt es noch vor dem ersten Geschlechtsverkehr, wobei eine leicht Blutung auftreten kann, zum Beispiel beim Sport, Tanz oder anderen Aktivitäten. Dass das Zerreißen des Hymen immer wehtun muss, ist ein Legende. Aber der erste Geschlechtsverkehr kann tatsächlich wehtun, vor allem wenn Nervosität im Spiel ist und beide Partner ungeübt und hektisch an die Sache herangehen.

Geknechtet

Wie du weißt, wird in vielen Kulturen das Hymen immer noch als Zeichen der Jungfräulichkeit verehrt und es gibt immer noch Rituale, in denen vor der Hochzeit oder nach der Hochzeitsnacht ein blutiges Laken oder Taschentuch die Jungfräulichkeit der Braut bezeugen soll. Diesen Beweis nicht liefern zu können, kann zum Ausschluss aus der Gemeinschaft führen oder sogar zum Tod. Es existiert sogar ein chirurgischer Eingriff, der das Hymen wiederherstellen soll und in vielen Ländern häufig praktiziert wird. Die Verehrung des Hymens ist nichts anderes als ein weiteres Werkzeug zur Unterdrückung der Frau.

Der G-Punkt und andere Punkte

Der G-Punkt wurde Anfang der 1950er Jahre von dem deutschen Gynäkologen Ernst Gräfenberg (daher das G) entdeckt, geriet jedoch wieder in Vergessenheit, bis 1982 drei amerikanische Wissenschaftler – Beverly Whipple (von der wir schon sprachen), John D. Perry und Alice Khan Ladas – diese Scheidenzone wiederentdeckten, ohne jedoch mit der Polemik zu rechnen, die ihr Fund auslösen würde: Gibt es den G-Punkt oder gibt es ihn nicht, gibt es ihn nur bei manchen Frauen, ist die Bezeichnung richtig oder nicht ...

Seine Kritiker behaupten, dass es sich um einen Trick handelt, um die Frauen dazu zu bewegen, sich statt mit der Stimulierung ihrer Klitoris mit der Penetration zufrieden zu geben. Auf diese Art, wird argumentiert, wird der Penis wieder aufgewertet und erhält seinen alten Status als einzig »richtiges« Instrument, die Frau zum Orgasmus zu bringen, zurück und verleiht damit dem Mann auch wieder die Macht. Tatsächlich war die Suche nach dem G-Punkt als dem Auslöser des »richtigen« beziehungsweise »vaginalen« Orgasmus bei vielen Paaren zu einer wahren Obsession geworden, und was damit erreicht wurde, waren nicht gerade Lustgefühle.

Auch heute wird noch darüber diskutiert, was der G-Punkt eigentlich wirklich ist, doch die Mehrheit der Sexualforscher hat sich darauf geeinigt, seine Existenz anzuerkennen. Es ist nur so, dass er nicht einfach zu finden ist, und wenn man ihn gefunden hat, befriedigt er nicht alle Frauen im gleichen Maße.

Der G-Punkt ist in Wirklichkeit kein Punkt, sondern eine erektile Zone von ungefähr 2,5 bis 3 cm im Durchmesser – sie schwillt an, wenn wir erregt sind –, die sich unter dem Schambein an der vorderen Scheidenwand befindet, ungefähr 3 bis 5 cm vom Scheideneingang entfernt. (Stell dir vor, du hast ein Zifferblatt im Innern deiner Vagina, wobei die 12 in Richtung deines Bauchnabel liegt – der G-Punkt befindet sich ungefähr zwischen 11 und 1 Uhr. Druck auf diese Zone stimuliert das erektile Gewebe, das über zahlreiche Blutgefäße und Nervenenden verfügt, deren Stimulation Lustgefühle erzeugt.)

Wenn du noch nie versucht hast, deinen G-Punkt zu entdecken, empfehle ich dir, es auszuprobieren. Denk dran, dass du ihn nicht mit dem Kompass orten kannst. Es ist äußerst schwierig, ihn zu finden, wenn du nicht erregt bist, erst durch die Erregung tritt er hervor wie ein runzliger Schwamm. Viele Frauen haben das Gefühl, aufs Klo zu müssen, wenn sie dort stimuliert werden, und es empfiehlt sich, vorher die Blase zu entleeren. Und falls du beim ersten Mal keinen Erfolg hast, sei nicht enttäuscht, selbst wenn du beim zweiten, dritten, vierten Mal immer noch keinen Erfolg hast. Auch Frauen, die ihn niemals finden, haben Spaß am Sex. Wenn du dich unter Druck setzt, wirst du Schwierigkeiten haben erregt zu sein, und damit ist er umso schwerer aufzuspüren. Am besten gehst du bei der Suche nach dem G-Punkt spielerisch vor, wieder einmal ist der Weg das Ziel.

Wenn du dich allein auf die Suche machst, nimmst du am besten einen Gegenstand, mit dem du dich stimulierst und den du in deine Scheide steckst, einen Dildo oder einen Vibrator. Es gibt sogar Zubehör, das extra auf die Stimulierung des G-Punkts ausgerichtet ist, wende dich einfach an die Verkäufer in deinem Sexshop. Falls du dich scheust, in einen Sexshop zu gehen, kannst du auch über Katalog oder Internet bestellen, was du möchtest. Außerdem kannst du auch immer das nehmen, was Sexualtherapeuten »Öko-Penis« nennen, nämlich eine Gurke, eine Mohrrübe, Banane oder Zucchini. Einfach waschen und ein Kondom darüberziehen. Der Fantasie sind keine Grenzen gesetzt.

Wenn du es mit deinem Partner ausprobieren möchtest, lege dich auf den Rücken und bitte ihn, ein oder zwei Finger in deine Vagina einzuführen und deren obere Wand zu streicheln – du kennst doch die Zeigefingergeste, mit der wir jemand bitten herzukommen? Ungefähr das ist es. Natürlich muss dein Partner gewaschene Hände und saubere, kurze Fingernägel haben. Und vergiss nicht, du solltest erregt sein, er sollte also vor und während eurer Suche deine Klitoris stimulieren. Wenn es auch alles etwas technisch klingt, verstehe das Ganze nicht wie ein militärisches Manöver: Sex ist ein Spiel.

Am Anfang solltet ihr es nicht mit dem Penis versuchen, aus zwei einfachen Gründen: Die Fingerspitzen sind sensibler – und ihr sucht schließlich nach einer kleinen rauhen Stelle, und außerdem sind sie gelenkiger als ein erigiertes Glied. Du musst ihn anleiten, wie er dich berühren muss, zeige ihm, wie er dich reiben soll, ob kreisend oder hin und her, wie stark er drücken soll, und den Rhythmus, dem er dabei folgen soll.

Später könnt ihr es dann beim Geschlechtsverkehr probieren, wobei sich folgende Stellungen empfehlen:

– von hinten, er penetriert dich nur oberflächlich, d. h. der Penis ist nicht tief in deiner Scheide, sondern nur im äußeren Drittel, wo sich der G-Punkt befindet;

– du bist oben, mit dem Gesicht oder mit dem Rücken zu deinem Partner (je nach eurer Anatomie), so kannst du den Eingangswinkel und die Tiefe des Eindringens selbst bestimmen;

– in der Missionarstellung, wobei du dir ein Kissen unter den Po schiebst oder die Beine an die Brust ziehst oder ihm auf die Schultern legst; wenn sein Penis nach oben gebogen ist, erleichtert es die Sache, wenn er nach unten gebogen ist, ist es in dieser Stellung schwieriger.

Manche Frauen erreichen allein durch die Stimulierung des G-Punkts einen Orgasmus, andere – die große Mehrheit – kommen, wenn dazu ihre Klitoris gestreichelt wird (manuell oder auch oral). Manchen reicht es, wenn sie zuvor durch Streicheln der Klitoris stark erregt sind und sich dann auf den G-Punkt konzentrieren. Wie immer, jede von uns ist anders und du musst herausfinden, was dir am besten gefällt. Für viele Frauen, die mehrere Höhepunkt haben, ist der G-Punkt der Auslöser für einen multiplen Orgasmus.

Manche Frauen, nicht alle, ejakulieren eine farblose Flüssigkeit aus der Harnöffnung, wenn sie durch Stimulation des G-Punkts zum Orgasmus kommen. Es handelt sich nicht um Urin, sondert ähnelt eher dem männlichen Ejakulat (nur ohne Spermien natürlich) und wird von den paraurethralen Drüsen produziert. Bei manchen Frauen ist es so viel, dass das Laken davon feucht wird, bei anderen so wenig, dass sie es gar nicht bemerken. In jedem Fall ist es ein ganz natürliches Phänomen, dessen Ursache und Funktion noch nicht erforscht sind, auf jeden Fall aber kein Grund zur Sorge.

Eine Bekannte erzählte mir, dass sie den G-Punkt jahrelang für einen Mythos hielt. Plötzlich entdeckte sie ihn durch Zufall, ohne danach zu suchen, und genoss die Freuden, die er ihr verschaffte. Einige Zeit später wiederum konnte sie ihn nicht mehr finden. Der Körper verändert sich und ebenso unsere Lustempfindungen.

Vielleicht hast du schon einmal vom A-Punkt (Anterior Fornix Erogenous Zone) gehört, einer erogenen Stelle, die etwas tiefer in der Vagina liegt. Sie wurde erst 1996 von einem Wissenschaftlerteam entdeckt, das die vaginale Trockenheit bei Frauen untersuchte. Man fand heraus, dass ihre Patientinnen schnell sehr feucht wurden, wenn man sie dort stimulierte, 95 Prozent gaben an, sehr erregt zu sein, manche erreichten ihren ersten Orgasmus, und andere bestätigten, schneller, intensiver und sogar mehrfach zum Orgasmus zu kommen.

Die Existenz dieses physiologischen A-Punkts ist noch umstritten, aber du kannst dich natürlich auf die Suche machen. Der A-Punkt soll eine glatte Stelle sein, die sich zwischen dem G-Punkt und dem Scheidenende an der vorderen Scheidenwand befindet. Für die Suche kannst du die gleichen Methoden anwenden wir für den G-Punkt. Anscheinend erzielt man die beste Wirkung, wenn man die Stelle von oben nach unten oder kreisend streichelt.

Denk daran: Es geht hier nicht darum, auf »Knopfdruck« zu funktionieren; wenn du nicht fündig wirst, ist das völlig in Ordnung, wenn du anders funktionierst, wenn du sogar noch andere »Lieblingsstellen« findest, umso besser. Das Wichtigste ist, dass du ein befriedigtes Sexualleben hast.

Vaginale Trockenheit

Auch wenn vaginale Trockenheit wegen des Absinkens des Östrogenspiegels häufiger nach dem Klimakterium auftritt, haben manche Frauen auch schon vor der Menopause Schwierigkeiten feucht zu werden, so dass die Stimulierung und der Koitus sogar schmerzhaft sein können. Nervosität, Unsicherheit, Probleme mit dem Partner (in Bezug auf Sex oder auch andere), aber auch die Pille, Antidepressiva und andere Medikamente, Alkohol, sehr viel Sex, bestimmte Phasen des Zyklus sind einige mögliche Ursachen, dass wir wenig oder gar nicht feucht werden. Dies kann unter Umständen zu einem ernsthaften Problem für die Beziehung werden. Gängige und effektive Lösungen sind: Gleitcremes benutzen (im nächsten Kapitel gehen wir darauf ein), eine Hormontherapie (Östrogene), wenn hormonelle Veränderungen die Ursache sind (frage deine Frauenärztin) oder eine Therapie, falls es sich um Partnerschaftsprobleme handelt.

Ein Hinweis, den viele Therapeuten geben: Wenn die Frau auf dem Rücken liegt, kann sich die Feuchtigkeit eventuell am Muttermund sammeln und nicht an die Vulva gelangen. Kniend oder etwas aufgerichtet, verteilt sich die Feuchtigkeit schneller in den äußeren Zonen der Vagina.

Perineum und Anus

Allein schon die Tatsache, dass sie mit einem Tabu belegt sind, macht das Perineum, den Damm zwischen Vagina und Anus, und den Anus selbst für manche Frauen zu einer sehr aufregenden Zone. Dieser Bereich ist sehr empfindlich, und die Kontraktionen während und nach dem Orgasmus finden nicht nur in der Vagina, sondern auch im Schließmuskel des Anus statt.

Wer das Tabu überwunden hat, ob Frauen oder Männer, kann die besondere Empfindlichkeit dieses Bereichs genießen, unabhängig von hetero- oder homosexuellen Vorlieben. Streicheln und drücken dieser Zonen können äußerst stimulierend sein und viele Paare mögen auch die anale Penetration, sei es mit dem Finger, dem Penis, einem Dildo oder Ähnlichem (sowohl er sie als auch sie ihn). Auf den Seiten 195–202 gehe ich im Detail auf Analsex ein.

Andere erogene Zonen

Die Fixierung auf unsere Geschlechtsteile führt dazu, dass wir andere Teile unseres Körpers oft außer Acht lassen. Außer Brüsten, Lippen und Mund gibt es noch andere erogene Zonen, zum Beispiel: die Ohrläppchen, der Nacken, die Schultern, der Rücken, die Achseln, der Bauchnabel und seine Umgebung, die Taille, die Lenden, der Po, die Innenseite der Schenkel, die Kniekehlen, die Finger und die Zehen ... Überhaupt, unsere gesamte Haut ist empfänglich für erotische Berührungen.

Jede von uns wird ihre eigenen Lieblingszonen entdeckt haben und ihre eigene bevorzugte Art der Stimulation: mit den Händen, dem Mund, den Lippen oder einem anderen Teil unseres Körpers oder dem unseres Partners. Genauso wird jede Einzelne wissen, wie es ihr am besten gefällt: sanftes Berühren oder festes Drücken, Beißen, Kneten, Saugen, Reiben ... Darüber hinaus gibt es noch ganz andere Möglichkeiten – wie wäre es zum Beispiel mit der Berührung durch Federn, Pelze, unterschiedliche Stoffe, Pinsel verschiedener Stärken, kaltes oder heißes Gel, Eiswürfel? Nutze deine Fantasie.

Noch ein Hinweis: Viele von uns werden gerne an den Brüsten gestreichelt (egal wie groß sie sind), es gibt sogar einige wenige, die so zum Orgasmus kommen können. Aber es ist eben nicht bei jeder Frau gleich – einigen ist die Berührung sogar unangenehm (vor allem während der Periode) und andere mögen es nur dann, wenn sie schon sehr erregt sind. Das Gleiche wie bei Ohrläppchen oder Fingerspitzen gilt auch hier: Manche mögen es, andere nicht.

Der Körper des Mannes:
Der Penis ist nicht alles

Gegenüber der Komplexität des weiblichen Körpers kann uns der Körper des Mannes ziemlich einfach konstruiert erscheinen. Aber ganz so ist es nicht. Auch der Mann hat seine Geheimnisse und seine Zonen, über die nicht gesprochen wird. Und auch wenn sein Penis sein bester Freund ist, weiß er oft so wenig über sein Geschlecht wie wir über das unsere. Schwanz und Eier, und das war's.

Da der Mann vor allem mit der Größe seines Glieds beschäftigt ist und damit, wie er eine Frau zum Orgasmus bringt, macht er sich, genauso wenig wie eine Frau, nicht bewusst, dass ein Teil seines Geschlechts in seinem Innern verborgen ist und dass seine Kapazitäten, Lust zu empfinden, sich nicht auf den Penis beschränken. Auch er würde nicht auf den ersten Blick glauben, dass es zwischen dem männlichen und weiblichen Geschlecht mehr Gemeinsamkeiten gibt als angenommen. Männer und Frauen sind aus ein und demselben Grundstoff gebaut, nur dass sich dieser verschieden entwickelt hat.

Grundstoff

Wenn du, wie ich, in Biologie nicht gerade Klassenbeste warst, will ich dich kurz daran erinnern, dass die weiblichen Föten mit zwei X-Chromosomen und die männlichen mit einem X- und einem Y-Chromosom ausgestattet sind, wobei das Letztere nur in den männlichen Spermien enthalten ist. Ab der achten Woche beginnt das Y-Chromosom, wenn es vorhanden ist und der Fötus also ein Junge wird, ein Gen freizusetzen, das den Grundstoff, aus dem sonst die Gebärmutter entstanden wäre, in die Hoden verwandelt. Diese produzieren männliche Hormone, die wiederum die Bildung des männlichen Geschlechtsteils unterstützen. In anderen Worten, unsere Geschlechtsteile bestehen ursprünglich aus genau dem gleichen Material.

Der Penis

Der Penis wurde für den Koitus und die Fortpflanzung entworfen, nämlich dafür, das Innere der Scheide zu erreichen und den Samen an ihrem Ende auszuschütten, so dass dieser durch den Muttermund möglichst leicht in die Gebärmutter und den Eileiter gelangen kann, um das Ei zu befruchten. Kein Penis gleicht dem anderen, sie unterscheiden sich nicht nur in Länge und Dicke, auch in Farbe und Form (viele sind nach oben, nach unten oder zur Seite gebogen), manche sind beschnitten, andere sind tätowiert oder gepierct. Die Größe ist ein heikles Thema, auf jeden Fall ist sie vererbt. In schlaffem Zustand ist ein Penis durchschnittlich 7 bis 9,5 cm lang und 2 cm im Durchmesser (bei Kälte zieht er sich zusammen). Mit der Erektion kann sich die Größe verdoppeln, durchschnittlich ist er dann 12 bis 18 cm lang und hat einen Durchmesser von etwas über 3 cm. Ein Penis, der im Ruhezustand kleiner ist, wächst normalerweise proportional stärker an. Ein kleiner Penis kann also erstaunlich groß werden, ein großer schwillt dagegen nur wenig an.

Dinge, die wir nie sagen dürfen

Vielleicht sind Männer im Allgemeinen nicht ganz so sensibel wie wir, aber wenn es um ihren Penis geht, dafür umso mehr. Daher gibt es bestimmte Kommentare, die dir niemals über die Lippen kommen dürfen. Hier einige Beispiele:

Frierst du?

Ist das alles?

Bist du sicher, dass er funktioniert?

Ich habe schon größere gesehen.

Für so was gibt es Männergruppen ...

Ich kenne einen Arzt, der da was machen kann.

Du hast andere Stärken.

Wie süß!

Wenn Männer viel auf die Größe ihres Penis geben, sollten wir uns davon nicht anstecken lassen. Unserer Klitoris ist die Länge sowieso egal, und wir haben außerdem gesehen, dass das untere Drittel der Vagina das empfindlichste ist. Darüber hinaus sind unsere Scheidenwände elastisch, so dass sie sich kleineren und größeren Penissen jeweils anpassen. In anderen Worten, die Größe des Penis unseres Partners spielt keine Rolle. Was tatsächlich eine Rolle spielt, ist, wie er seinen Penis benutzt, wie er mit uns spielt und wir mit ihm.

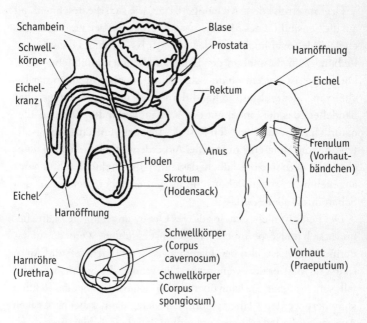

Wegen der großen Anzahl von Nervenenden ist die Eichel normalerweise die empfindlichste Zone des Penis. Sie entspricht dem Kitzler der Frau. Die Eichel wird von einer Vorhaut bedeckt, die sie schützt und feucht hält, falls der Mann nicht beschnitten worden ist. Die Beschneidung wird, außer in der jüdischen oder muslimischen Tradition, nicht durchgeführt, wenn keine Phimose vorliegt, d. h. eine Vorhautverengung, bei der sich die Vorhaut nicht vollständig zurückziehen lässt. Die Beschneidung wurde eine Zeit lang als Schutz vor Infektionen und Pilzen angesehen, doch heute weiß man, dass Körperhygiene eine bessere Vorbeugung ist, als die Vorhaut zu entfernen. Die Vorhaut wird zum Säubern bis an die Stelle zurückgezogen, wo sie an die Eichel angewachsen ist, so dass die Eichel von Sekreten, Sperma, Urin und Vaginalflüssigkeiten gesäubert werden kann. Diese Grundhygiene reicht normalerweise aus, um schlechte Gerüche, Juckreiz und andere Beschwerden zu vermeiden.

Es gibt verschiedene Meinungen dazu, wie sich die Beschneidung auf die Sensibilität des Mannes auswirkt. Manche behaupten, die Eichel würde sogar noch sensibler, andere, dass sie durch die ständige Reibung zum Beispiel an der Unterwäsche unempfindlicher wird. Die Eichel ist der empfindlichste Teil des Penis, vor allem der Eichelkranz, der wulstartige Rand der Eichel, und das Frenulum, das Bändchen, das die Eichel mit der Vorhaut verbindet. Das bedeutet natürlich nicht, dass wir den Rest des Gliedes vernachlässigen sollten oder die anderen Körperteile. Außerdem ist die Eichel bei manchen Männern so empfindlich, dass ihnen die direkte Berührung unangenehm ist, sogar wehtut: Sie mögen es lieber, wenn man den Schaft ihres Gliedes anfasst.

Der Penis ist nicht nur ein äußeres Organ, ungefähr die Hälfte befindet sich im Körperinneren. Du kannst es fühlen: Wenn du auf das Perineum drückst, also den Damm zwischen Hodensack und Anus, spürst du, dass er dort weitergeht. Die Wurzel des Schafts ist ebenfalls sehr erregbar. Sie kann über das Perineum oder über das Rektum stimuliert werden; daher empfinden viele Männer beim passiven Analsex große Lust. Denk immer dran: Es ist ein Fehler, irgendwelche Körperteile von vornherein vom Sex auszuschließen. Du kannst einen Mann überall anfassen (soweit er es dir erlaubt), jeder ist anders (nicht weniger als wir) und es ist aufregend, seine erogenen Zonen zu entdecken.

Auch wenn manchmal ein anderer Eindruck entsteht: Der Penis hat weder Knochen noch Muskeln, sondern besteht aus drei Schwellkörpern:

- Zwei davon verlaufen an der oberen Seite des Penis; sie heißen Corpus cavernosum und – aufgepasst! – entsprechen den Schwellkörpern der Klitoris (Bulbus clitoridis);
- An der Unterseite verläuft ein weiterer Schwellkörper (Corpus spongiosum), der die Harnröhre umgibt. Du kannst ihn erfühlen. Man hat kürzlich herausgefunden, dass er dem schwammartigen Gebilde um die Harnröhre bei uns entspricht.

Eine Erektion entsteht, wenn, nach physischer oder psychischer Stimulierung des Mannes (oder beidem), der Mann erregt ist und sich die Corpi cavernosa mit Blut füllen. Sie schwellen an, bis die Elastizität der sie umgebenden Membran voll ausgelastet ist. Durch die Spannung kann das Blut nicht weiter zirkulieren, es staut sich und dadurch wird der Penis hart. Der Corpus spongiosum füllt sich ebenfalls mit Blut, doch er wird nicht ganz so hart, so dass bei der Ejakulation der Samen durch ihn hindurchfließen kann. Während der Erektion schließt sich übrigens der Eingang zur Harnblase, so dass Urin nicht mit abfließen kann.

Eine Erektion kann innerhalb von Sekunden entstehen oder ganz allmählich, was vor allem bei älteren Männern der Fall ist, deren Penis größerer Stimulation bedarf, um hart zu werden. Dies hat jedoch keine Auswirkungen auf seine Sensibilität.

Manchmal gibt es Probleme, weil die Erektion ausbleibt oder nicht lange vorhält. Das kann physiologische und psychologische Ursachen haben. Heute wird auf diesem Gebiet umfassend geforscht. Bei ernsthaften Schwierigkeiten empfiehlt es sich, einen Sexualtherapeuten um Rat zu fragen. Bei organischen Ursachen (Diabetes etc.) wird der Therapeut den Patienten zur Untersuchung und Behandlung an einen Urologen oder Andrologen überweisen. Da es sich um ein Problem handelt, das euch beide betrifft, solltet ihr, wenn möglich und vom Mann gewünscht, auch gemeinsam zum Arzt gehen.

Probleme, die keine sind

Eine Sache ist es, echte Potenzprobleme zu haben, eine andere, wenn der Penis ab und zu mal nicht mitspielt, nicht ganz hart wird oder während des Liebesspiels zeitweise weich wird (was ganz normal ist). Eine Grippe, viel Stress, zu viel gegessen oder getrunken zu haben, Nervosität, wenn es sich um einen neuen Partner handelt, das alles können Ursachen dafür sein, dass der Penis nicht mitmacht. Solange es sich um ein gelegentliches Problem handelt, besteht kein Grund zur Sorge.

Auch in folgendem Fall ist alles völlig normal: Beim Abendessen machst du einige Bemerkungen über die Wäsche, die du trägst, und beginnst dich nach dem Dessert langsam auszuziehen. Wahrscheinlich ist er erregt und hat eine Erektion. Ihr beginnt euch gegenseitig anzufassen, und seine Berührungen erregen dich sehr. Er genießt es, dich zu streicheln, doch sein Penis ist jetzt wieder schlaff. Grund zur Sorge? Überhaupt nicht. Er streichelt dich gerne, aber das heißt nicht, dass er die ganze Zeit über einen Ständer haben muss. Du brauchst auch keine Schuldgefühle zu haben – nachher streichelst du ihn wieder, sagst erregende Dinge, und schon ist er wieder da. Das Ganze kann sich während des Liebesspiels mehrmals wiederholen. Es ist ganz normal.

Genau wie wir kann auch der Mann seine Beckenbodenmuskulatur trainieren und so höhere Sensibilität erreichen, stärkere Erektionen, intensivere Orgasmen und eine bessere Kontrolle über die Ejakulation. Dazu muss er die Muskulatur zuerst einmal lokalisieren, und zwar genau wie wir – indem er versucht, beim Urinieren den Strom mehrmals zu unterbrechen. Wenn er seine Muskeln entdeckt hat, besteht die Übung wie bei uns darin, sie anzuspannen und zu entspannen, mehrmals hintereinander, mindestens dreimal am Tag.

Um seine Beckenbodenmuskulatur auszuprobieren, empfehlen Whipple, Perry und Ladas (die Wiederentdecker des G-Punkts) die »Handtuchprobe«: Er hängt sich ein kleines Handtuch über den harten Penis und hebt und senkt es mithilfe der Beckenbodenmuskulatur. Die drei Experten fügen hinzu, dass ein Stofftaschentuch ausreicht, falls die Muskulatur noch schwach ausgeprägt ist.

Kontrolle über die Ejakulation

In unserer westlichen Kultur gelten Orgasmus und Ejakulation meist für Synonyme, aber das sind sie nicht. Das eine ist der körperliche Vorgang, bei dem Samenflüssigkeit aus dem Körper ausgestoßen wird, das andere ist der Höhepunkt des Lustgefühls während des Liebesspiels. Ein Mann kann ejakulieren, ohne dass er einen Orgasmus verspürt, genauso wie er den Höhepunkt erreichen kann, ohne zu ejakulieren. Es kommt auch vor, dass beides nicht zeitgleich erfolgt.

Die abendländischen Männer sind im Allgemeinen nicht sehr versiert in Praktiken, die ermöglichen, das eine Phänomen vom anderen zu trennen; doch das ist die Voraussetzung dafür, die Fähigkeit zu multiplen Orgasmen zu erlernen. Ja, auch Männer können multiple Orgasmen haben.

Lektüre: Wenn du dich in dieses Thema einlesen willst, solltest du dich mit tantrischer und taoistischer Sexualität beschäftigen. Es gibt verschiedene Bücher auf dem Markt. Um nur einige zu nennen: *Tantra oder Die Kunst der sexuellen Ekstase* von Margot Anand, *Das Tao für liebende Paare* von Jolan Chang und *Öfter, länger, besser. Der Multi-Orgasmic-Man* von Mantak Chia und Douglas Abrams Arava.

Das Skrotum und die Hoden

Das Skrotum ist der Sack, der unter dem Penis hängt. Er ist von Talgdrüsen und mehr oder weniger Haar bedeckt und in seinem Inneren befinden sich die Hoden, zwei eiförmige Drüsen, in denen männliche Hormone, im Wesentlichen Testosteron, und Spermatozoen produziert werden. Der Grund dafür, dass die Hoden »draußen« hängen, ist, dass für Produktion des Spermas ihre Temperatur zwei oder drei Grad unter der Körpertemperatur liegen muss. Während der Ejakulation ziehen sich die Hoden eng an den Körper heran. Eine Technik, um die Ejakulation zurückzuhalten, ist daher, die Hoden vom Körper wegzuziehen.

Wahrscheinlich masturbieren die meisten Männer immer auf die gleiche Weise und haben diese Zone ihres Körper noch nie oder nur selten berührt. Selbstbefriedigung nimmt meistens nicht mehr als wenige Minuten in Anspruch – zwei oder drei, wenn es hochkommt – und dabei wird direkt auf den Orgasmus abgezielt. Probiere einmal aus, ihn an den Hoden zu stimulieren, und schlage ihm vor, beim nächsten Masturbieren das Gleiche zu tun. Überzeuge ihn davon, dass er sich nicht direkt zum Orgasmus bringen soll, sondern dass auch beim Masturbieren der Weg das Ziel ist und am schönsten die Phase der Erregung.

Manche Männer sind ganz heiß darauf, an den Hoden stimuliert zu werden. Einige wollen ganz sanft gestreichelt werden, andere haben es lieber etwas heftiger, dass du sie presst oder daran ziehst. Es gibt Männer, die dabei zum Orgasmus kommen, ohne dass du ihren Penis auch nur anfasst. Da sieht man es mal wieder – zwischen Penis- und Hodenorgasmen zu unterscheiden, würde keinem einfallen. Und was wäre, wenn man den Männern vorschreiben würde, ausschließlich beim Streicheln ihres Hodensacks zum Höhepunkt zu kommen? Aber genau das ist es, was wir Frauen tun sollen, wenn von »vaginalen« Orgasmen gesprochen wird.

Die Prostata

Hinter dem Schambein, über dem Perineum und unter der Blase sitzt die Prostata und produziert die Flüssigkeit, die sich mit den Spermatozoen vermischt und bei der Ejakulation ausgeschüttet wird. Allein bei der Erwähnung des Wortes werden viele Männer bleich, weil sie die Prostata nur mit Problemen und Krankheit in Verbindung bringen, vor allem mit Krebs. Dabei kann die Prostata auch große Lustgefühle auslösen, man spricht sogar vom männlichen G-Punkt oder auch P-Punkt.

Wie du ihn finden und stimulieren kannst? Genau wie bei der Frau sollte die Suche erst im Zustand der Erregung stattfinden. Du erreichst seine Prostata nämlich über das Rektum. Für den Mann allein ist es schwierig, seinen P-Punkt zu entdecken, es sei denn, er ist sehr gelenkig (oder benutzt einen Dildo oder anderes Zubehör). Es ist am besten, wenn er auf dem Rücken liegt und die Beine anzieht, möglichst bis zur Brust. Dann führt er einen sauberen, gut befeuchteten Finger (Vorsicht mit den Fingernägeln!) in den Anus ein (ein Latexhandschuh empfiehlt sich dabei) und krümmt ihn, so dass er die vordere Wand des Rektums berühren kann. Das Gleiche gilt, wenn du dich bei ihm auf die Suche machst. Ungefähr 2,5 cm im Innern des Rektums findet sich ein festes Objekt von der Größe einer Kastanie (ab vierzig kann die Prostata noch weiter wachsen, wahrscheinlich aufgrund hormoneller Veränderungen).

Die Stimulierung der Prostata – mit den Fingerspitzen, probiere verschiedene Techniken aus – kann bei deinem Partner bisher unbekannte Empfindungen auslösen. Vielen Männern gefällt es sehr, manche kommen sogar zum Orgasmus, bei gleichzeitiger Stimulierung des Penis oder ohne, die Ejakulation fällt dabei etwas sanfter aus. (Auch hier schlägt keiner eine Hierarchisierung der Orgasmen bei Männern vor . . .)

Doch Vorsicht: Nicht alle Männer mögen es. Für manche ist es unangenehm und sogar schmerzhaft. Solange du willst und er will, ist alles nur eine Frage des Ausprobierens. Und denk daran: Nichts, was im Rektum war, darf in andere Körperöffnungen eindringen, ohne vorher mit Wasser und Seife gewaschen worden zu sein.

Es gibt auch eine Technik, den P-Punkt von außen zu stimulieren, auch wenn sie für den Neuling nicht so effektiv ist: über das Perineum. Zwischen der Wurzel des Penis und dem Anus befindet sich eine kleine Grube. Das ist die Stelle, die du stimulieren musst.

Beschwerde eines zimperlichen Penis

Ich, der Penis, verlange aus folgenden Gründen eine Gehaltserhöhung:
- ich übe harte körperliche Arbeit aus;
- ich arbeite in großer Tiefe;
- ich arbeite mit dem Kopf;
- ich arbeite auch an Wochenenden und Feiertagen;
- mir werden keine Überstunden und keine Nachtarbeit vergütet;

- ich arbeite in dunklen Räumen ohne Belüftung;
- ich arbeite bei hohen Temperaturen;
- ich werde während meiner Arbeit dem Risiko ansteckender Krankheiten ausgesetzt.

Antwort der Verwaltung: Nach Prüfung Ihres Antrags lehnt die Verwaltung Ihre Forderungen aus folgenden Gründen ab:
- Sie arbeiten keine acht Stunden am Stück;
- Sie schlafen an Ihrem Arbeitsplatz, und zwar bereits nach kurzen Arbeitsintervallen;
- Sie kommen nicht immer den Weisungen Ihrer Vorgesetzten nach;
- Sie sind Ihrer Dienststelle nicht immer treu und greifen manchmal in andere Verfügungsbereiche ein;
- Sie ermüden zu schnell;
- Sie zeigen keine Initiative und es bedarf großer Stimulierung, um Sie zum Arbeiten zu bewegen;
- Sie hinterlassen Ihren Arbeitsplatz unsauber;
- Sie halten nicht immer die Kleidungsvorschriften ein;
- Sie mögen keine Doppelschichten;
- manchmal ziehen Sie sich von einer Aufgabe zurück, bevor sie zufrieden stellend gelöst ist;
- und, als wäre es nicht genug, gehen Sie an ihrem Arbeitsplatz ständig mit zwei verdächtig großen Taschen ein und aus.

Perineum und Anus

Was wir zu dieser Zone bei der Frau gesagt haben, gilt auch hier. Auch der Anus des Mannes zieht sich beim Orgasmus rhythmisch zusammen und verfügt, unter anderem wegen seiner Nähe zur Prostata, über besonders viele Nervenenden, was ihn sehr lustempfindlich macht.

Weitere erogene Zonen

Die Fixierung auf ihre primären Geschlechtsteile ist bei Männern noch ausgeprägter als bei Frauen. Doch auch viele Männer mögen es, an den Brustwarzen und der Brust stimuliert zu werden, am Po, den Innenseiten der Schenkel, dem Rücken, dem Nacken, den Ohren, den Fingern und Zehen ... Wieder ist es eine Frage des Ausprobierens, des Fragens und des Anpassens an seine/unsere Vorlieben.

Herzlichen Glückwunsch, dass du es bis hierher geschafft hast. Es war ein langer Weg, aber es ist wichtig, dass wir ein klares Bild davon haben, womit wir es bei unserem Körper zu tun haben. Außerdem ist es doch ein gutes Gefühl zu wissen, wie groß die Klitoris tatsächlich ist, und dass sie dem Penis in nichts nachsteht, im Gegenteil. Außerdem haben wir unsere Scheidenmuskulatur entdeckt und verschiedene Zonen, die uns große Lust verschaffen können. Jetzt heißt es nur noch ausprobieren!

SEX ALLEIN

> *»Liebhaber kommen und gehen, aber mit dir selbst kannst du*
> *immer eine erfüllende Beziehung haben.«*
> Betty Dodson, Sexualtherapeutin

Als Julia neun Jahre alt war, spielte sie mit ihrer Cousine Alicia auf dem Dachboden Doktorspiele, und aus irgendeinem Grund hatten ihre Wehwehchen immer etwas mit dem Körperteil zu tun, der (damals) keinen Namen hatte. Sie erzählten nie jemandem etwas von ihren Spielen. Aus Angst, dass Alicias ältere Brüder sie ärgern würden, aber auch aus einem Gefühl von Schuld und Scham.

Sex und Bedrohung

Für uns Frauen bedeutet Sex nicht nur Vergnügen, sondern auch Gefahr. Ich kenne keine einzige Frau, die noch keine schlechten Erfahrungen gemacht hat: schmutzige Worte, Exhibitionisten, Verwandte, Freunde oder Unbekannte, die einen anfassen oder einem sogar Gewalt antun (auch der Cousin, der dich belästigt; der lüsterne Onkel, auf dessen Schoß du sitzen musst, der Klavierlehrer, der dein Bein streichelt, ein Fremder, der dich im Kino anfasst, der Grapscher in der U-Bahn . . .).

Ist dir das noch nie passiert? Ich wundere mich darüber, dass so wenig darüber gesprochen wird, denn fast jede Frau hat so etwas schon erlebt.

Am Mittagstisch sagte Alicia immer, sie wäre todmüde und würde in ihrem Zimmer ein Mittagsschläfchen machen. Kurze Zeit später kam Julia ihr nach. Jeden Tag nach dem Mittagessen zogen sich die beiden heftig gähnend zurück. Alles war gut, bis Alicias Brüder eines

Mittags auf den Baum vor Alicias Fenster kletterten, um die Mädchen zu überfallen.

Am Fenster angelangt, stockte den Jungs der Atem bei dem Anblick, der sich ihnen bot: Julia und Alicia waren beide halb nackt und streichelten sich gegenseitig. Alicias Brüder beschlossen schnell, dass sie die zwei mit ihrer Entdeckung erpressen würden. Doch die Haushälterin erwischte die Jungs auf dem Baum und rief nach den Großeltern, denn auf Bäume klettern war verboten. Die Großeltern schimpften fürchterlich, und das Einzige, was den Jungs zu ihrer Verteidigung einfiel, war Alicia und Julia zu verraten. Alicia und Julia waren vollkommen verstört. Was würden die Eltern sagen? Würden sie ein Leben lang Hausarrest haben?

Am nächsten Tag wurden Julia und Alicia getrennt. Julia kehrte in die Stadt zurück. Lange Zeit sahen sie sich nicht und haben bis heute nie wieder von ihren Doktorspielen gesprochen.

Es vergingen Jahre ohne Doktorspiele und ohne sich selbst anzufassen, viel zu viele Jahre, bis sie mit sechzehn das erste Mal mit einem Jungen schlief. Der Junge war genauso unerfahren wie Julia, und so war es für Julia ein solcher Tiefschlag, dass sie sich nach den Zärtlichkeiten mit Alicia zurücksehnte. Sie rief ihre Cousine nicht, aber einige Tage später streichelte sie sich das erste Mal wieder und kam zum ersten Orgasmus ihres Lebens.

An diesem Tag hat Julia angefangen, regelmäßig zu masturbieren. Und das Wichtigste daran: Sie hat keine Schuldgefühle. Auch Luis stört das nicht, im Gegenteil, er masturbiert ja auch und wird es auch weiter tun, wenn beide unter einem Dach wohnen, sie suchen nämlich gerade nach einer Wohnung. Sie sind darin einer Meinung: Einen Partner zu haben bedeutet nicht, dass man sich selbst aufgibt.

Selbstbefriedigung

Jungen befriedigen sich selbst.

Allein oder in Gruppen; langsam oder schnell (leider meistens schnell, um nicht erwischt zu werden); in allen möglichen Stellungen (es gibt tatsächlich einige wenige, die ihn selbst in den Mund nehmen können). Tatsache ist: Jungen befriedigen sich selbst.

Und die Mädchen?

Die ganzen fürchterlichen Dinge, die man früher erzählt hat – Masturbieren führe zu Rückenmarkschwund, zu Impotenz und Unfruchtbarkeit, mache dumm und so weiter –, sind alles Drohungen, die an die Männer gerichtet waren. Denn Masturbation ist Männersache. Und was ist mit uns?

Auch heute wird kaum darüber gesprochen. Doch was ist dabei, sich selbst Lust zu verschaffen? Nichts. Es gibt nichts, wofür man sich schämen oder schuldig fühlen müsste. Masturbieren ist etwas ganz Natürliches, etwas Ursprüngliches, ein wesentliches Element unseres Lebens, genau wie Essen oder Schlafen. Es gibt viele Gründe zu masturbieren, auch wenn wir nicht darüber sprechen wollen. Es befreit, es macht Spaß und ist gesund, sehr gesund sogar (sogar die World Health Organization ist dieser Meinung). Wenn du mehr Gründe fürs Masturbieren brauchst, ich habe eine Umfrage unter Freundinnen gestartet. Du kannst masturbieren,

– um dich wohl in deiner Haut zu fühlen;
– um herauszufinden, was dir Spaß macht (ganz wichtig, damit du deinen Körper mit jemandem teilen kannst);
– weil es dir Sicherheit verleiht, die Reaktionen deines Körpers zu kennen, wenn du mit deinem Partner zusammen bist;
– weil es die beste Schule ist – wie willst du jemandem zeigen, was dir gefällt, wenn du es selbst nicht weißt?
– um den Orgasmus zu erlernen;
– um neue Sachen auszuprobieren;
– weil du keinen Partner hast;

– du hast zwar einen Partner, willst dich aber mal ganz auf dich konzentrieren und nicht teilen;
– du hast zwar einen Partner, aber er hat gerade keine Lust, kann nicht oder ist nicht da, und du willst trotzdem Sex haben.

Er hat keine Lust

Selbstbefriedigung in der Partnerschaft kann Schuldgefühle auslösen, meistens geschieht es heimlich und diese »Sünde« wird nicht gebeichtet. Warum? Weil wir fälschlicherweise glauben, dass wir unsere sexuelle Individualität aufgeben müssen, wenn wir einen festen Partner haben. Aber das ist ein Irrtum, aus all den Gründen, die wir aufgeführt haben, aber vor allem deshalb, weil ein gemeinsames Bett noch lange nicht bedeutet, dass man auch genau die gleichen sexuellen Bedürfnisse hat. Was zum Beispiel, wenn man will und der andere nicht? Entweder bleibt man auf seiner Lust sitzen, oder der andere macht Sex, ohne Lust zu haben. Stattdessen sollte Selbstbefriedigung ein Teil unseres gemeinsamen Liebeslebens sein.

– weil du während des Liebesspiels nicht gekommen bist;
– weil du gekommen bist, aber noch einmal kommen willst;
– um deine Libido zu steigern;
– du bist nervös und gestresst und willst dich entspannen;
– du kannst nicht einschlafen;
– Safer Sex;
– um deine Menstruationsschmerzen zu lindern;
– je öfter du masturbierst, desto mehr Spaß hast du auch mit ihm;
– weil Menschen, die masturbieren, länger leben;
– weil du keine Lust hast, mit dem Nächstbesten ins Bett zu gehen;
– um den Kopf frei zu bekommen;
– weil du dein Selbstbewusstsein steigern willst;
– es gibt dir ein Gefühl von Freiheit, Unabhängigkeit, Stärke …
– um den Arbeitsalltag aufzulockern;
– um deine Scheidenmuskulatur zu trainieren;

- weil du es allein jederzeit tun kannst und niemanden dazu brauchst;
- weil du Kalorien verbrennen willst, aber keine Lust aufs Fitnessstudio hast;
- um besser auszusehen;
- weil du ein schlaues Mädchen bist (verschiedene Studien haben belegt, dass gebildete Frauen mehr masturbieren als Ungebildete);
- weil du dich belohnen willst;
- weil du Lust dazu hast.

Wenn du dich selbst befriedigst, tust du dir etwas Gutes. Warum solltest du dich also dafür schuldig fühlen?

Ich habe noch nie einen Orgasmus gehabt

Alle Frauen können kommen, außer sie haben bestimmte schwere körperliche oder seelische Krankheiten. Es gibt keine frigiden Frauen, höchstens präorgastische, das heißt, sie haben den ersten Höhepunkt noch vor sich, ein Problem, das ungefähr 10 bis 15 Prozent der Frauen unseres Kulturkreises betrifft; manche Therapeuten sprechen sogar von 25 Prozent.

Wie kommst du also zum Orgasmus?

In den vorhergehenden Kapiteln haben wir uns eingehend mit der Anatomie unserer Geschlechtsteile beschäftigt und mit Übungen zur Selbsterforschung und zur Steigerung unserer Sensibilität und Libido. Wir haben das Wissen und müssen es nur noch umsetzen.

Nimm dir eine Stunde Zeit oder mehr. Sag jetzt nicht, du hättest die Zeit nicht. Wenn eine Freundin mit einem echten Problem zu dir käme, würdest du dir auch eine Stunde freinehmen können, warum also nicht für dich selbst? Wähle dir einen ruhigen Moment und sorge dafür, dass du ungestört bis.

Zuerst lassen wir den Sex mit einem Partner mal beiseite und beschäftigen uns einzig damit, beim Masturbieren zum Orgasmus zu kommen. Du kannst natürlich nebenher weiterhin Sex mit deinem Partner haben, aber bitte versuche noch nicht, mit ihm zusammen zum ersten Höhepunkt zu kommen. Du kannst es noch früh genug mit ihm zusammen machen. Sexualtherapeuten empfehlen, mit ein paar Übungen anzufangen, die unsere Sensibilität am ganzen Körper erhöhen.

– Streichle dich an den Stellen, außer den Geschlechtsteilen, wo es sich am besten anfühlt. Du kannst dich eincremen, dabei in den Spiegel schauen oder dich in die Badewanne legen. Was dir am wohlsten tut.
– Wichtig: Benutze deine Fantasie. Stelle dir eine Szene vor, die du erregend findest oder die in deiner Fantasie immer wiederkehrt.
– Beginne nun damit, langsam deine Geschlechtsteile zu streicheln: den Venushügel, die äußeren Schamlippen, die inneren Schamlippen, den Scheideneingang, den Kitzler. Wo ist es am schönsten? Wahrscheinlich ist der Kitzler am empfindlichsten. Wenn die direkte Berührung nicht angenehm ist, streichle seine Vorhaut und den Bereich in seiner Umgebung. Probiere es einfach aus. In aller Ruhe.
– Um die Haut nicht zu irritieren, befeuchte deine Finger mit Spucke oder, besser noch, mit Gleitcreme (in wenigen Seiten dazu mehr). Beginne ganz sanft mit der Stimulation, wenn du willst, kannst du den Rhythmus beschleunigen. Variiere Rhythmus, Stärke, Bewegung (kreisend oder hin und her), auch deine Position. Entdecke, was dich erregt.
– Erfolgsdruck, Unbehaglichkeit, Schuld- und Schamgefühle können die Lust verhindern. Habe Geduld und nimm dir Zeit. Du musst auch nicht gleich beim ersten Mal zum Orgasmus kommen. Wenn du nervös bist, Schmerzen hast oder es sich nicht gut anfühlt, versuche es lieber ein anderes Mal wieder. Wenn du es mehrmals versucht hast, an verschiedenen Tagen, und du hast das Gefühl, du kommst nicht weiter, solltest du dich an einen Sexualtherapeuten wenden, um herauszufinden, was in deinem Fall das Problem ist. Manche Frauen, die Orgasmen haben, denken, sie hätten keine, weil sie nicht so laut stöhnen, wie sie es aus Filmen kennen, oder weil sie keine Kontraktionen bemerken; sie glauben, nicht das zu spüren, wovon andere Frauen sprechen.
Wenn du einen Höhepunkt erreicht hast (am besten verschiedene Male, das gibt dir mehr Sicherheit), kannst du es mit deinem Partner probieren.
– Wenn es dir peinlich ist, darüber zu sprechen, nimm seine Hand und führe sie oder berühre du dich selbst.
– Wenn du kein Problem damit hast, mit ihm über Sex zu reden, zeige ihm die Zeichnungen des vorigen Kapitels und erkläre ihm, was du gelernt

hast. Vielleicht will er das Buch auch selbst lesen. Ermuntere ihn dazu, aber dränge ihn nicht. Behandle ihn immer mit der gleichen Rücksicht, die du auch von ihm erwartest.

Vielleicht willst du auch vor ihm masturbieren, um ihm zu zeigen, wie es für dich am schönsten ist. Männer erregt das häufig, und wenn du behutsam mit ihm umgehst, ohne dass er sich dabei dumm vorkommt, wird er gerne lernen, wie er dir Lust verschaffen kann. Denk dran, wenn du die ersten Male nicht kommst, ist das kein Grund zur Sorge. Ihr beide müsst erst lernen – er, dich anzufassen, und du, dich vor ihm gehen zu lassen.

Vergiss nicht, dass die meisten Frauen nicht beim Koitus zum Orgasmus kommen, ohne dass gleichzeitig ihr Kitzler stimuliert wird. Erkläre es ihm und kläre ihn auch über den Mythos des »vaginalen« Orgasmus auf.

Es ist alles eine Frage der Zeit. Es sollte dir nicht unangenehm sein, dich in seiner Gegenwart anzufassen oder ihn dich anfassen zu lassen. Wenn du weißt, wie du beim Masturbieren zum Orgasmus kommst, weißt du auch, wie es beim Sex mit deinem Partner geht. Es ist nur eine Frage des Vertrauens.

Lektüre: *For Yourself. Die Erfüllung weiblicher Sexualität* von Lonnie Barbach ist meiner Meinung nach das beste Buch zu diesem Thema. Des weiteren sind zu empfehlen: *Sexualtherapie. Ein bewährter Weg für die Praxis* von Helen Singer Kaplan und die Bücher von Anne Hooper, einer Betty-Dodson-Schülerin.

Masturbieren: Es gibt nicht nur eine Form

Wie befriedigst du dich selbst? Immer auf die gleiche Art? Wenn wir eine Methode gefunden haben, geben wir uns meistens damit zufrieden. Das Gleiche geschieht auch in unseren partnerschaftlichen Beziehungen. Warum sollten wir nicht auch beim Masturbieren ein bisschen Abwechslung haben? Dafür gibt es mindestens zwei gute Gründe:

– Wenn du immer dasselbe machst, wirst du kaum neue Empfindungen entdecken. Wenn du mit deinem Körper experimentierst, lernst du ihn kennen, fühlst dich wohl in ihm und weißt, wie du das Beste aus ihm rausholen kannst! Und der Bonus: wahrscheinlich traust du dich allein sogar mehr als mit dem Partner.

— Je vielseitiger dein Sex allein ist, desto mehr Möglichkeiten hast du auch mit deinem Partner. Julia befriedigt sich immer auf die gleiche Weise: indem sie sich mit geschlossenen Beinen an einem Kissen reibt. So kommt sie ganz leicht zum Orgasmus. Mit Luis ist es für sie schwierig, da sie nicht gewohnt ist, mit gespreizten Beinen zum Orgasmus zu kommen. Je vertrauter wir mit einer Position sind, desto leichter erreichen wir den Höhepunkt. Also Schluss mit der Routine, und du wirst die Möglichkeiten der Lust mit deinem Partner vervielfachen.

Überzeugt? Wenn ja, findest du hier ein paar Anregungen. Es sind viele, such dir aus, was dir gefällt. (Eine Anmerkung: Jede Frau hat andere Vorlieben und unterschiedliche Schamgrenzen. Es kann also sein, dass du hier etwas liest, das dir peinlich oder unangenehm ist. Nimm einfach nur zur Kenntnis, dass es Frauen gibt, die so etwas mögen – du musst nicht alles selbst ausprobieren. Wir sind alle unterschiedlich und keine ist besser als die andere. Jede so, wie sie es mag.)

— Bevor du mit dem Streicheln anfängst, lass deiner Fantasie freien Lauf. Nimm dir Zeit, dich auf etwas zu konzentrieren, das dich erregt, lies eine erotische Geschichte, blättere ein Magazin durch oder sieh dir einen Film an, der dich inspiriert. Erst wenn du in Stimmung bist, streichle dich.

— Beginnst du normalerweise gleich mit dem Kitzler? Streichle dich diesmal erst an anderen Stellen: am Hals, an den Brüsten, dem Bauch, an den Innenseiten der Schenkel, am Venushügel, an den äußeren Schamlippen, den inneren Schamlippen, dem Scheideneingang ... So lange, bis du es nicht mehr aushältst.

— Noch ein Anreiz: Sieh dir im Spiegel dabei zu.

— Masturbierst du mit den Fingern (die häufigste Methode)? Verändere deine Technik dabei. Du kannst den Rhythmus verändern, schneller oder langsamer, die Finger hin- und hergleiten lassen, statt zu kreisen. Wenn du dich normalerweise massierst, nimm zum Beispiel diesmal den Kitzler zwischen zwei Finger. Fühlt es sich anders an?

- Willst du deinen Genuss noch vergrößern? Wenn du kurz vor dem Orgasmus bist, halte einige Sekunden inne und fang noch mal von vorne an. Wiederhole das ein paarmal, dann lass dich gehen. Wahrscheinlich ist dein Orgasmus intensiver.
- Wenn du keine Gleitcremes verwendest, solltest du es jetzt mal ausprobieren.

Gleitcremes

Vielleicht fragst du dich, wofür du das brauchst, oder es ist dir unangenehm vor deinem Partner, weil er denken könnte, dass er dich nicht erregen kann. Falsch. Erregt zu sein, impliziert nicht unbedingt, dass du auch feucht bist, manchmal bist du es und manchmal nicht. Nach der Menopause werden Frauen im Allgemeinen weniger feucht, wie wir wissen, und das Gleiche passiert auch in bestimmten Phasen des Menstruationszyklus. Es gibt auch noch andere Ursachen wie bestimmte Medikamente, Alkohol und Drogen, Nervosität etc. Außerdem kann auch der Kontakt mit der Luft und Kondomen unsere Vulva austrocknen. Wahrscheinlich hast du das schon einmal erlebt. Für andere Sexualpraktiken sind Gleitcremes wiederum unerlässlich, in jedem Fall verbessern sie das Vergnügen und zwar nicht nur für uns, sondern auch für die Männer. Gleitcremes gehören nicht nur in den Schrank der Frauen. Wenn ein Mann es mal ausprobiert hat, ist er meistens begeistert.

Welches Mittel ist das Beste? Es kommt darauf an, wofür du es verwendest. Vaseline ist einfach zu besorgen, und wenn du sie nur brauchst, um deine äußeren Geschlechtsteile zu masturbieren, ist Vaseline in Ordnung. Aber Vaseline sollte nicht in die Vagina geraten, da sie den ph-Wert verändert und durch ihren hohen Fettgehalt an den Scheidenwänden haften bleibt und so zum Nährboden für Bakterien werden kann. Mit Kondomen darfst du Vaseline niemals benutzen. Vaseline enthält Stoffe, die Latex lösen und damit zerstören. Das Gleiche gilt für Butter, Hautcremes, Öle, auch wenn es Babyöle sind. Kondome dürfen nur mit speziellen wasserlöslichen Gleitmitteln benutzt werden, die Latex nicht angreifen.

Die Art von Produkten ist sowohl in Apotheken und Drogerien als auch in Sexshops erhältlich. In der Drogerie findest du unter anderem KY-Gel von Johnson & Johnson. In Sexshops gibt es viele verschiedene Marken.

— Masturbierst du immer in der gleichen Stellung? Dann probier diesmal etwas anderes. Wenn du zum Beispiel meistens auf dem Rücken mit geschlossenen Beinen liegst, fang an wie sonst, aber, sobald du erregt bist, spreize die Beine ein wenig.

Weniger als vier Minuten

Frauen können fast genauso schnell kommen wie Männer. Es stimmt nicht, dass wir grundsätzlich länger brauchen. Länger brauchen wir, wenn wir nicht richtig stimuliert werden. Wenn wir es selbst tun, sind wir am effektivsten.

— Stellungswechsel: auf der Seite, auf dem Bauch, im Sitzen, auf allen vieren, kniend, mit gekreuzten Beinen, erhobenen Beinen, mit angewinkelten oder gegen die Wand gestützten Beinen. Niemand sieht dich. Du kannst alles ausprobieren.
— Wenn du dich immer mit den Fingern masturbierst, wie wäre es mal mit etwas anderem?
— Du kannst dich an einem Gegenstand reiben, zum Beispiel gegen die Matratze, wenn du auf dem Bauch liegst; oder nimm ein Kissen zwischen die Beine; variiere Rhythmus und Streichelbewegungen; vielleicht kommst du nicht beim ersten Mal, aber versuche es weiter.
— Schlage die Beine übereinander und versuche dich durch Muskelkontraktionen zu stimulieren.
— Der Wasserstrahl der Dusche taugt nicht nur zur Körperhygiene; probiere ihn im Sitzen, Stehen oder Knien aus; halte den Strahl auf dein Geschlecht; spiele mit der Wassertemperatur, der Wasserstärke und dem Duschstrahl (die modernen Duschköpfe lassen sich meistens unterschiedlich einstellen).

Wie wir Frauen uns selbst befriedigen

Es gibt fünf Grundtechniken der weiblichen Masturbation:
- Stimulierung der Klitoris/Vulva, meist manuell, manchmal auch mit Vibrator (ca. 78,5 Prozent)
- Reiben der Klitoris/Vulva gegen ein weiches Objekt (4 Prozent)
- rhythmisches Muskelanspannen (3 Prozent)
- Wassermassage der Vulva (2 Prozent)
- nur vaginale Penetration (1,5 Pozent)

Die übrigen 11 Prozent benutzen verschiedene Techniken je nach Lust und Laune.

Du siehst, dass nur sich sehr wenige allein vaginal befriedigen. Unter denen, die sich die Klitoris streicheln, führen natürlich viele zusätzlich einen Finger, ein Objekt oder ein Sexspielzeug in die Vagina ein.

Auch wenn bei der weiblichen Selbstbefriedigung von fünf Techniken gesprochen wird, haben Masters und Johnson herausgefunden, dass von den Hunderten von Frauen, die an ihren Studien teilnahmen, keine zwei auf die gleiche Weise masturbierten. Jede hatte ihre eigene Technik.

- Versuche einmal, beim Masturbieren deine Scheidenmuskulatur einzusetzen. Probiere auch die Atemtechniken aus, von denen wir im letzten Kapitel gesprochen haben. Findest du das zu kompliziert? Das scheint nur so. Ein Vorschlag meiner Freundin Z.: »Stell dich unter die Dusche, Beine zusammen, richte den Wasserstrahl auf den Venushügel, kontrahiere die Scheidenmuskulatur, atme tief. Wenn es dir auch gefällt, erzähl es weiter.« Z. hat noch mehr auf Lager, sie könnte ein eigenes Buch damit füllen. Du wirst hier noch ab und zu von ihr hören.

- Es ist wieder einmal Zeit, uns mit dem multiplen Orgasmus zu befassen. Eigentlich können alle Frauen multiple Orgasmen haben, sie müssen nur nach dem ersten Orgasmus nicht gleich aufhören. Wie? Ganz einfach: masturbiere einfach weiter. Wenn du zum Beispiel deine Klitoris streichelst, stimuliere dich nach dem Orgasmus weiter, oder, wenn dir das unangenehm ist, warte 10 bis 15 Sekunden und fang dann wieder an, suche mit den Fingern nach einer anderen Stelle, die gut tut, oder verändere die Technik. Indem du zum Beispiel den Venushügel massierst oder mit geschlossenen Beinen Kegel-Übungen machst.

Noch mehr Vorschläge? Wie wär's auch hier mit der Dusche? Wenn du gekommen bist, richte den Wasserstrahl auf eine andere Stelle. Unter der Dusche fällt es vielen Frauen am leichtesten, zu einem multiplen Orgasmus zu kommen, sowohl allein als auch mit dem Partner.

Achte darauf, wie dein Körper reagiert, und experimentiere. Wirf nicht gleich das Handtuch, wenn es beim ersten Mal nicht klappt. Lass das Thema einfach eine Zeit lang ruhen.

Ab hier kannst du deiner Fantasie freien Lauf lassen (oder die »Vorschläge für Fortgeschrittene« lesen). Du allein setzt dir die Grenzen.

Noch eine Feststellung zum Schluss. Falls du glauben solltest, dass du dich zu oft selbst befriedigst, kann ich nur eins sagen: Wenn es dir Spaß macht, warum solltest du es dann weniger tun? Solange du dir keine Schmerzen zufügst und das Masturbieren nicht den Beziehungen zu anderen Menschen im Weg steht, gibt es keinen Grund für ein schlechtes Gewissen. Im Gegenteil.

Vorschläge für Fortgeschrittene

– Hast du schon mal einen Vibrator benutzt? Damit kannst du den Kitzler oder die ganze Vulva stimulieren. Probiere verschiedene Stellungen aus (auf dem Rücken, auf dem Bauch, sitzend oder mit geschlossenen Beinen ...), verschiedene Stellen und Geschwindigkeiten. Ein Tipp: Wenn es dir peinlich ist, einen Vibrator im Sexshop zu kaufen, bestelle ihn über das Internet.

Manche Sexualtherapeuten sind nicht allzu begeistert vom ständigen Gebrauch von Vibratoren, weil sie befürchten, dass wir vielleicht nicht mehr ohne kommen. Doch in Maßen genossen besteht kein Grund zur Sorge. Der Vibrator sollte nicht die einzige Methode sein, mit der du masturbierst. Du kannst den Vibrator auch abstellen, sobald du erregt bist, und dich dann mit der Hand zum Orgasmus bringen.

- Während du deine Klitoris mit der Hand stimulierst, führe einen oder mehrere Finger der anderen Hand in die Vagina ein. Vielleicht fällt es dir leichter mit einem Vibrator, Dildo oder Öko-Penis, den du hin- und herbewegen kannst. Denk dran, wenn du deinen G-Punkt oder Cul-de-sac stimulieren willst, musst du bereits sehr erregt sein.
- Probiere aus, deine Vulva mit einer Feder, einem Pinsel, einem Stück Leder zu stimulieren.
- Versuche, dich selbst zu befriedigen, ohne die Kleider auszuziehen, indem du dich durch den Stoff streichelst beziehungsweise reibst oder eine Hand oder den Vibrator in die Hose steckst.
- Reibe dich an der Sofalehne oder einem anderen Möbelstück.
- Eine Bekannte lehnt sich gegen die Waschmaschine und genießt die Vibration des Schleudergangs.
- Du kannst dich, während du dich stimulierst, am Perineum und am Anus berühren, mit den Fingern oder mit einem Dildo, Vibrator oder einem Anal-Spielzeug, zum Beispiel den kleinen Kugeln, die in Sex-shops verkauft werden (die Verkäufer erklären dir, was es alles gibt und wie es funktioniert). Beim Penetrieren des Anus solltest du auf jeden Fall viel Gleitcreme benutzen – das ist unumgänglich – und dir die Hände oder den Gegenstand sehr gut waschen, bevor du damit einen anderen Teil deines Körpers berührst. Am besten benutzt du dabei ein Kondom.
- Stehst du auf extreme Gefühle? Dann versuche einmal, dich in der Öffentlichkeit zu verwöhnen: auf der Toilette eines Restaurants, an deinem Schreibtisch im Büro, im Kino ... Am diskretesten ist es, wenn du es durch Kontraktion der Muskeln tust, aber du kannst auch die Finger nehmen oder sogar eine kleinen Vibrator in deiner Unterwäsche verstecken. Doch Vorsicht! Natürlich soll dich keiner dabei sehen.

Sündige Gedanken

Es gibt nur eine Sache, um die ich die Männer beneide. Nein, es ist nicht der Penis, Herr Freud. Es ist ihr hypersexualisiertes Gehirn, ihre Fähigkeit, 25 Stunden am Tag an Sex zu denken.

Im Durchschnitt denken Männer zwischen dreißig und vierzig in der Stunde sechs Mal an Sex. Stellen wir uns zum Beispiel Luis vor. Zwischen 8.30 Uhr und 9.30 Uhr passiert ihm das alles:

1. Er verabschiedet sich von Julia mit einem Kuss und bekommt eine Erektion.
2. In der Garage trifft er seine scharfe Nachbarin, und während er sie grüßt, spielt er im Geist mit ihr (und verdeckt so gut es geht die Wölbung in seiner Hose).
3. Er verschlingt die Brüste der jungen Frau, die den Fußgängerstreifen überquert, mit den Augen.
4. Die junge Frau wird vor seiner Nase von einer anderen angerempelt, die einen fantastischen Hintern hat.
5. Beim Anblick der Kellnerin mit den sinnlichen Lippen, die den Kaffee serviert, stellt er sich vor, wie sie ihm einen bläst.
6. Er malt sich die Orgie aus, die seine Kollegin letzte Nacht erlebt haben muss, weil sie heute so besonders ausgeglichen wirkt.

Und das Ganze in sechzig Minuten. (Einschub – falls du Zweifel hattest: Luis liebt und begehrt Julia trotzdem mehr als jede andere.)

Wenn wir wenigstens sechs Mal am Tag an Sex denken würden ... aber normalerweise nicht mal das. Dabei sollten wir Frauen viel öfter erotische Gedanken haben. Schließlich ist unser Gehirn das stärkste Sexualorgan unseres Körpers. Aber wie selten stimulieren wir es! Mit Kitschfilmen im Kino kommen wir da nicht weit, denn Sex funktioniert in Wirklichkeit nicht annähernd so, wie dort dargestellt wird.

Wie motivieren wir uns also? Hier ein paar Vorschläge – vielleicht stellst du ja fest, dass Sexfantasien viel unterhaltsamer sind als der alte Traum vom Prinzen auf dem Pferd:

– Lies erotische Romane beziehungsweise Romane, in denen es zur Sache geht. Du musst keine Werke von Nobelpreisträgern/innen lesen, wichtig ist, dass die Lektüre dich anturnt. Wenn du aber doch etwas Literarisches bevorzugst, hier eine kleine Auswahl: *Lulu* von Almudena Grandes, *Lady Chatterley* von D. H. Lawrence, *Das Alexandria-Quartett* von Lawrence Durrell, *Lolita* von Vladimir

Nabokov, *Lob der erfahrenen Frauen* von Stephen Vizinczey, *Nana* von Emile Zola, *Delta der Venus* von Anaïs Nin, *Wendekreis des Krebses* oder *Wendekreis des Steinbocks* von Henry Miller, *Die Geschichte der O* von Pauline Reage oder *Angst vorm Fliegen* von Erica Jong, um nur einige zu nennen, die dich inspirieren könnten.

– Wenn du eher auf visuelle Reize reagierst, sieh dir bebilderte Bücher an. Einige Beispiele: *Erotica Universalis* (zwei Bände mit Illustrationen), das illustrierte *Kamasutra*, etwas über die erotische Tradition in Japan, *1000 Nudes* (Geschichte der erotischen Fotografie), *Men/Women* von Herb Ritts, *Digital Diaries* von Natacha Merritt (ein Meisterwerk des Genres), *The Male Nude* von verschiedenen Autoren oder einige Werke von Gian Paolo Barbieri, Helmut Newton, Robert Mapplethorpe, Jan Saudek, Nobuyoshi Araki oder Roy Stuart.

– Es gibt auch zahlreiche Zeitschriften (darunter alle möglichen Spezialgebiete innerhalb der Erotik) und Comics (Illustrationen haben alle Freiheiten, und Zeichnungen können besonders anregend sein), die es sowohl am Kiosk als auch im Sexshop gibt.

Warum nicht auch mal Erotikfilme oder Pornos ansehen? Anfangen kannst du mit *Belle de jour, Im Reich der Sinne, Die Geschichte der O, 9$\frac{1}{2}$ Wochen, Henry und June, Das Piano* oder *Eyes Wide Shut*. Aber probiere auch mal einen Porno aus. Im Allgemeinen zielen sie auf Männer ab und manche Szenen wirst du vielleicht sogar abstoßend finden, aber es gibt auch Pornos für Frauen. Lass dich in der Videothek oder im Sexshop beraten. Sag ihnen einfach, wonach dir der Sinn steht (schmutzige Sprache, Romantik, Science-Fiction, Heim-Videos, Orgien, Sado-Maso, light oder hardchore), bestimmt findest du etwas Anregendes. Besonders möchte ich die Filme der Amerikanerin Candida Royalle empfehlen, die nach ihrer Karriere als Pornostar begann, Pornos für Frauen zu produzieren. Der Unterschied: Die Filme haben eine Handlung und die Klitoris kommt vor. Auch den Männern gefallen ihre Filme. Candidas Website: www.royalle.com.

Pornografie: ja oder nein?

Schwieriges Thema. Bei manchen Filmen kann ich mich in eine militante Gegnerin verwandeln: vor allem bei Filmen und Bildern, die echte Gewalt zeigen, sei es sexuelle oder andere, und den Missbrauch von Minderjährigen. Doch solange Gewalt nicht verherrlicht wird und niemand zu Schaden kommt, glaube ich, dass nichts verboten werden *darf*, was etwas so Gesundes zum Ziel hat, wie Menschen Lust zu verschaffen (und zwar nicht nur Männern, auch viele Frauen stehen drauf).

- Nicht alle Pornografie ist gewalttätig oder erniedrigend. Wenn du dich umsiehst, entdeckst du viel mehr Chauvinismus und Gewaltverherrlichung in der Werbung und in so genannten akzeptablen Filmen.
- Wenn Pornografie Sex ist und Pornografie angegriffen wird, gehen wir nicht das Risiko ein, unsere sexuellen Freiheiten zu beschneiden?
- Bis zu welchem Grad fürchtest du dich, deine eigenen Wünsche in einem Porno wiederzuerkennen? Oder willst du mir etwa erzählen, dass deine sexuellen Fantasien so harmlos sind wie Heidis Erinnerungen an die Alm?
- Wenn du beim Sex gefilmt werden würdest, wäre das Pornografie. Ist es so schlimm, was ihr macht?

- Erfinde deine eigenen Pornos. Schreibe deine Fantasien auf. Tatsächlich handelt es sich dabei um eine sehr effektive therapeutische Methode. Du lernst dich selbst kennen, nur du entscheidest, was dich erregt, niemand anderes. Vielleicht kannst du auch gut zeichnen – oder hast sogar eine Videokamera und kannst Protagonistin in deinem eigenen Pornofilm sein, mit oder ohne deinen Partner.
- Cybersex. Entdecke die Möglichkeiten des Internet. Scharfe Webseiten oder ganz ernsthafte über Sexualität im Allgemeinen, virtuelle Sexshops, Chats, in denen dir die Anonymität ermöglicht, alle Hemmungen fallen zu lassen . . . Am Ende dieses Buches findest du eine Auswahl von Internetadressen.
- Schreibst du Tagebuch? Dann schreib auch deine erotischen Erlebnisse auf. (Psychologen bestätigen immer wieder die Vorzüge

des Tagebuchs. Die eigenen Gefühle aufzuschreiben hilft uns, unsere Probleme zu erkennen, andere Facetten unserer Persönlichkeit wahrzunehmen, Traumata zu überwinden, etc.)

- Stell dir vor, wie die Menschen in deiner Umgebung nackt aussehen. Sieh dir den Körper des hübschen jungen Mannes an, der neben dir in der Schlange steht (egal ob du einen Partner hast oder nicht). Wonach riecht er? Wie fühlt sich seine Haut an? Streichle ihn im Geist. Küsse ihn. Oder male dir aus, wie er mit einer anderen Frau im Bett ist. Das Gleiche kannst du auch mit Frauen machen. (Der schüchterne Junge ist meistens der heißblütigste Liebhaber, und viele Frauen, die so jungfräulich auftreten, verwandeln sich in wilde Tigerinnen, sobald sie sich das Kleid vom Leib gerissen haben.)

- Und wie tun es deine Freunde?

- Jede alltägliche Situation kann der Auslöser für eine erotische Geschichte sein. Was passiert hinter dem Fenster gegenüber? Was geht hinter der geschlossenen Bürotür vor sich? Du gehst in einem Restaurant essen: Was würde passieren, wenn du kein Geld zum Zahlen hättest? Was, wenn der gut aussehende Kollege und du abends allein im Büro zurückbleibst? Einmal habe ich im Schwimmbad eines Hotels den Zimmerschlüssel eines anderen Gasts gefunden. Ich gab ihm den Schlüssel wieder, er bedankte sich und ging. In meiner Fantasie spielte sich die Sache ganz anders ab: »Darf ich Sie wenigstens zu einem Kaffee auf mein Zimmer einladen?« Was dann passiert, ist mein Geheimnis. Wenn du willst, kann jede Situation deine Fantasie anregen.

- Stell dir die Dinge vor, die du gerne mit einem Mann machen würdest.

- Tu etwas Ungewöhnliches. Ziehe dir sexy Unterwäsche unter den grauen Blazer an, geh ohne Unterhose auf die Straße oder trage Strapse statt Strumpfhosen. Besuche einen Sexshop und sieh dich nach neuen Ideen um, nach mentaler Stimulierung. Geh ins Pornokino, in eine Kabine, in die Peepshow oder zum Striptease. Verabrede dich in einem dieser billigen Hotels, in denen vornehmlich Affären stattfinden. Probiere mit deinem Partner Rollenspiele aus. Das macht dich nicht an? Du entscheidest, die Grenzen ziehst du allein (und dein gesunder Menschenverstand).

Ich weiß, es ist bequemer, alles so zu lassen, wie es ist. Aber viel lustiger und aufregender ist es, sich Herausforderungen zu stellen, mit sich selbst zu spielen. Wagemut ist ein Aphrodisiakum. Probier es wenigstens einmal aus: Wenn du das nächste Mal auf der Straße bist, stell dir vor, wie es wäre, mit einem der Männer, die du siehst, Sex zu haben. Vielleicht wird das sogar zu deiner Lieblingsbeschäftigung. Und solange du es niemandem erzählst, wird keiner davon erfahren.

Von Vibratoren und anderen Sexspielzeugen

Vielen Leuten ist es unangenehm, über Sexspielzeuge zu sprechen, sei es aus Schüchternheit oder weil sie – irrigerweise – denken, dass Sexspielzeuge unanständig sind ... in jedem Fall aus reiner Unkenntnis.

Die Leute, die Sexspielzeuge benutzen (erotische Zeitschriften lesen, Pornos ansehen, in Peepshows gehen etc.) sind nicht krank, sexsüchtig, frustriert oder pervers. Und natürlich müssen sie umgekehrt auch keine besseren Liebhaber sein. Sie tun diese Dinge einfach, weil sie ihnen Spaß machen. Und genauso sollten wir es betrachten: ohne zu interpretieren, ohne sich ein Urteil zu bilden. Wenn es dir Spaß macht, gut, wenn nicht, dann nicht.

Hier findest du nur eine kleine Zusammenfassung der verbreitetsten Sexspielzeuge. Wenn du mehr wissen willst, frag einfach im Sexshop nach. Du solltest natürlich einen Sexshop wählen, in dem du dich einigermaßen wohl fühlst und dessen Personal dir vertrauenswürdig scheint.

Wenn du gern im Internet surfst, empfehle ich die fantastische Seite von Good Vibrations (www.goodvibes.com), einem Sexshop für Frauen – was für ein Unterschied – mit Hauptsitz in San Francisco, der berühmt ist für seine Seriosität und die Qualität seiner Produkte.

Dildos: So wird jede Art von Gegenstand genannt, der zur vaginalen oder analen Penetration dient. Es hat sie schon immer gegeben: Archäologen haben Exemplare aus dem Paläolithikum gefunden. Sie werden von Männern wie von Frauen verwendet.

Manche Frauen führen beim Masturbieren einen Dildo in Scheide oder Rektum ein, manche penetrieren sich auf beiden Seiten gleichzeitig. Auch Männer benutzen Dildos, die sie sich anal einführen, und sie sind deswegen noch lange nicht schwul. Natürlich werden sie auch von Paaren verwendet, genauso von ihm wie von ihr.

Dildos gibt es in vielen Größen (achte auf Länge und Durchmesser), Materialien (Latex, Silikon, Holz, Leder, härtere und weichere...) und Farben (sogar fluoreszierend und metallic). Auch die Formen sind unterschiedlich: Sie müssen nicht wie ein Phallus geformt sein, auch wenn die meisten aussehen wie Penisse; es gibt Doppeldildos, die man zu zweit gleichzeitig benutzen kann, vor allem für lesbische Paare; manche lassen sich an Leder-Geschirren befestigen, so dass sie an den Körper geschnallt werden können – sogar am Kinn, so dass Oralsex und Penetration gleichzeitig erfolgen können; es gibt spezielle für die rektale Penetration (zum Beispiel pyramidenförmige Analplugs) und vieles mehr. Wenn du dir keinen anschaffen willst, kannst du auch ein Gemüse oder eine Frucht benutzen, die du dir nach Belieben zurechtschnitzen kannst (das einzige Problem: Solche Dildos sind verderblich), oder ein anderes Objekt, dem du ein Kondom überziehst. Es muss etwas sein, an dem du dich nicht verletzen kannst, das nicht entzweibrechen und kein Vakuum in dir erzeugen kann.

Wichtig: Nimm dabei immer Gleitcreme, vor allem bei der analen Penetration, und niemals vom Anus in die Vulva, Vagina oder den Mund wechseln, ohne das Objekt vorher mit Wasser und Seife zu waschen. Am besten verwendest du Kondome, die du auswechseln kannst. Hygiene ist extrem wichtig.

Vibratoren: Auch wenn wir bei Vibratoren meistens an Penetration denken, benutzen ihn viele Frauen zur Stimulation von außen, an der Vulva, insbesondere der Klitoris, aber auch an Vagina, Damm, Anus. Männer stimulieren mit dem Vibrator Penis, Skrotum, Damm und Anus.

Auch Vibratoren kannst du allein und zu zweit benutzen. Sie funktionieren mit Batterien oder Steckdose und es gibt sie in vielen verschiedenen Größen, Farben, Materialien und Formen. Die bekanntesten sehen aus wie ein Penis, darunter gibt es auch Modelle, die speziell auf den G-Punkt ausgerichtet sind. Es gibt Geschirre, die den Vibrator im Innern der Vagina halten, um die Hände frei zu haben, oder mit einem weiteren kleineren vorne, der während der Penetration die Klitoris stimuliert. Es gibt eiförmige Vibratoren, Vibratoren in Form einer Vagina (für Männer) und spezielle für den Anus.

Außerdem gibt es alle möglichen, die nur für den äußeren Gebrauch gedacht sind. Um nur einige zu nennen: Schmetterlinge, die mit einem Gummiband an die Klitoris geschnallt werden, Fingerhüte, vibrierende Büstenhalter, die mit Fernbedienung funktionieren, Penisringe, spezielle Geräte für Brustwarzen und zylinderförmige Massagestäbe, die von vielen Frauen umfunktioniert werden.

Vibratoren funktionieren genauso wie Dildos, nur dass sie nicht unter fließend Wasser gereinigt werden dürfen. Und natürlich darfst du sie nicht mit in die Badewanne oder unter die Dusche nehmen.

Kugeln: Die chinesischen oder japanischen Liebeskugeln – zwei oder mehrere Kugeln, die mit einem Faden verbunden sind – werden ausschließlich in die Vagina eingeführt. In jeder Kugel befindet sich noch eine kleinere, die sich bewegt. Manche Frauen stimulieren ihre Klitoris, manche benutzen sie sogar beim Koitus. Wieder andere tragen sie auch unterwegs. Sie schwärmen auch vom psychologischen Effekt. Eine Freundin erzählte mir: »Sie machen mich stark. Wenn ich mit Kugeln auf die Straße gehen kann, dann kann ich auch um eine Gehaltserhöhung bitten.« – Die sie prompt bekommen hat.

Die Kugeln für den Anus (thailändische Kugeln) sind ebenfalls mit einer Schnur oder einem Draht verbunden. Sie sind gesichert, meistens mit einem einfachen Ring an ihrem Ende, damit sie nicht im Innern verschwinden. Meistens sind sie etwas kleiner als die chinesischen oder japanischen und/oder haben verschiedene Größen.

Ringe: Männer ziehen sich den Penisring über den Penis bis an die Wurzel oder auch über den Hodensack, je nach Modell. Die Fans dieser Ringe erklären, dass der Druck ihre Erregung verstärkt, dass er ihre Erektion verstärkt (das Blut staut sich) und die Ejakulation hinauszögert. Sie sollten allerdings nie länger als eine halbe Stunde getragen werden.

Sexuelle Fantasien

Wir alle haben sexuelle Fantasien, und viele von uns würden sie niemals irgendjemandem erzählen. Wir haben Schuldgefühle, wenn wir davon fantasieren, eine Edelnutte zu sein, mit einem Fremden ins Bett zu gehen, mit einer Frau zu schlafen, einen jungen Mann in die Liebe einzuführen oder eine jungfräuliche Prinzessin zu sein, die von einem wilden Räuber vergewaltigt wird. So vereinfacht mögen diese Fantasien lächerlich erscheinen, doch in unserm Kopf – in Farbe, Stereoton und vor- und zurückspulbar, so viel wir wollen – wirken sie Wunder. Unseren Körper überzeugen sie auf alle Fälle.

Sexuelle Fantasien sind also völlig normal. Sowohl beim Masturbieren als auch beim Sex mit dem Partner benutzen wir unsere Fantasie, Männer wie Frauen, um uns anzuregen, egal ob es sich um eine mehr oder weniger komplexe Geschichte handelt oder um etwas ganz Konkretes (zum Beispiel die Vorstellung eines Cunnilingus).

Wahrscheinlich überrascht es dich nicht, dass bei Männern und Frauen die Fantasien unterschiedlich ablaufen. Während wir Frauen erfinderischer sind und oft einem Handlungsfaden folgen, spielt bei Männern mehr der visuelle Reiz eine Rolle (Brüste, Hintern) und die konkrete Aktion (eindringen, lecken etc.).

Und was sind jeweils die Lieblingsthemen?

Die Top Ten der männlichen Sexfantasien:

- Sex mit dem Partner in alten und neuen Variationen (treuer als gedacht, nicht wahr).
- Sex mit einer anderen Frau (vergiss, was ich gesagt habe).
- Sex mit zwei oder mehr Frauen (keine Sorge, du bist wahrscheinlich auch dabei).
- Oralsex, aktiv oder passiv.
- Beim Sex zusehen oder beim Sex beobachtet werden.
- Aggressiv und dominant sein – was sich keineswegs in der Realität auswirken muss. In seiner Fantasie lechzt die Frau am Schluss nach ihm.

- Von einer Frau verführt oder vergewaltigt zu werden (sie ist natürlich atemberaubend).
- Er durchlebt ein sexuelles Erlebnis noch einmal.
- Analsex, aktiv wie passiv.
- Homosexuelle Beziehungen. Was aber nicht heißt, dass er schwul ist.

Gezwungen werden

1986 wurde in der renommierten amerikanischen Zeitschrift *Journal of Sexual Research* eine Studie veröffentlicht, um mit dem Irrglauben, Frauen würden gerne unterworfen, aufzuräumen. Einer Gruppe von Frauen wurden zwei Videos gezeigt. Im ersten sah man die erotische Fantasie einer Vergewaltigung. Reaktion der Frauen: Interesse und sexuelle Erregung. Im zweiten wurde auf realistischere Art eine Vergewaltigung gezeigt. Reaktion der Frauen: Abscheu, Angst, Wut, Schmerz und Depression. Die Gefühle waren so intensiv und den Reaktionen echter Vergewaltigungsopfer so ähnlich, dass die Versuchsleiter für künftige Studien zu sehr viel mehr Vorsicht riefen.

Die Hitliste der weiblichen Sexfantasien:
- Sex mit dem Partner.
- Sex mit einem anderen Mann.
- Etwas »Schmutziges« oder »Verbotenes« tun: gefesselt werden, Peitschenhiebe, Schweinereien sagen und gesagt bekommen, Sex an einem öffentlichen Ort, Gruppensex, Analsex . . .
- Sie durchlebt ein sexuelles Erlebnis noch einmal.
- Oralsex, öfter passiv als aktiv.
- Romantischer Sex mit dem Märchenprinz an einem idyllischen Ort (je weiter weg von unserem Alltag desto besser).
- Zum Sex gezwungen werden.
- Prostituierte sein.
- Unwiderstehlich sein.
- Aggressiv und dominant sein.

– Anderen beim Sex zusehen oder dabei beobachtet werden.
– Lesbischer Sex. Was noch lange nicht heißt, dass wir lesbisch sind.

Der Inhalt unserer Fantasien kann Schuldgefühle hervorrufen, vor allem wenn wir von verbotenen Dingen träumen. Doch solange sie dich erregen und du niemandem Schaden zufügst, gibt es keinen Grund dafür. Normalerweise sind die Fantasien weit von dem entfernt, was wir gerne in der Wirklichkeit tun würden; dafür sind sie ja, was sie sind: Fantasien. Aber sie helfen uns, uns selbst kennen zu lernen, Verbote und Tabus zu brechen, unsere Aggressivität loszuwerden, und vor allem verbessern sie unser Sexleben. Unser Kopf ist das beste Aphrodisiakum, und du solltest deswegen keine Schuldgefühle haben.

Bevor du sie in die Tat umsetzt ...

Sexfantasien sind gut. Wenn wir uns dazu entschließen, sie mit unserem Partner zu teilen, können sie unser Sexleben bereichern. Doch das ist nicht immer so.

Diese Dinge zu teilen, erfordert viel Vertrauen, denn es birgt auch Gefahren. Was dich erregt, kann ihn abstoßen, oder es löst Eifersucht aus und/oder Unsicherheit. Und wie sind seine Fantasien für dich? Zum Beispiel fühlst du dich sicher nicht besser, wenn du weißt, dass er von deiner besten Freundin träumt, oder umgekehrt er, dass du es im Kopf mit seinem Kollegen treibst oder mit einem Mann mit einem riesigen Penis. Und was, wenn er träumt, mit einem anderen Mann zu schlafen?

Noch ein Risiko: Manche Fantasien bergen in der Wirklichkeit Gefahren, auf die ihr vielleicht nicht vorbereitet seid. Ich spreche nicht nur von körperlichen Risiken. Was, wenn ihr über eure Fantasien sprecht und beide von einem Dreier träumt – vielleicht seid ihr in Wirklichkeit nicht auf die komplizierte emotionale Situation vorbereitet.

Sei dir einfach im Klaren darüber, bis zu welchem Punkt du deine Fantasien mit deinem Partner teilen willst.

SEX ZU ZWEIT

*»Die wahre sexuelle Revolution findet dann statt, wenn wir
Frauen Sex haben, wie und wann es uns gefällt.«*

»Eines schönen Tages werden alle Frauen Orgasmen haben – genau
wie alle Familien Farbfernsehen haben –, und dann werden wir uns
um die Dinge kümmern können, auf die es im Leben wirklich ankommt.« Es ist schon einige Zeit her, dass die Schriftstellerin Erica
Jong diese Worte schrieb, nämlich in den siebziger Jahren: Heute
brauchen wir nicht mal mehr eine Familie, um einen Farbfernseher
zu haben, aber warum fällt es uns so schwer, ein befriedigendes Sexualleben zu führen? Die Antwort darauf ist eine weitere Frage: Was
tust du für deine Befriedigung?

Befriedigende Sexualität obliegt unserer eigenen Verantwortung,
und nur, wenn wir aktiv sind, können wir Sex genussvoll und befreiend erleben, ohne Angst, ohne Scham, Schuld oder Unbefriedigt-
heit.

(Natürlich dürfen wir Angst, Scham oder Schuld ab und zu verspüren und auch ab und zu unbefriedigt bleiben – solange dies aus *ge-
sunden* Gründen geschieht. Es ist normal, ängstlich zu sein, wenn man
etwas Neues, besonders Gewagtes ausprobiert; oder rot zu werden,
wenn man seine Schüchternheit überwindet und über diese Dinge
redet; oder dass man sich ein bisschen schämt, wenn man es auf dem
Konferenztisch getrieben hat oder die Kinder für ein Wochenende
zu den Großeltern abgeschoben hat, um ein verrücktes Wochenende mit ihm zu verbringen; oder dass man mal enttäuscht ist, weil
der Orgasmus nicht so intensiv war wie erwartet. Schlecht ist es nur,

wenn uns diese Gefühle einschränken und wir deswegen unter unserem Sex zu leiden haben.)

Wir haben über unseren Körper gesprochen und darüber, wie wichtig es ist, ihn zu kennen, uns in ihm wohl zu fühlen und uns allein an ihm zu erfreuen. Jetzt werden wir lernen, wie wir ihn unter bestmöglichen Bedingungen mit jemandem teilen können. Wir werden einerseits über so genannte Techniken sprechen (Stellungen beim Koitus, Oralsex, anale Stimulation etc.), aber auch über andere Dinge, die nicht weniger entscheidend sind, wie zum Beispiel die Kommunikation. Und was ist mit der Liebe? Liebe und Sex hängen nicht kausal miteinander zusammen. Verliebtsein bedeutet nicht unbedingt, den Sex genießen zu können, und zu viele Frauen haben im Namen der Liebe jahrelang schlechten Sex. Liebe kann nicht Thema dieses Buchs sein. Wenn du es bis zum Ende gelesen hast, entscheide selbst: Was ist es anderes als Liebe, wenn du dich mit jemandem teilen kannst?

Sex mit den Händen, Oralsex, Koitus und Analsex sind die Basics eines erfüllten Sexuallebens. Was für dich unbedingt dazugehört, was optional ist und was du nicht willst, entscheidest allein du.

Doch bevor wir tiefer in die Materie eintauchen, hier noch einige Gedanken:

– Zum Orgasmus zu kommen ist nicht das Hauptanliegen. Der Weg ist das Ziel. (Therapeuten sprechen von zwei Arten, Sex zu erleben: Die erste hat zum Ziel, den Orgasmus zu erreichen; Küsse, Berührungen sind Mittel zum Zweck, dem Höhepunkt. Die zweite Spielart zelebriert die Lust, nicht den Höhepunkt: Küsse, Streicheln, jede einzelne Berührung verschafft Genuss. Es sind zwei grundlegend unterschiedliche Arten, Sex zu erleben, und zweifelsohne ist die zweite sehr viel befriedigender.)

– Auf etwas Bestimmtes zu warten, ist immer ein Feind der Lust. Verklärung ist verboten. Vergiss die Klischees und unerreichbaren Mythen. Lass nicht zu, dass die Angst zu versagen, die Fixierung auf bestimmte Zielvorgaben – zum Beispiel Sex à la

Hollywood – deine Lust am Sex verderben. Die Wirklichkeit ist das, was du und nur du erlebst.

– Du brauchst beim Sex keine Extremsportlerin zu sein. Empfinden ist das, worauf es ankommt.

– Wenn es mal nicht so gelaufen ist, wie du es dir vorgestellt hattest, lass dich nicht zu Schuldzuweisungen oder Schuldgefühlen und Versagensängsten hinreißen. Beim nächsten Mal klappt es bestimmt besser.

– Du solltest anstreben, deinen Horizont zu erweitern. Bestimmt warst du als Kind neugierig. Beim Sex solltest du deine kindliche Entdeckerfreude wieder aufleben lassen. Öffne deinen Geist, erforsche eure Körper, trau dich, wage etwas.

– Vergiss den seltenen Zufall des gleichzeitigen Orgasmus. Er ist etwas für Paare, die extrem aufeinander eingestellt sind, und selbst ihnen fällt es nicht leicht. Ihr müsst die Bedürfnisse des Partners sehr genau kennen oder sehr genaue Anweisungen geben, um dahin zu kommen, und wenn ihr es euch vornehmt, seid ihr nicht mehr entspannt und es ist vorbei mit der Lust. Und wenn du mehrere Orgasmen hast – welcher speziell soll mit dem deines Partners übereinstimmen? Ist es die Sache überhaupt wert?

– Die Routine ist das Ende der Leidenschaft. Wir müssen kreativ sein. Dabei geht es nicht um akrobatische Stellungen, außer wenn ihr Lust darauf habt natürlich, sondern darum, nicht immer das Gleiche zu tun, immer am Samstagabend, immer den gleichen Schritten folgend und immer mit den gleichen Worten.

– Sprich mit deinem Partner über Sex. Das ist absolut unerlässlich (wir beschäftigen uns noch mit diesem Thema).

Toleranz ist wichtig: Akzeptiere die Unterschiede, seine genauso wie deine! Das gilt nicht nur beim Sex. Ein positives Zusammenleben erfordert viel Flexibilität. Wenn deine Bedürfnisse nicht dem Durchschnitt entsprechen, was soll's? Solange du glücklich und befriedigt bist und solange du dich selbst und den, mit dem du deinen Körper teilst, respektierst: weiter so!

– Wenn du Zweifel hast oder wenn dir etwas ernste Sorgen macht, wende dich an einen Sexualtherapeuten. Sie sind nicht nur für Probleme da, sondern auch dafür, dass sie dir bei deinen Vorstellungen weiterhelfen.

– Du darfst deine sexuelle Erfüllung nicht von anderen abhängig machen. Passivität ist dein größter Feind. Wenn wir guten Sex in Gang bringen wollen, müssen wir aktiv sein: fordern, teilnehmen, machen, ausprobieren. Sei keine Gummipuppe – tu was dir gefällt!

Wenn du nicht redest, wie soll er dich dann verstehen?

Du bist nicht so wie alle anderen Frauen. So wie er kein Abziehbild der Männer ist, die du gekannt hast. Natürlich auch nicht im Bett. Vielleicht hast du Beziehungen mit vielen Männern gehabt und verstehst viel von Sex, doch der, mit dem du jetzt zusammen bist, ist einzigartig.

Stell dir vor, du möchtest alles an ihm neu entdecken (und zwar nicht nur am Anfang, sondern immer). So ist es natürlich auch umgekehrt: Zwischen uns Frauen gibt es riesige Unterschiede. Er hat, selbst wenn er sich so gut auskennt wie Luis, noch viel über dich zu lernen. Und weil er wahrscheinlich keine Kristallkugel hat, die ihm deine Geheimnisse verrät, bleibt dir nichts anderes übrig, als ihn aufzuklären.

Und wie wird das am besten gemacht? Ganz einfach, ihr müsst miteinander reden. Und damit es klar ist: Geräusche wie »mmmh«, »ah«, »uuh«, »oooh«, »jaaa« und ähnliche sind nicht »reden«.

Das erinnert mich daran, wie ich und zwei Freundinnen (Z. war natürlich auch dabei) uns gegenseitig die Laute vormachten, mit denen wir unserem Partner signalisieren: So ist es gut, mach weiter, so nicht, anders war es besser, und feststellten, dass zum Teil genau die gleichen Laute unterschiedliche Signale sein sollten. Stell dir vor, dein Kerl hat den Kopf zwischen deinen Schenkeln begraben. Du stöhnst: »Aaaah.« Aaaah? Was heißt das? Er hört auch noch schlecht, weil seine Ohren zwischen deinen Beinen stecken, und denkt verunsichert: »Vielleicht gefällt es ihr nicht. Vielleicht bin ich zu grob. Oder klang die Tonlage nach Wohlgefühl?« Er schärft seine Sinne, während er versucht, bei der Sache zu bleiben. Dann du wieder: »Jaaa, mmmh, nein.« Was soll der arme Kerl nur denken? Soll er bei der Sache bleiben oder nicht?

So sehr ihr euch auch liebt, dein Partner kann nicht deine Gedanken lesen und du nicht seine, es ist also unumgänglich, dass ihr eure Gedanken in Worte fasst. Natürlich. Sehr natürlich, aber es in die Tat umzusetzen, ist manchmal schwierig, nicht wahr? Wie oft wolltest du schon eine bestimmte Sache und hast dich nicht getraut, ihn darum zu bitten? Und was hast du davon, dass du geschwiegen hast? Du bist auf deiner Lust sitzen geblieben. Wäre es da nicht besser gewesen, es ihm zu sagen?

Das erste Mal wird es dir vielleicht furchtbar schwer fallen, doch mit der Zeit wird es immer leichter. Du merkst nämlich schnell, dass sich das Wagnis auszahlt: Du bekommst, was du willst (oder verstehst, warum du es nicht bekommst).

Einige Tipps, wie ihr darüber reden könnt:
- Wähle den richtigen Moment. Fange diese Art des Gesprächs nicht an, wenn ihr müde seid, euch streitet oder wenn es Spannungen zwischen euch gibt. Falls er in einem solchen Moment damit anfängt, bitte ihn, das Gespräch zu verschieben. Eure Offenheit und euer Einfühlungsvermögen ist in solcher Zeit sehr klein, eure Empfindlichkeit dagegen sehr groß. Ihr solltet euch auch Zeit für das Gespräch nehmen, damit ihr nicht mittendrin aufhören müsst.

Manche Sexualforscher empfehlen, nach dem Sex darüber zu reden. Wie war es? Was hat euch gefallen? Was könnte besser sein? Was könnt ihr beim nächsten Mal ausprobieren? Andere halten diesen Zeitpunkt nicht für günstig, da ihr die Zeit braucht, um euch zu entspannen, und manche das Gespräch auch als Bewertung auffassen könnten, was Leistungsdruck erzeugen könnte. Wieder andere schlagen vor, ein wöchentliches Gespräch zum Thema Sex zu führen. Es ist allein eure Sache.

Liebe in Zeiten von AIDS

Bei einer neuen Beziehung müsst ihr miteinander reden, bevor ihr das erste Mal Sex miteinander habt. Es hört sich zwar schrecklich an, aber du solltest ihn aushorchen wie einen potenziellen Blutspender. Es geht hier um deine Gesundheit, und es ist ganz natürlich, dass du dich schützen willst. Auch wenn er dir schwört, dass bei ihm alles in Ordnung sei, müsst ihr Kondome benutzen. Untersuchungen belegen, dass gerade die Männer oder Frauen, die unter ansteckenden Geschlechtskrankheiten leiden, aus Scham oder anderen Gründen ihrem neuen Partner nichts davon erzählen und, schlimmer noch, keine Vorkehrungen treffen. Daher: am Anfang immer Safer Sex. Und lass dich nicht von einem Mann umstimmen, der behauptet, er fühle dadurch weniger oder Ähnliches. Selbst wenn er schwört, gerade einen Test gemacht zu haben – lass dich nicht darauf ein. Außerdem:

– Einige spermizide Gels enthalten zwar Nonoxinol-9, eine chemische Substanz, die eine gewisse Wirksamkeit gegen bestimmte Krankheitserreger aufweist; trotzdem: Darauf kannst du dich nicht verlassen. Immer mit Kondom!

– Du darfst auch nicht zulassen, dass er sich das Kondom erst kurz vor der Ejakulation überzieht, das Kondom nur über die Eichel zieht oder »bloß« den Koitus interruptus praktiziert (den Penis kurz vor der Ejakulation herauszieht). All diese Praktiken sind unsicher, sowohl was die Empfängnisverhütung angeht als auch den Schutz vor Krankheiten. Schon vor der Ejakulation wird eine Flüssigkeit ausgeschieden, die Spermien enthalten kann. AIDS wird nicht nur durch Sperma übertragen: Die Vaginalflüssigkeit und Blut (ihr könnt beide unbemerkte Wunden haben) sind zwei Hauptträger der Viren.

– Über Sex zu reden bedeutet, in die Intimsphäre einzudringen, was uns extrem verwundbar macht. Vergiss nicht, wie leicht man dabei den anderen verletzen kann oder selbst verletzt wird. Daher zwei Dinge, erstens: Versetze dich in seine Lage. Denke darüber nach, was du ihm sagen willst und wie du in seiner Situation empfinden würdest, vor allem, wenn es um Negatives geht! Du darfst ihn nicht verurteilen, weise ihm nicht die Schuld zu, sondern suche immer nach einer positiven Form, ihm zu erklären, was du fühlst. Ich gehe gleich näher darauf ein. Zweitens: Reagiere auf seine Forderungen oder Kommentare nicht aus dem Bauch heraus und fühle dich nicht zurückgewiesen, wenn er einem deiner Wünsche nicht nachkommen möchte. Versuche ihn zu verstehen und lasse deine Unsicherheit nicht zwischen euch kommen.

Manchmal reagieren wir wütend und aggressiv, wenn wir verletzt sind. Denk daran, wenn du seine und deine Reaktionen verstehen willst. Kehren wir zurück zu Julia. Kurz nachdem sie ihn das erste Mal manuell befriedigt hatte, sagte er, dass er am liebsten ganz sanft stimuliert wird. Julia begriff: Daher hatte er sie gebeten, dass sie ihn seinen Penis selbst stimulieren lässt, während sie dabei seinen Körper liebkosen sollte. Obwohl Luis seine Worte sehr vorsichtig gewählt und ihr keinen Vorwurf gemacht hatte, war Julia irritiert und suchte nur nach einem Vorwand, sich über ihn zu ärgern. In Wirklichkeit war sie nicht wütend auf Luis, sondern auf sich selbst, denn sie fühlte sich dumm und schämte sich dafür, dass sie nicht gewusst hatte, wie sie ihn masturbieren sollte. Dabei hätte sie einfach seine Erklärung respektieren und verstehen sollen, dass er nicht so funktionierte wie die anderen Männer, mit denen sie zusammen gewesen war und deren Vorlieben sie kannte.

– Wie soll ich es ihm sagen? Das *Wie* ist genauso wichtig wie das *Was*. Das heißt, bevor du den Mund aufmachst, solltest du dir überlegt haben, wie du deine Gedanken, Gefühle, Klagen oder Forderungen am besten ausdrückst. Die Therapeuten geben dazu folgende Ratschläge:

(1) Sprich darüber, was du fühlst oder brauchst (ich mag, mir gefällt, ich hätte gern, mich erregt …), nicht was er (schlecht)
macht oder nicht macht. In anderen Worten: »Ich mag, wenn
du mich küsst«, oder sogar: »Ich vermisse deine Küsse«, statt
zu klagen: »Du küsst mich nie.« »Mir gefällt es, wenn du
mich sanft streichelst«, statt: »Du bist brutal und tust mir immer weh.« Statt: »Dir geht's nur um dich«, weniger aggressiv:
»Ich hätte gern, dass wir uns mehr Zeit nehmen.« Wenn sich
deine Sätze direkt auf ihn beziehen (»du bist nicht mehr zärtlich«, »du weißt nicht, wie du mich anfassen musst«, »du
hörst immer gleich wieder auf«) läufst du Gefahr, dass er in
die Defensive gerät oder direkt zum Gegenangriff übergeht.
Davon habt ihr beide nichts.

(2) Kehre das Negative ins Positive um. Die vorigen Beispiele
haben gezeigt, wie es geht. Damit bist du nicht scheinheilig,
sondern nimmst Rücksicht auf seine Gefühle. Die meisten
Männer wollen ihre Partnerinnen befriedigen; wenn sie es
nicht tun, dann, weil sie nicht wissen wie. Wenn er dich nicht
richtig stimuliert oder immer alles innerhalb weniger Minuten erledigt ist, zeig ihm, wie du es lieber hättest.

Ich vergöttere ihn, aber im Bett ist er eine Katastrophe

Sag ihm das niemals! Du musst mit Fingerspitzengefühl vorgehen. Erkläre
ihm, eins nach dem anderen, was du willst (wo und wie, innerhalb welcher
Zeit; dass er dich küssen soll, streicheln, stimulieren), und wenn ihr zusammen im Bett seid, ermuntere ihn mit Kommentaren und lustvollem
Stöhnen (ja, trotz allem hilft es). Wenn er an sich glaubt, wächst er über
sich selbst hinaus. Außerdem: Mache Vorschläge, experimentiere, überrasche ihn, geh mit gutem Beispiel voran, und er wird von dir lernen. Ein
letzter Rat: Gib ihm dieses Buch. Auch wenn er der beste Liebhaber der
Welt ist: Er kann sein Talent noch verfeinern.

- Drück dich klar und deutlich aus. Wenn es dich stört, dass er während des Eisprungs tief in dich eindringt oder du nach einer alkoholreichen Nacht besonders lange brauchst, um zu kommen, mache ihm das klar. Wenn du einfach nur sagst: »Es tut mir weh«, oder: »Ich habe keine Lust«, ohne genauer zu werden, bringt es nichts: Er weiß weder, was dein Problem ist, noch, wie er es lösen kann. Auch unspezifisches Klagen – »es ist nicht mehr so, wie es früher mal war« – führt zu nichts. Du musst dich ihm erklären oder wenigstens deine Vermutungen oder Vorschläge unterbreiten.
- Gib ihm Wahlmöglichkeiten. Wann immer möglich, mach Lösungsvorschläge. Beispiele: (a) »Wie wär's, wenn wir es während des Eisprungs in der Löffelposition machen oder, statt miteinander zu schlafen, lieber Petting oder Oralsex machen?« (b) »Wenn ich zu viel getrunken habe, komme ich nur schwer und lasse es lieber sein, aber es stört mich nicht, dass du dich masturbierst; wenn du mich lässt (schelmisches Gesicht), mache ich es dir.« Problem gelöst!
- Nicht mehrere Probleme auf einmal lösen wollen. Du würdest ihn überfordern. Erkläre ihm deine Bedürfnisse, eins nach dem anderen.
- Beginne das Gespräch, indem du betonst, wie sehr du ihn magst, oder ihn lobst.
- Versuche lautes Zetern, Beleidigungen und Drohungen der Art: »Wenn das nicht anders wird, kommen wir nicht weiter« zu vermeiden.
- Sex ist Verhandlungssache: Schließt Kompromisse oder eine Übereinkunft, wenn es sein muss. Keiner darf sich ausgenutzt fühlen oder das Gefühl haben, er kommt immer zu kurz. Auch hier ist Fairness gefragt.
- Was nützen Gespräche, die sich stundenlang im Kreis drehen, weil ihr euch gegenseitig missversteht? Um das zu vermeiden, bitte ihn zu wiederholen, was du gesagt hast, und drücke du in deinen Worten aus, was er dir gesagt hat. So könnt ihr euch versi-

chern, dass ihr euch richtig verstanden habt oder könnt die Missverständnisse aufklären. Wenn du mehr zum Thema Kommunikation wissen willst, nicht nur in Bezug auf Sexualität, empfehle ich das Buch *Freundschaft, Liebe, Sympathie. Soziale Kompetenz im Alltag* von Raimon Gaja, das für alle Paare, die unter einem Dach leben, Pflichtlektüre sein sollte. Außerdem ist empfehlenswert: *Das hab' ich nicht gesagt: Kommunikationsprobleme im Alltag* von Deborah Tannen.

Benutze deine Hände und seine auch

(Mein Wunschtraum: Eines Tages haben wir ein anderes Bild des weiblichen Geschlechts. Wir denken nicht nur an Vulva und Vagina, sondern auch an unsere Hände, damit sie endlich die Stelle in unserem Sexualleben einnehmen, die sie verdienen.)

Wie oft pro Woche?

Warum interessiert es so viele Leute, ob die Häufigkeit ihrer sexuellen Begegnungen über dem Durchschnitt liegt oder nicht? Was bringt es dir zu wissen, dass die US-Amerikaner und die Russen es öfter tun als die Spanier und die Deutschen? Ehrlich gesagt, ich finde es lächerlich. Für mich gibt es keinen Zweifel: lieber Qualität als Quantität.*

Da diese Frage aber unendliche Konflikte aufzuwerfen scheint, wenden wir uns der Praxis zu. Typischer Fall: Er will immer, sein Drängen nimmt ihr die Lust. Wie brecht ihr aus diesem Teufelskreis aus? Indem ihr darüber redet. Ihr solltet euch sagen, was ihr bei diesem Thema empfindet, was ihr braucht, um glücklich zu sein und warum. Vielleicht stellt ihr fest, dass er sich jedesmal von dir abgewiesen fühlt, was sein Bedürfnis nach Bestätigung nur weiter vergrößert. Oder dass du auch Lust hättest, öfter Sex zu haben, wenn es nicht immer das Gleiche wäre. Oder du bist zu erschöpft – wenn er ein bisschen mehr im Haushalt helfen würde, hättest du mehr Muße und mehr Lust. Oder eure Beziehung ist im Moment in einer Krise und ihr müsst einander mehr Zeit widmen. Oder ihr findet, dass ihr beide gerne einen Therapeuten fragen würdet, der euch hilft, eure Differenzen zu lösen ... Auf jeden Fall ist nichts gewonnen, wenn ihr nicht darüber sprecht, während die Kluft zwischen euch immer größer wird.

* Zugegeben, auch wenn ich die ganze Hysterie kritisiere, erweckt das Thema eine gewisse Neugier. Hier kurz die Daten der »Global Survey 2000«, einer Umfrage, die jährlich von der Kondommarke Durex in 27 Ländern durchgeführt wird: Weltweit liegt der Durchschnitt bei 96-mal im Jahr.
Am häufigsten haben Amerikaner Sex (132-mal im Jahr), gefolgt von den Russen (122). Am seltensten: die Japaner (37-mal pro Jahr). Aber beachte das Detail: nur der Koitus wird gezählt, alles andere – egal wie schön und wie befriedigend – fällt raus. Es ist noch ein weiter Weg ...

Die Hände sind von unschätzbarem Wert, wenn man Spaß am Sex haben will. Für die Mehrheit der Frauen ist die einzige Art zum Orgasmus zu kommen, sich selbst manuell zu stimulieren. Trotzdem wurde das Streicheln der Geschlechtsteile immer zum Vorspiel degradiert, zu etwas Zweitrangigem. Wir müssen mit diesem Vorurteil aufräumen und akzeptieren, dass unsere Sexualität anders funktioniert als die des Mannes und dass für uns die manuelle Stimulierung genauso viel Bedeutung hat wie jede andere Sexpraxis auch. Lass nicht zu, dass sie zum Brückenzoll für den Koitus verkommt. Gegenseitiges Masturbieren gehört nicht zum nebensächlichen Vorspiel (die abstoßende Einteilung in Vor- und Hauptteil solltest du gleich aus deinem Wortschatz streichen). Während des Koitus sollst du nicht auf deine Hände verzichten, auch nicht auf seine. Mehr noch: Wenn du willst, kann die manuelle Stimulierung alles sein. (Sie ist außerdem eine besonders sichere Methode.)

Was spricht dagegen, seinen Körper zu streicheln, euch gegenseitig zu erregen und später zu masturbieren: du ihn, er dich, jeder sich selbst, aber gemeinsam?

Streicheln, um euch neu kennen zu lernen

Was ist Sex ohne Streicheln? Wie berühren wir den anderen? Wie es ihm gefällt. Woher wissen wir das? Indem wir ausprobieren, fragen, darauf achten, wie sein Körper reagiert (noch ein Hinweis: Meistens streicheln wir an den Stellen und auf die Art, wie wir selbst gestreichelt werden wollen).

Streicheln

Nicht nur deine Hände eignen sich dafür. Du hast Lippen, Nase, Brüste, Bauch, Füße, Haare, Wimpern ... Du kannst auch andere Dinge nehmen: Federn, Perlen, Pinsel, Bürsten, Fell ...

Unser ganzer Körper ist ein Spielplatz, voller empfindlicher Stellen, die auf Berührung reagieren. Unser ganzer Körper ist eine erogene Zone: von der Kopfhaut bis zu den Fußspitzen.

Sicher hast du schon mal vom Kamasutra gehört, dem hinduistischen Klassiker von der Kunst der körperlichen Liebe. Unter anderem steht darin, dass Mann und Frau, wenn sie heiraten, zwanzig Tage keinen Geschlechtsverkehr haben dürfen. Die ersten drei Nächte sollen sie auf dem Boden ihres Zimmers schlafen, jedoch getrennt. Die nächsten sieben Tage sollen sie zusammen baden, jedoch ohne sich anzufassen – so gewöhnen sie sich an den Anblick ihrer nackten Körper. Die letzten zehn Nächte dürfen sie sich berühren, aber nicht mehr. Auf diese Weise ist ihr erster Koitus nach den zwanzig Tagen viel natürlicher, weniger plötzlich und keinesfalls traumatisch.

Was für ein Unterschied, nicht wahr? Wie anders wäre unser erstes Mal verlaufen, wenn sich die Dinge auf diese Weise hätten entwickeln können. Auch Sexualtherapeuten kennen die Regeln des Kamasutra und verordnen manchen Paaren, deren Beziehung gefährdet ist, eine sensorische Rückfokussierung, das heißt Übungen, mit denen sich beide Partner von Leistungsdruck befreien und Zärtlichkeit und Lust neu für sich entdecken können.

Ursprünglich von Masters und Johnson entwickelt, beruhen diese Übungen auf der Abstinenz vom Koitus. Sie dienen als Therapie, können aber auch bei glücklichen Paaren frischen Wind ins Liebesspiel bringen.

Erster Tag: Beide Partner ziehen sich nackt aus (wenn ihr wollt, könnt ihr vorher duschen). Die Frau legt sich auf den Bauch und der Mann streichelt sie vom Kopf bis zu den Fußspitzen, so sanft wie möglich. Er soll sich besonders den Stellen widmen, die er sonst außer Acht lässt. Zum Beispiel den Kniekehlen oder den Armbeugen. Die Geschlechtsteile sind bei der ersten Übung tabu. Er sollte sich darauf konzentrieren, was er spürt, wenn er dich anfasst; gib du dich ganz und gar den Empfindungen auf deiner Haut hin. Mach ihm klar, wenn du willst, dass er dich sanfter oder weniger sanft, schneller oder weniger schnell anfasst, wo es dir mehr gefällt und wo weniger. Aber sprecht dabei nur das Nötigste. Nach einiger Zeit kannst du dich auf den Rücken drehen, nun soll er deine Vorderseite streicheln, von oben bis unten, ohne die Brüste. Wenn ihr damit fertig seid, nach mindestens einer Viertelstunde, ist er dran. Jetzt ist er derjenige, der Zärtlichkeit empfängt, und du gibst sie, während ihr euch beide ganz auf euer Tun konzentriert. Nachdem ihr beide fertig seid, ist jeglicher weiterer Kontakt verboten. Wenn einer von euch so erregt ist, dass es wehtut, kann er masturbieren, aber allein.

Zweiter Tag: Heute dürft ihr Geschlecht und Brüste mit einbeziehen, doch ohne ihnen mehr Aufmerksamkeit zu widmen als einer Hand, einer Schulter oder irgendeinem anderen Teil eures Körpers. Es geht nicht darum, euch zum Orgasmus zu bringen, sondern darum, euch angenehme Empfindungen zu verschaffen. Wie gehabt, ungefähr fünfzehn Minuten du, dann fünfzehn Minuten er, danach ist es vorbei. Egal wie erregt ihr seid, ihr müsst euch zügeln. Falls die Frustration zu groß ist, könnt ihr immer noch masturbieren, aber allein.

Dritter Tag: Massiert den ganzen Körper, nur dass es euch diesmal freisteht, einander zum Orgasmus zu bringen, egal in welcher Form. Ihr könnt euch manuell stimulieren, mit dem Mund oder auch miteinander schlafen.

Es ist wichtig, dass ihr nachher miteinander darüber sprecht, was ihr empfunden habt. Ihr könnt die Übungen an eure Bedürfnisse anpassen: Vielleicht möchtet ihr der ersten und zweiten Übung mehr Tage widmen oder euch in der dritten Phase nur manuell oder oral befriedigen. Ihr könnt sogar den Koitus für eine Weile ganz aus dem Spiel lassen, um euch die Chance zu geben, euch ungestört mit anderen Sexualpraktiken zu beschäftigen. Es ist alles Verhandlungssache.

Massageclub zu Hause

Massagen sind nicht nur dafür da sich zu entspannen oder Schmerzen zu lösen, sondern auch, um den eigenen Körper lustvoll zu erfahren. Zu wenige Menschen schöpfen die Möglichkeiten innerhalb des Liebesspiels aus. Seien wir ehrlich, bei erotischer Massage denken wir sofort an Massageclubs, wo handwerklich geschickte Damen den Hunger der Herren stillen. Aber – warum nicht auch zu Hause? Er zieht sich nackt aus (inklusive Uhr und Schmuck), legt sich auf den Bauch, schließt die Augen und entspannt sich. Jetzt gehört er dir. Später oder ein anderes Mal wird er dich verwöhnen. Du musst nur auf ein paar Dinge achten:

- Telefone und Handys ausschalten; angenehme Raumtemperatur ohne Luftzug; ein Handtuch unter deinem Partner, um Flecken zu vermeiden; Öl, Creme oder Lotion für die Massage.
- Nachdem du angefangen hast, achte darauf, dass eine Hand immer in Kontakt mit seinem Körper ist. Wenn du aus irgendeinem Grund beide Hände brauchst, nimm den Unterarm oder das Bein, damit der Energiefluss zwischen euch nicht unterbrochen wird.
- Bewege deine Hände nie sprunghaft von einem Körperteil zum anderen. Die Massage soll fließend sein: zum Beispiel von den Füßen zu den Waden, von dort über die Schenkel hinauf bis zum Kopf.
- Probiere verschiedene Techniken und Druckstärken aus, achte darauf,

wie er reagiert, je nachdem, an welcher Stelle du bist, und frage ihn, was ihm am besten gefällt.
– Ansonsten herrscht Schweigegebot.

Lektüre: *Erotic Massage. The Tantric Touch of Love* von Dr. Kenneth Ray Stubbs, *Die Kunst der zärtlichen Massage* von Gordon Inkeles u. a.

Petting

Streicheln sollte ein fester Teil im Repertoire beim Liebesspiel sein. Untersuchungen belegen, wie glücklich die Paare sind, die Petting praktizieren. Vielleicht wusstest du gar nicht, wie sehr auch Männer es genießen, masturbiert zu werden – ohne dass sie etwas tun müssen, ohne Leistungsdruck – und wie schwer es ihnen fällt, das zuzugeben, denn von ihnen wird doch der Koitus erwartet. Und was dich betrifft, du weißt wahrscheinlich, wie wichtig es für dich ist, manuell stimuliert zu werden. Warum darauf verzichten? Denk immer daran: Die meisten Männer wollen nichts mehr, als ihre Frauen befriedigen. Wenn es ihnen nicht gelingt, dann weil sie es nicht besser wissen. Du musst es deinem Partner beibringen.

Was er über sie wissen muss
(gib ihm folgenden Abschnitt zu lesen)

– Du solltest die Anatomie des weiblichen Geschlechts kennen. Was du darüber wissen musst, kannst du in Kapitel 3 nachlesen.
– Bitte sie in deiner Gegenwart zu masturbieren, denn keiner kennt ihre Vorlieben besser als sie selbst. Wenn es ihr peinlich ist, solltest du aber nicht darauf bestehen. Vielleicht ist es ihr wichtig, dass dieser Bereich der Sexualität zu ihrer Intimsphäre gehört, was du respektieren solltest.

– Habe keine Angst, etwas Neues auszuprobieren. Frage sie, ob es ihr gefällt und was ihr verbessern könnt. Achte auf die Reaktionen ihres Körpers. Typischer Fall: Du streichelst ihren Venushügel und sie hebt die Hüften an, um intensiveren Kontakt zu deiner Hand zu suchen. Das bedeutet: »Ich will mehr.« Oder: Deine Finger liebkosen ihre Klitoris und sie bewegt sich so, dass sie wegrutschen. Verstehst du, was sie meint? Sie versucht, deine Hand dorthin zu manövrieren, wo sie sie haben will, an eine andere Stelle.

– Einige Stellungen: Sie liegt auf dem Rücken und du sitzt zwischen ihren Beinen; sie liegt auf dem Bauch, den Hintern erhoben, du sitzt neben ihr oder zwischen ihren Beinen; sie liegt mit dem Rücken an der Bettkante, du sitzt auf dem Boden; du sitzt gegen die Wand gelehnt, sie sitzt zwischen deinen Beinen mit dem Rücken zu dir. Manche Frauen befriedigen sich selbst, indem sie auf dem Bauch liegen und sich an einem Kissen reiben. Während deine Partnerin das tut, kannst du ihr dabei den Po streicheln, die Schenkel, die Vagina, das Perineum, den Anus.

Fall nicht mit der Tür ins Haus. Die meisten Frauen mögen nicht, wenn du direkt auf ihre Geschlechtsteile losgehst (das fühlt sich für uns an wie eine Attacke). Im Allgemeinen ziehen wir zunächst Verführung, Necken, Küsse, Liebkosungen anderer Körperteile vor, bis wir in der Stimmung sind. Ein Beispiel, wie du vorgehen kannst: Streichle die Innenseiten ihrer Schenkel und nähere dich ihrem Geschlecht ganz langsam. Liebkose ihren Venushügel und arbeite dich behutsam durch das Schamhaar nach unten, streichele ihre Schamlippen, doch spreize sie vorerst noch nicht. Während du sie streichelst, kannst du andere Teile ihres Körpers küssen und liebkosen. Lass ihr Zeit. Erst wenn du ihr Verlangen spürst, kannst du weitergehen. Lass deine Finger ganz langsam in die Spalte gleiten – sie sollte dich regelrecht darum anflehen – und achte genau auf ihre Reaktion. Ist sie feucht? Sind die Schammlippen angeschwollen? Spreize ganz langsam ihre Beine, nur ein wenig, dann ...

– Die Klitoris. Daran scheitern viele. Zu eurer Entschuldigung: Ihr habt keine Ahnung, was wir fühlen (ebenso wie wir keinen Schimmer haben, was ihr fühlt, wenn wir euch anfassen), und dazu kommt, dass wir es euch auch meistens nicht erklären. Im Allgemeinen mögen es die meisten Frauen nicht, wenn der Kitzler direkt stimuliert wird, besser ist es, die Vorhaut der Klitoris zu streicheln, mit kreisenden Bewegungen, oder die Zone seitlich oder sogar darunter an der Stelle, wo die inneren Schamlippen zusammenwachsen. Da es aber keine zwei Frauen gibt, die sich auf die gleiche Weise selbst befriedigen, ist, was für die eine gilt, für die andere vielleicht genau das Falsche, also ist es am besten, sie zu fragen und/oder es auszuprobieren (vielleicht weiß sie ja selbst noch nicht, wie sie es am liebsten hat).

– Wenn sie die direkte Stimulation des Kitzlers bevorzugt, schiebe ihre Vorhaut zurück oder bitte sie es zu tun.

Verschiedene Berührungen. Die folgenden Techniken sind bei Frauen beliebt (immer Gleitmittel verwenden. Gleitmittel wird, wenn es kalt ist, auf der Hand verrieben oder direkt auf die Geschlechtsteile gerieben.):

– Mit beiden Händen. Lass eine Hand mit lockeren Fingern von den Schamlippen bis zum Venushügel gleiten, die zweite Hand folgt der ersten. Wiederhole die Bewegung mehrere Male.

– Lass deinen Zeigefinger zwischen die inneren Schamlippen gleiten, ohne Druck, die Sanftheit der Berührung ist dabei das Aufregende. Oder nimm die Schamlippen unter sanftem Druck zwischen Daumen und Zeigefinger, die du auf und ab gleiten lässt. Sei sanft!

– Massiere mit leicht gespreizten Fingern den Bereich um die Klitoris, probiere langsame Bewegungen aus und schnelle, mit denen du den Kitzler zum Vibrieren bringst. Je nach Stellung kannst du dabei mit der Handfläche auf den Venushügel drücken.

– Nimm den Kitzler zwischen Mittel- und Zeigefinger oder Daumen und Zeigefinger und bewege die Finger auf und ab.

- Lass die Fingerkuppe des Mittelfingers langsam ihre inneren Schamlippen hinaufgleiten (wenn du willst, beim Scheideneingang beginnend) und stimuliere den Kitzler (mit vertikalen, seitlichen oder kreisenden Bewegungen). Manchmal geht es mit zwei Fingern besser, dann nimm den Zeigefinger dazu. Du kannst dabei mit der anderen Hand ihre äußeren Schamlippen spreizen und den Venushügel reiben.
- Natürlich hast du auch deine eigenen Techniken.
- Beginne immer sanft. Es ist besser, mit zu wenig als mit zu viel anzufangen, denn der Kitzler ist sehr sensibel und leicht überreizt. Später kannst du immer noch schneller/fester werden. Probiere und frage.
- Wichtig: Halte den Rhythmus. Du musst einen konstanten Rhythmus einhalten. Auch die Art der Berührung (kreisen, drücken, reiben) sollte gleich bleiben. Probiere nicht alles auf einmal aus.
- Während die eine Hand mit ihrem Geschlecht spielt, kannst du mit der anderen ihren Körper streicheln oder ihre Hand nehmen; oder sie küssen: auf den Mund, den Hals, die Schultern, die Brüste . . .
- Auch die anderen Zonen ihres Geschlechts verdienen Aufmerksamkeit. Dabei solltest du jedoch nicht zum Beispiel plötzlich die Klitoris loslassen und zur Vagina springen, damit könnte ihre Erregung absacken. Stattdessen beschreibe mit dem Finger immer größer werdende Kreise, die schließlich sowohl die Schamlippen als auch die Klitoris umschließen.
- Du kannst auch mit einer Hand den Kitzler streicheln und mit der anderen die Vagina. Kreise zunächst mit dem Finger um den Scheideneingang; sie muss feucht und geschwollen sein, bevor du den Finger hineinsteckst. Wenn du den G-Punkt stimulieren willst, findest du auf den Seiten 91–94 einige Hinweise dazu. Du kannst statt deiner Finger auch einen anderen Gegenstand benutzen, zum Beispiel ein Sexspielzeug (siehe S. 126–128). Deine Finger sind jedoch sensibler und gelenkiger.

- Wenn du Perineum und Anus streicheln willst, beschreibe kreisende Bewegungen um den Anus oder massiere das Perineum mit sanftem Druck. Willst du mit den Fingern oder einem anderen Gegenstand in den Anus eindringen, lies dazu den Abschnitt, in dem wir uns mit Analsex beschäftigen.

- Absolut wichtig: Kurz vor dem Orgasmus – ihr Körper spannt sich an, die Klitoris zieht sich zurück (versuche in diesem Fall nicht, sie direkt zu berühren) – darfst du auf keinen Fall den Rhythmus verändern oder mit der Stimulierung innehalten, außer wenn sie dich darum bittet. Frauen brauchen durchgängige Stimulation, um zu kommen, und zwar über den Höhepunkt hinaus, denn sonst kann die Erregung in sich zusammenfallen.

- Vergiss nicht, dass sie vielleicht in der Lage ist, multiple Orgasmen zu haben. Vielleicht möchte sie nach ihrem Höhepunkt weiter stimuliert werden. Drei Fragen gilt es dabei zu beachten: Manche Frauen brauchen für 10 bis 15 Sekunden eine Pause; die gleiche Stelle ist vielleicht überreizt, also suche eine andere Stelle; die Kombination von G-Punkt und Klitoris ist in vielen Fällen Erfolg versprechend. Wie immer gilt: Jede Frau ist anders. Am besten wäre es, wenn sie dir Anweisungen gibt. Die Suche nach dem G-Punkt und das Erreichen von multiplen Orgasmen darf sich nie in Leistungsdruck verkehren.

- Wenn sie nicht richtig feucht ist, läufst du Gefahr, ihr wehzutun. Benutze ein gutes Gleitmittel (es gibt sie in Apotheken, Drogerien und Sexshops). Trage es direkt auf ihre Geschlechtsteile oder auf deine Hand oder den Finger, mit dem du sie berührst, auf.

- Hygiene ist ein absolutes Muss. Saubere Hände (falls du nicht an Wasser und Seife kommst, nimmt ein feuchtes Tuch oder notfalls Spucke) und kurze, gefeilte, saubere Fingernägel, besonders wenn du Vagina oder Anus penetrierst, sind unnabdingbar.

Rote Lippen sollst du küssen

Der Kuss ist auch eines der Vergnügen, die auf den zweiten Rang verwiesen wurden. Uns Frauen führt er mit am schnellsten zur Erregung. Verzichte nicht aufs Küssen. Erkläre ihm, wie wichtig es dir ist, wie er dich küssen soll, und sei ihm ein Beispiel.

Küssen, saugen, nagen, knabbern, beißen, nippen, lutschen, spielen, züngeln . . . Nicht nur die Zunge, auch die Lippen sind Werkzeuge der Lust. Lektüre: *The Art of Kissing* von William Cane.

Was du über ihn wissen musst

– Schau dir noch einmal die Anatomie des männlichen Geschlechts an (S. 99). Die empfindlichste Stelle des Penis ist die Eichel. Vor allem Eichelkranz und Frenulum sind behutsam zu behandeln.

– Lerne von ihm. Lass ihn vor dir masturbieren, oder bitte ihn, wenn du ihn masturbierst, seine Hände über deine zu legen, um dich zu führen.

– Experimentiere mit seinem Körper, nicht nur mit seinem Penis. Mag er, was du mit ihm machst? Frage ihn und achte auf die Reaktionen seines Körpers.

– Die beste Stellung: Er liegt auf dem Rücken, du liegst neben ihm oder kniest zwischen seinen Beinen. Wenn du ihm ein oder mehrere Kissen unter den Po schiebst, kann er besser zusehen. Manche Männer masturbieren auf dem Bauch liegend, indem sie sich an einem Kissen reiben. Wenn das bei deinem Partner der Fall ist, kannst du dabei seine Hoden, das Perineum und den Anus streicheln oder lecken, wenn es ihm gefällt.

– Geh nicht direkt auf seinen Penis los. Auch er mag das oft nicht. Spiele mit anderen Teilen seines Körpers: Hals, Brust, Unterbauch, Innenseite der Schenkel, Leisten . . .

– Probiere verschiedene Arten der Berührung aus. Hab keine Angst, sein Penis ist nicht so zerbrechlich, wie wir manchmal glauben. Es gibt verschiedene Techniken, ihn zu stimulieren, manche davon brauchen einige Übung. Am besten verwendest du ein Gleitmittel; für manche Techniken ist es sogar notwendig.

– Lass eine Hand vom Perineum bis zur Eichel gleiten. Die andere Hand soll in kurzem Abstand folgen. Wiederhole die Bewegung mehrere Male.

– Spiele mit seinem Hodensack. Nimm ihn in die Hand, streichle ihn, kitzle ihn. Manchen Männern bereitet es große Lust, wenn du die Hoden sanft knetest (stell dir vor, du formst Frikadellen), schaukelst und/oder vorsichtig drückst, vor allem wenn sie kurz vor dem Orgasmus sind und während der Ejakulation.

– Techniken beim schlaffen Penis: Mit einer Hand umfasst du den Schaft (du kannst die Handfläche auf den Schamhügel auflegen), ohne sie zu bewegen. Die andere spielt mit seiner Eichel. Lege die Fingerspitzen auf den Eichelkranz (als ob du eine Zitrone auspresst) und bewege sie sanft kreisend hin und her *(Abb. 1, S. 154)* oder nimm dazu nur Zeige- und Mittelfinger; oder liebkose ganz unschuldig das Frenulum.

– Wenn du ihn mit einer Hand masturbierst, indem du sie auf und ab gleiten lässt, benutze die andere, um sein Glied an der Wurzel zu halten – den meisten gefällt es und du hast bessere Kontrolle über deine Bewegung. Drücke etwas kräftiger zu und rotiere ein wenig, wenn du an die Eichel kommst. Aber sei sanft! Du solltest den Penis nicht erwürgen.

– Lege den Daumen auf die Eichel, während du den Schaft mit der Hand umschließt, und mache kreisende Bewegungen *(Abb. 2, S. 154)*; oder nimm die zweite Hand dazu *(Abb. 3, S. 154)*.

– Verschränke beide Hände und nimm seinen Penis dazwischen. Dann bewege die Hände auf und ab; wenn du willst, kannst du sie dabei rhythmisch zusammenpressen oder Halbkreisbewegungen machen.

– Rechte Hand an die Peniswurzel, linke Hand an den Schaft. Du lässt die rechte nach oben bis zur Eichel gleiten, unter der linken durch, die du wiederum an den Schaft nimmst. Bei dieser Technik

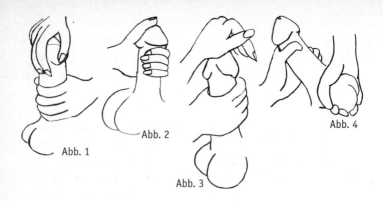

Abb. 1 Abb. 2 Abb. 3 Abb. 4

solltest du Gleitmittel verwenden, sie bedarf außerdem etwas Übung, also keine Sorge, wenn es beim ersten Mal nicht klappt. Hauptsache, es gefällt ihm, wie du ihn anfasst.

- Eine Hand am Schaft, die andere am Hodensack (umschließe ihn mit Daumen und Zeigefinger). Beide Hände bewegen sich rhythmisch auf und nieder, in entgegengesetzter Richtung oder parallel zueinander. Sanfter oder stärkerer Druck, je nachdem, wie es ihm gefällt (Abb. 4).
- Umfasse seinen erigierten Penis mit beiden Händen (zum Beispiel die rechte an der Wurzel, die linke am oberen Teil). Bewege die Hände auf und ab und lasse sie dabei in entgegengesetzte Richtungen rotieren, beim Hinaufgleiten in die eine Richtung (zum Beispiel linke Hand nach links, rechte nach rechts), beim Hinabgleiten in die andere (linke Hand nach rechts, rechte nach links). Gehe dabei sanft vor.
- Nimm den Penis zwischen die Handflächen deiner ausgestreckten Hände. Bewege sie auf und ab, mit einer Bewegung, als wolltest du dir die Hände reiben.
- Manche Männer mögen leichte Schläge auf die Eichel oder den ganzen Penis. Frag ihn.
- Masturbiere ihn mit deinen Brüsten. Dazu brauchst du keinen Riesenbusen, du kannst deine Brüste mit den Händen zusammen-

drücken. Leichter wird es, wenn er sich dabei auf dich setzt (aber nicht mit dem ganzen Gewicht) und den Penis zwischen deine Brüste legt. Oder versuche es mal mit den Schenkeln.

– Lasse deiner Fantasie freien Lauf: Nimm etwas Gleitcreme zwischen die Hände und folge deinem Instinkt.

– Der richtige Rhythmus? Nicht zu sanft und nicht zu heftig. Steigere den Rhythmus allmählich und achte dabei darauf, wie es ihm am besten gefällt. Wenn du mit ihm spielen willst, verlangsame den Rhythmus, wenn er kurz vor dem Orgasmus ist. Auf jeden Fall ist es am besten, ihn zu fragen, was er gerne hat.

– Sexspielzeuge. Tatsächlich fürchten sich Männer im Allgemeinen ein wenig davor, aus Angst, mit der Härte oder Stärke des Dildos o. Ä. nicht mithalten zu können, und weil sie befürchten, dass wir ihren Penis nicht mehr mögen, doch wenn sie ihre Vorurteile erst einmal überwunden haben, haben sie viel Spaß daran. Halte einen Vibrator an seinen Hodensack, an den Schamhügel, das Perineum, den Schaft ... Zunächst mit der niedrigsten Stärke, nach und nach heftiger. Achte auf seine Reaktionen.

– Um sein Perineum zu stimulieren, benutze die Fingerkuppe deines Daumens, Zeige- oder Mittelfingers. Mach kreisende Bewegungen, seitliche oder vor und zurück. Du kannst auch die Fingerknöchel benutzen.

– Du kannst seinen P-Punkt von außen erreichen, indem du auf die Kuhle zwischen der Peniswurzel und dem Anus drückst. Wenn du ihn rektal stimulieren willst, findest du Anweisungen auf den folgenden Seiten.

– Manche Männer ziehen vor, dass du mit der Stimulation aufhörst, wenn sie kommen, oder dass du sie verringerst. Das kannst du jedoch nur wissen, wenn du ihn fragst. Auf jeden Fall solltest du aufhören, wenn er gekommen ist, denn dann ist sein Penis extrem empfindlich. Wie immer ist es am besten, wenn ihr darüber redet.

Zunge und Lippen sind nicht nur zum Küssen da

Mund, Lippen, Zunge und Zähne (Vorsicht!) können größte Lustgefühle erzeugen. Küssen, lecken, saugen, sanft beißen ... Cunnilingus ist die Bezeichnung dafür, wenn er unser Geschlecht mit dem Mund liebkost – von dem lateinischen *cunnus* für Vulva und *lingere* für lecken. Wenn du ihm »einen bläst«, nennt man es Fellatio, von *fellare*, saugen. Wir können uns auch gegenseitig lecken: in der Stellung 69 (die eigene Erregung kann uns dabei ziemlich ablenken von unserem Tun, was sie manchmal erschwert). Ein weiterer Vorteil von Oralsex: Du kannst nicht davon schwanger werden.

Cunnilingus ist, nachdem sich diese Praxis vom Vorspiel emanzipiert hat, zur beliebtesten Spielart vieler Frauen geworden, weil sie auf diese Weise besonders schnell/oft/intensiv zum Orgasmus kommen. Anderen dagegen fällt es schwer, beim Cunnilingus zu kommen.

Doch bevor wir ins Detail gehen, einige Hinweise zu deinem Schutz (AIDS kann auch über den Kontakt von Mund zur Vagina übertragen werden, außerdem gibt es auch andere ansteckende Krankheiten wie Tripper, Syphilis und Herpes):

Wenn du einen festen Partner hast, keiner von euch beiden infiziert ist und ihr beide monogam seid oder euch bei Intimitäten mit Dritten schützt (ganz sicher), ist nichts zu befürchten. Wenn nicht, solltest du Vorkehrungen treffen. Ziehe ihm ein Kondom über, wenn du deinen Partner fellationierst. Auch umgekehrt könnt ihr euch schützen: Schneidet ein Kondom ohne Gleitmittel ab oder den Finger eines Gummihandschuhs *(siehe Abb. 5 und 6, S. 157)*.

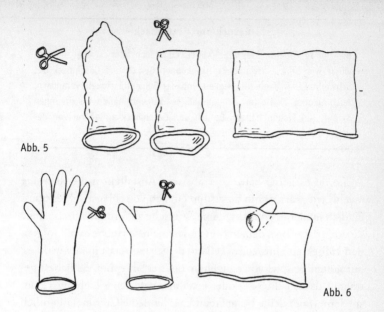

Abb. 5

Abb. 6

Cunnilingus

Vielen Frauen haben Vorbehalte gegen Cunnilingus, weil ihnen durch ihre Sexualerziehung vermittelt wurde, dass man »so was« nicht tut – oder weil sie Angst haben, dass der Mann die Nase rümpft über ihren Geruch und Geschmack. Im Grunde basiert beides auf reiner Unwissenheit. Wenn du dich täglich wäschst und keine ansteckende Krankheit hast, spricht nichts dagegen, im Gegenteil. Der beste Rat: Wenn er dein Geschlecht schmecken will, sei nicht prüde, sondern lass ihn einfach. Vielleicht fällt es dir am Anfang schwer, dich gehen zu lassen, aber erschrick dich nicht, wenn du plötzlich ganz wild danach wirst: Viele Frauen haben beim Oralsex besonders intensive Orgasmen. Um die Sache zu erleichtern, führe ihn am Anfang, zeig ihm taktvoll, wo und wie es dir gefällt.

Geruch und Geschmack

Bestimmte Lebensmittel wie Spargel, Knoblauch oder Zwiebel und Gewürze wie Zimt, Curry und Paprika können Geruch und Geschmack des Schweißes, der Vaginalflüssigkeit und der Samenflüssigkeit verändern. Auch Alkohol, Zigaretten, Drogen und Medikamente haben Auswirkungen darauf. Bei Frauen hängen Geruch und Geschmack außerdem von der Phase des Menstruationszyklus ab.

Wenn du es gerne hättest, er aber nie Anstalten in die Richtung macht, wie wär's, wenn du es ihm einfach vorschlägst? Oder traust du dich immer noch nicht, deine Wünsche zu formulieren? Solange du noch dabei bist, deinen Mut zu sammeln, versuche es mit folgenden indirekten Hinweisen: Fellatio deinerseits – fast immer wirkt es, mit gutem Beispiel voranzugehen; oder erzähle ihm, du habest geträumt, dass er dich ...; oder erwähne, dass seine Lieblingsschauspielerin (oder deine beste Freundin oder deine Cousine) öffentlich erklärt hat, dass sie ganz wild danach ist; frage ihn, ob er weiß, was Cunnilingus ist, du hättest das Wort im Radio gehört; sag ihm, du hättest neulich etwas gehört, was dich interessiert hat, aber es sei dir zu peinlich, darüber zu reden – er wird es schon aus dir herausholen. Aber ist es wirklich so schwer zu sagen: »Ich will, dass du mich leckst«, »Ich hätte gern Oralsex« oder »Mach es mir mit der Zunge«?

Was er über sie wissen sollte
(gib ihm folgenden Abschnitt zu lesen)

– Mach ihr klar, dass dir Cunnilingus Spaß macht und dass du alle Zeit der Welt dazu hast. Der Gedanke, dass ihr es nur macht, um uns einen Gefallen zu tun, oder dass wir viel zu lange brauchen, bis wir kommen, kann uns total nervös machen. Gib ihr das Gefühl, dass du es enorm genießt (»Mmmh«, »Das ist gut«, »Wie gut du riechst/schmeckst« ...). Du bist erwachsen genug, um auf-

158

zuhören, wenn du keine Lust mehr hast. (Mädels, habt ihr das verstanden?)

- Wenn dir ihr Geruch nicht gefällt, schlage ihr vor, unter die Dusche oder in die Badewanne zu gehen. Ihr könnt ja gleich dort weitermachen.

- Sieh zu, dass du eine bequeme Stellung gefunden hast, denn es kann sein, dass du eine Weile beschäftigt bist: Sie liegt auf dem Rücken; sie steht (so geht es praktisch überall); du liegst auf dem Rücken, sie ist auf allen vieren über dir; sie sitzt auf dem Bettrand oder in einem Sessel, du kniest auf dem Boden ...

- Bevor du anfängst, fahr sanft mit der Hand durch ihr Schamhaar um eventuelle lose Haare zu entfernen, damit du keine Haare verschluckst.

- Am besten gehst du nicht direkt auf die Klitoris los. Wenn du oben anfängst, kannst du ihren Bauch küssen, den Venushügel mit der Nase streicheln, deinen Atem auf ihr Geschlecht hauchen (aber nicht in ihre Vagina blasen!), mit ihren Schamlippen spielen (beißen, nippen, drücken), die Zunge sanft durch die Spalte gleiten lassen ... Wenn du unten anfängst, kannst du mit ihren Füßen spielen (außer sie ist sehr kitzlig), beißen, sie mit Nase und Kinn streicheln, an der Innenseite ihrer Beine nach oben wandern, zärtlich ihre Schenkel lecken und über die befeuchtete Stelle blasen, mit ihren Schamlippen spielen etc. Lass dich von deinen Instinkten leiten, von deiner Fantasie, vor allem geh langsam vor und steigere die Intensität deiner Berührungen ganz allmählich. Ausnahme: Sie mag, dass du direkt zur Sache kommst; dann solltest du natürlich keine Zeit verlieren.

- Wie du weißt, sind alle Frauen unterschiedlich. Meistens mögen wir es nicht, wenn die Klitoris direkt stimuliert wird. Wenn deine Partnerin es doch mag, schiebe die Vorhaut der Klitoris mit einer Hand zur Seite oder lass sie es tun.

- Wie bewegst du die Zunge? Du nimmst die Zungenspitze, die Oberseite oder Unterseite. Du kannst sie kreisend, seitlich oder auf und ab bewegen. Das Tempo? Von ganz langsam bis zum Flattern eines Schmetterlings. Die Intensität? Erst sanft, dann schneller und heftiger (frage deine Partnerin). Der Rhythmus? Wenn du einen Rhythmus gefunden hast, versuche ihn beizubehalten. Probier es einfach aus und/oder frage deine Partnerin.

- Die Zunge ist nicht alles. Manche haben es sogar noch lieber, wenn du ihre Klitoris mit den Lippen umspielst oder wenn du an ihr saugst (steck ihr einen Finger in den Mund, damit sie dir zeigt, wie sie es mag) oder sanft an ihr knabberst (Vorsicht mit den Zähnen!). Ein Trick: Was kannst du alles mit ihren Brustwarzen machen? Wenn du sachte bist, geht all das auch mit dem Kitzler.

- Beim Eindringen in die Vagina mit der Zunge geht es nicht darum, große Tiefen zu erreichen; das äußere Drittel ist der Teil, der dich interessiert. Du kannst die typische Rein-raus-Bewegung probieren oder deine Zunge kreisen lassen, während deine Lippen mit dem äußeren Bereich spielen.

- Während du die Klitoris stimulierst, kannst du mit dem Kinn auf Scheideneingang und Harnöffnung drücken (eine gute Rasur ist vorher unbedingt erforderlich). Der Druck wird ihre Lust erhöhen, vor allem während der Orgasmuskontraktionen.

- Bevor du ihre Vagina oder den Anus (oder beide auf einmal) mit den Fingern oder einem Sexspielzeug penetrieren willst, achte darauf, dass sie sehr erregt ist.

- Wahrscheinlich ist die Kombination Cunnilingus und manuelle Stimulation des G-Punkts eine der explosivsten. Dies ist die sicherste Methode, wenn sie multiorgasmisch ist. Wenn sie kommt, mach weiter. Doch übe keinen Druck auf sie aus.

- Vergiss nicht, beim Orgasmus den Rhythmus beizubehalten (außer sie gibt dir andere Anweisungen). Du solltest die Art der Stimulierung ab einem gewissen Punkt nicht mehr variieren. Wichtig: Versuche nicht, alles auf einmal auszuprobieren.

- Spielereien: ein Eiswürfel; der Mund voller Gelatine, kaltem oder warmem Wasser; Erdbeeren, Sahne, Honig, die du aus ihrer Vulva leckst; male mit der Zunge die Buchstaben des Alphabets, sie soll sie erraten, oder geh das Alphabet einfach von vorne bis hinten durch – das erleichtert es dir, einen konstanten Rhythmus zu finden.

- Spucke? Es ist wichtig, dass sie feucht ist. Manche haben es gerne sehr feucht, andere weniger – finde heraus, welcher Typ sie ist.
- Willst du deine Zunge trainieren? Übe an einem Eis am Stiel oder versuche einen Joghurt ohne Löffel aus dem Becher zu lecken.
- Falls du dich nicht überwinden kannst sie zu lecken, überlege warum, und sprich mit deiner Partnerin über deine Gefühle. Auf jeden Fall solltest du nichts tun, was dir keinen Spaß macht. Wenn es für euch ein Problem darstellt, bittet einen Sexualtherapeuten um Hilfe.

Tipps und Ideen für sie

- Dein Partner tut es, weil er Lust dazu hat. Versuche deinen Kopf leer zu machen und konzentriere dich nur auf die Lust. Denk dran, wenn er nicht mehr will, hört er von alleine auf.
- Hilf ihm, indem du ihm zeigst, wie es dir am besten gefällt. Wenn du nicht magst, dass er die Klitoris direkt berührt, sag es ihm. Wenn du es dagegen willst, kannst du ihm helfen, indem du mit der Hand die Schamlippen spreizt und die Vorhaut zurückziehst. Deine Anweisungen werden noch wichtiger, wenn du dich dem Orgasmus näherst. Ist es so schwer zu sagen: »sanft«, »schneller«, »langsam«, »höher«, »mach weiter« etc.?
- Mit den Händen kannst du seinen Kopf führen und ihm zeigen, wie er dich stimulieren soll: mit mehr oder weniger Druck, eine Bewegung oder eine andere. Doch sei nicht grob, sonst erstickst du ihn.
- Mach dabei Kegel-Übungen, spiele mit deiner Atmung, bewege das Becken und spanne deine Beine oder andere Körperteile an.
- Erkläre ihm genau, wonach dir der Sinn steht, was er vorher, währenddessen und nachher tun soll (sag es ihm auch während des Cunnilingus).

– Wenn du Oralsex unerträglich findest, frage dich, warum, und sprich mit deinem Partner darüber. Fühl dich nicht verpflichtet, etwas zu tun, das dir nicht gefällt und wende dich, wenn du willst, an einen Sexualtherapeuten.

Fellatio

Es heißt, es gäbe Männer, die es nicht mögen, aber ich habe selbst bei meinen ausgedehnten Recherchen keinen gefunden. Tatsächlich erregt die Vorstellung, einen geblasen zu bekommen, viele sogar mehr als die des Geschlechtsverkehrs. Warum? »Sich einfach nur hingeben können, ohne Verpflichtung«, »Einfach nur genießen, das ist die totale Befreiung«, »Es ist etwas sehr Intimes, und wenn sie es tut, fühle ich mich vollkommen von ihr angenommen«, »Es gibt keinen tolleren Anblick als eine Frau, die vor dir kniet und deinen Schwanz im Mund hat.« Egal, aus welchen Gründen, die meisten Männer stehen auf Fellatio, also: keine falsche Scham bitte. Fellatio ist wahrscheinlich eins der schönsten Geschenke, das du ihm machen kannst. Warte nicht, bis er dich darum bittet.

Wenn du seinen Penis nicht in den Mund nehmen willst, heißt das natürlich nicht, dass du anormal wärst oder Schuldgefühle haben müsstest. Vielen Frauen geht es so. Erkläre deinem Partner, was los ist, und versuche zu ergründen, warum. Hast du Angst, dass du nicht weißt, wie es geht? Du kannst es lernen. Bitte ihn um Anweisung (Kommunikation ist der Schlüssel) und lies, was dazu auf den folgenden Seiten steht. Glaubst du, er riecht oder schmeckt nicht gut? Dann geht zuerst in die Dusche. Ekelst du dich vor dem Sperma? Er muss nicht in deinen Mund ejakulieren, und du bist auch nicht verpflichtet, es zu schlucken. Ihr könnt ausmachen, dass er ihn vor dem Orgasmus rauszieht, oder du spuckst den Samen später aus, in ein Taschentuch oder ins Waschbecken. Hast du schlechte Erfahrungen damit gemacht oder hängt es mit deiner Erziehung zusammen? Sprich mit ihm darüber, vielleicht könnt ihr das Problem gemeinsam lösen.

Wenn dein Widerstand daher rührt, dass du würgen musst – was sehr häufig vorkommt –, nimm den Penis nicht ganz in den Mund, sondern nur die Eichel (bis zum Eichelkranz oder ein bisschen weiter, wenn es geht). Das ist der empfindlichste Teil. Leg eine Hand auf den Schaft, sie ist dein Puffer und du kannst ihn gleichzeitig dabei massieren. Bitte deinen Partner, dir zu sagen, wenn er kurz vor dem Orgasmus ist, damit du seinen Penis rechtzeitig herausnehmen kannst. Dabei solltest du ihn nach seinen Anweisungen weiter manuell stimulieren.

Wenn du immer noch denkst, du könntest es nicht, quäle dich nicht. Es genügt erst mal, wenn du weißt, dass noch keine Meisterin vom Himmel gefallen ist. Fellatio kannst du lernen. Lass dir Zeit, wenn du es wirklich willst, wirst du es auch schaffen.

Was du wissen solltest

– Konzentriere dich mit all deinen Sinnen auf das, was du tust. Sein Penis ist ihm heilig – jetzt willst du ihn ehren.

– Wenn dich der Geruch oder Geschmack stört, schlage vor zu duschen oder zu baden. Dabei könnt ihr euch weiter vergnügen.

– Bevor du anfängst, streichle ihm mit der Hand durchs Schamhaar, um lose Haare zu entfernen.

– Suche dir eine bequeme Stellung, in der du Winkel und Tiefe gut bestimmen kannst: Er liegt auf dem Rücken, auf der Seite, sitzt auf dem Bettrand oder einem Sessel, er steht, kniet auf allen vieren über dir...

– Es gibt keine Technik, die Erfolg garantiert. Im Grunde lieben es alle Männer, dass du ihrem Penis deine volle Aufmerksamkeit widmest. Also solltest du nicht direkt zur Sache kommen. Wenn er dich nicht direkt darum bittet, nimm seinen Penis nicht gleich in den Mund. Als Aperitif kannst du seinen Körper mit deinem liebkosen, mit den Händen, dem Kinn, der Nase, deinem Haar. Danach lecke ihn langsam ab, vom Hals nach unten oder von den Knöcheln nach oben, bis du an sein Geschlecht kommst. Du kannst ihn auch mit deinem Atem erregen (die Wärme des Atems ist sehr stimulierend). Oder küsse ihn: auf den Mund, auf den Hals, die Brustwarzen, den Bauch, die Innenseite der Schenkel, die Hoden, den Penis. Lass dich treiben.

– Wenn du seinen Penis im Mund hast, sollten deine Bewegungen immer ansteigend sein. Fang sanft an und steigere allmählich den Rhythmus.

– Wie sollst du ihn stimulieren? Du weißt es inzwischen: ausprobieren und fragen. Beispiele:

• Du kannst den Penis in den Mund nehmen, wenn er schon hart ist, oder spüren, wie er in deinem Mund hart wird, während du mit ihm spielst, an ihm saugst, seinen Körper streichelst.

• Lecke seine Geschlechtsteile ab. Beginne zum Beispiel beim Perineum oder Hodensack (den du auch in den Mund nehmen kannst) und arbeite dich hoch bis zum Penis. Oder nimm dir nur den Penis vor, lecke ihn von der Wurzel über den Schaft bis zur Eichel.

• Küsse ihn und hauche ihn an. Oder knabbere zärtlich (Vorsicht mit den Zähnen – auch wenn manche Männer total darauf stehen, mögen es andere weniger).

• Spiele mit Lippen und Zunge. Forme deinen Mund zu einem O (Vorsicht mit den Zähnen) und lasse den Penis hineingleiten wie in die Vagina. Nun kannst du mit der typischen Auf- und Abbewegung beginnen. Dabei kannst du mit der Zunge seine Eichel umspielen, mit kreisenden oder seitlichen Bewegungen, mehr oder weniger schnell. Schwierig? Es ist nur eine Frage der Übung. Ein Tipp von Xaviera Hollander, einer Prostituierten, die sich mit ihren Kenntnissen den Respekt führender Sexualtherapeuten verdient hat. In den sechziger und siebziger Jahren war Xaviera Hollander eine bekannte Bordellbetreiberin und Kolumnistin in New York. Sie hat mehrere Sexratgeber geschrieben, die Bestseller wurden. Außerdem hatte sie im *Penthouse* die Kolumne »Fragen an Xaviera«: Probiere verschiedene Arten der Stimulation aus und bitte deinen

Partner, sie von 1 bis 10 zu bewerten. So wirst du deine Technik verfeinern. (Wenn du willst, umfasse dabei den Penisschaft mit einer Hand, so kannst du ihn besser führen.)

- Wenn du den Penis nicht ganz in den Mund nehmen kannst (denk dran: Das ist nichts Ungewöhnliches), nimm nur die Eichel (oder ein bisschen mehr) und halte den Schaft mit der Hand umschlossen, damit er dir nicht zu tief hineinrutscht (und Würgereiz auslöst). In diesen Fällen empfiehlt sich eine Kombination aus oraler und manueller Stimulation, deine Hand gleitet am Schaft auf und ab (oder kreist etc., siehe die Hinweise zur manuellen Stimulation), während deine Lippen und Zunge sich auf die Eichel konzentrieren, an der du auch saugen kannst.

- Liebkose währenddessen andere Stellen seines Körpers, die Hoden oder das Perineum (drücken und streicheln) oder taste nach dem P-Punkt. Aber frag ihn lieber vorher.

- Spucke? Mehr oder weniger davon, je nach Vorliebe deines Partners.

Tipps für ihn

- Sauberkeit ist ganz wichtig. Nichts ist schlimmer, als ein Penis, der schlecht riecht.

- Wenn sie Sperma nicht mag, nimm deinen Penis unbedingt vorher heraus. Nimm keinen Anstoß daran, wenn sie es nicht schlucken will.

- Keine Grobheiten. Bewege dich sanft, es sei denn, sie will, dass du heftig wirst. Niemals in ihren Mund hineinstoßen!

- Sag ihr, wie gut es sich anfühlt, was dir am besten gefällt, vorher, währenddessen und danach.

Der Koitus – eine Sexspielart unter anderen

Auch wenn ich dafür werbe, dass Sex nicht nur Koitus bedeutet, will ich den Koitus jedoch auf keinen Fall verunglimpfen: Auch während des Geschlechtsverkehrs können wir größte Wonnen verspüren. Koitus kann genauso befriedigend sein wie andere Liebesspiele auch, solange wir Lust dazu haben, ausreichend erregt sind und unsere Klitoris stimuliert wird, sei es direkt oder indirekt (je nach den Bedürfnissen jeder Einzelnen). Noch schöner wird es, wenn wir mit unserer Fantasie und all den Dingen, die wir gelernt haben, spielen, zum Beispiel mit den Kontraktionen der Scheidenmuskulatur, mit der Atmung, den Bewegungen des Beckens, der Stimulation des G-Punkts, des Cul-de-sacs oder des Muttermunds.

Stellungen? Es gibt mehr, als du denkst: Wenn wir der Fantasie freien Lauf lassen, kommen wir auf Hunderte. Auf den folgenden Seiten findest du einige Dutzend; finde heraus, welche dir besonders liegen, indem du sie ausprobierst. Vielleicht habt ihr beide nicht die gleichen Lieblingsstellungen, ihr seid schließlich keine Klone – das garantiert umso mehr Abwechslung in eurem Liebesspiel.

Wir gehen von sechs Grundstellungen aus. Ich werde nicht jede Einzelne ausführlich erklären, denn Bilder sagen mehr als tausend Worte, und du findest im Anschluss viele Illustrationen, die dich inspirieren sollen. (Wenn es nötig ist, lass das Buch geöffnet auf deinem Nachttisch liegen.) Doch zunächst noch drei Empfehlungen:

– Ihr solltet nur von euch ausgehen. Das heißt, sieh genau hin, wie ihr zusammenpasst, wie sein Penis geformt ist, ob er gerade ist oder abgewinkelt, und in welchen Stellungen er deine Vagina stimuliert. Es genügen oft leichte Variationen – das Becken anheben, den Winkel verändern etc. –, um andere Zonen zu stimulieren. Wenn sein Penis nach unten gebogen ist, wird es schwierig, in der Missionarstellung deinen G-Punkt zu treffen, von hinten dafür umso leichter. Vor allem anderen: Tu das, was dir Spaß macht.

– *Ladys first* ist der Rat vieler Therapeuten, um sicherzugehen, dass die Frau auf ihre Kosten kommt. Wenn du schon vor dem Koitus gekommen bist (ein- oder mehrmals), manuell oder oral, ist dir der Höhepunkt sicher, egal was dann noch kommt; außerdem ist der Mann vom Leistungsdruck befreit und kann sich besser hingeben, und schließlich, wenn du multiorgasmisch bist, hast du die Möglichkeit, noch mal zu kommen. Leuchtet dir das ein?

– Ein Ratschlag für ihn: Solange sie dich nicht dazu ermuntert, versuche sie nie zu penetrieren, wenn sie noch nicht erregt ist. Es ist schlicht und einfach eine Frage der Höflichkeit. Eine Frau, die feucht ist, ist nicht unbedingt erregt. Der sicherste Hinweis ist, dass ihre Geschlechtsteile angeschwollen sind. Oder du fragst sie einfach!

Koitus ist nicht gleich Koitus

Wenn sie erst mal in die Frau eingedrungen sind, fällt vielen Männern nichts Besseres ein als rein-raus, rein-raus, bis sie kommen. Aber es gibt viele andere Möglichkeiten. Ihr könnt Tiefe, Rhythmus und Bewegung variieren. Ein paar Beispiele:

– Er dringt nur in das äußere Drittel der Vagina ein, die Zone, die besonders empfindlich ist. Der breitere Eichelkranz erhöht die Stimulation. Er macht zum Beispiel kurze, schnelle Stöße. Wenn du oben bist, bestimmst du die Intensität: Will er tiefer in dich eindringen, spiele mit ihm, kokettiere, das erregt ihn – und dich auch.

– Sag ihm, er soll kreisende Bewegungen machen: größere und kleinere Kreise, vielleicht sogar Achten. Er kann mit der Hand nachhelfen. Wenn du oben bist, kannst du die Bewegung bestimmen. Lass dein Becken kreisen. Auf diese Weise erreicht ihr Zonen in der Vagina, die sonst selten stimuliert werden.

– Habt ihr es schon mit Seitwärtsbewegungen probiert? Bewege deine Hüften: rechts-links-rechts, oder er bewegt seinen Penis.

– Wenn du auf ihm sitzt, schiebe dein Becken so weit vor oder zurück, dass dein Venushügel stimuliert wird. Merkst du, wie sich dabei die Klitoris regt?

- Abwechselnd mehrere oberflächliche Stöße und ein tieferer. Die Tao-Meister halten die Formel »Neun oberflächliche und ein tiefer Stoß« für die beste, wobei aber jedes Paar seine eigene Kombination finden sollte. Wenn ihr sehr erregt seid, könnt ihr auch nach neuen Stößen abwärts zählen: 9-1, 7-1, 5-1, 3-1 . . . Probiert aus, was am meisten Spaß macht.
- Manchmal wirkt Druck auf einen bestimmten Punkt besonders intensiv. Beim Cul-de-sac und dem Muttermund empfiehlt es sich, so tief wie möglich einzudringen. Auch hier können kurze Stöße und/oder kreisende Bewegungen die Lust steigern.
- Ganz langsam, Langsamkeit kann unglaublich aufregend sein. Er sollte ganz bedächtig eindringen, während sein Penis eine Wellenbewegung ausführt (die Taoisten vergleichen sie mit der Bewegung einer Schlange). Du kannst dasselbe tun, wenn du die Bewegung bestimmst.
- Während er langsam in dich eindringt, kannst du deine Scheidenmuskulatur spielen lassen, kurze Stöße mit dem Becken machen oder die Hüften kreisen lassen.
- Wenn du willst, dass der Rhythmus konstant ist, sag es ihm. Sag ihm auch, wenn du willst, dass er den Rhythmus verändert, oder übernimm selbst die Initiative.
- Es geht nicht darum, dass der Mann eine Stunde lang durchhält, sondern dass die Frau adäquat stimuliert wird. Versichere dich, dass dein Partner das verstanden hat. Am besten vergewisserst du dich, dass er über gewisse Grundkenntnisse bezüglich der weiblichen Sexualität verfügt (ohne seinen Stolz zu verletzen).

Er oben: die Missionarstellung

Die Grundstellung: Du liegst auf dem Rücken, Beine gespreizt, Knie angewinkelt, und dein Partner liegt auf dir. Es ist die verbreitetste Stellung des Abendlands und ihr haftet der schlechte Ruf des Langweiligen und Spießigen an. Was für ein Blödsinn. Die Stellung lässt eine Menge von Variationen zu, je nachdem wie du deine Beine positionierst, ob er sich auf dich legt oder sich abstützt oder ob du dein Becken durch Kissen unter dem Po anhebst.

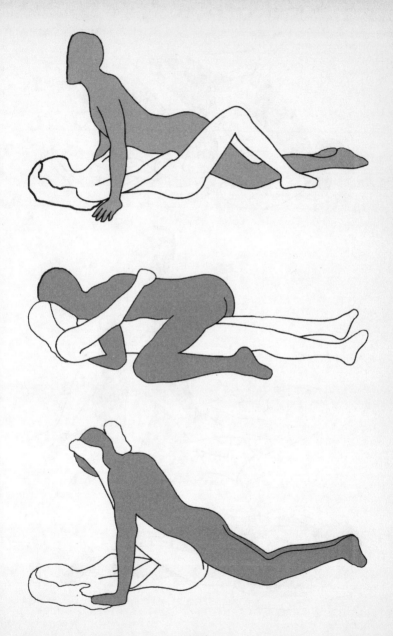

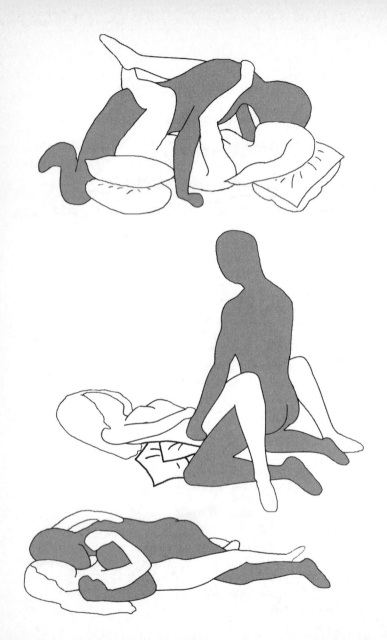

Übrigens, wusstest du, woher die Bezeichnung Missionarstellung kommt? Die Missionare schrieben den Eingeborenen in der Südsee diese Stellung vor, weil sie schockiert darüber waren, dass die Ureinwohner den Koitus von hinten, im Sitzen oder mit der Frau oben praktizierten.

– Wahrscheinlich ist die Missionarstellung die persönlichste Stellung beim Geschlechtsverkehr, denn beide Partner können sich in die Augen sehen, sich küssen, sich berühren, zusehen wie der andere zum Orgasmus kommt – und sie begünstigt die verbale Kommunikation. Andererseits ist es dabei schwierig, der Penetration zuzusehen.

– Sie vereinfacht das Einführen des Penis in die Vagina, ihr könnt beide mit den Händen nachhelfen und dafür sorgen, dass er dort bleibt.

– Der Mann kann den Winkel und die Tiefe seines Eindringens gut kontrollieren, ebenso seine Bewegungen und den Rhythmus. Im Allgemeinen liegt dabei die Initiative bei ihm und er hat mehr zu tun; am Ende können ihm die Arme wehtun.

– Wenn du sehr erregt bist und der Uterus sich anhebt, so dass das Ende der Vagina freiliegt, kann er den Penis tief hineinstoßen, um den Cul-de-sac zu stimulieren. Es klappt am besten, wenn du die Beine anziehst (du kannst sie mit den Händen gegen deine Brust ziehen) oder auf seine Schultern legst. Sage deinem Partner, was du fühlst und wie er sich bewegen soll. Oder lege die Hände auf seinen Hintern und dirigiere ihn.

– Diese Stellung ermöglicht besonders gut die Stimulation des Muttermunds.

– Falls es dir dagegen unangenehm ist, wenn er tief in dich eindringt, kannst du ihn mit den Händen bremsen oder indem du die Füße gegen seine Schultern stellst.

– Probiere es mit ein paar Kissen unter dem Po aus. Vielleicht muss er sich dabei hinknien. Wenn dein Becken angehoben ist, erleichtert es die Stimulation des G-Punkts. Dabei sollte er nur flach in dich eindringen, da der G-Punkt sich ca. 3–5 cm hinter dem

Scheideneingang befindet. Leite deinen Partner, indem du ihm beschreibst, was du fühlst – er hat schließlich kein Radargerät. Dass er den G-Punkt stimuliert, bedeutet allerdings nicht, dass du einen Orgasmus bekommst. Am besten streichelst du dich gleichzeitig. (Sexualtherapeuten sagen, dass der G-Punkt manuell besser stimuliert werden kann als beim Koitus.)

- In dieser Stellung ist es schwierig für ihn, deine Klitoris zu streicheln. Daher solltest du es am besten selbst tun. Es wäre dumm, sich das nicht zu trauen. Du kannst natürlich auch einen Vibrator benutzen, mit dem du euch beide gleichzeitig stimulierst.

- Vergiss nicht deine Scheidenmuskulatur. Die Kegel-Übungen verstärken die Durchblutung der ganzen Beckenzone und damit ihre Sensibilität, so dass du die Bewegungen des Penis noch besser spüren kannst. Versuche deine Muskeln anzuspannen, wenn du fühlst, dass der Orgasmus kommt.

- Beverly Whipple, eine der Wiederentdeckerinnen des G-Punkts, rät, während der Penetration auf den Unterbauch zu drücken (etwas oberhalb des Schamhaars), so dass von beiden Seiten auf die Klitoris im Innern Druck ausgeübt wird. Stattdessen kannst du auch versuchen, deine Bauchmuskulatur anzuspannen.

- Streichle ihn: den Hintern, das Perineum, die Brust, den Rücken ... Wenn du willst, umfasse ihn an den Hüften oder am Hintern (mit den Händen oder den Beinen) und dirigiere seine Bewegungen.

- Männer kommen in dieser Stellung meistens schneller und können sich dabei weniger zurückhalten. Wenn er diesbezüglich Probleme hat oder ihr euch mehr Zeit nehmen wollt, ist eine andere Stellung günstiger.

- Diese Grundstellung ist für Paare ratsam, die ein Kind zeugen möchten. Wenn du danach auf dem Rücken liegen bleibst und die Knie anziehst, können die Spermien leichter in den Uterus gelangen. Für hochschwangere Frauen empfiehlt sich diese Stellung weniger.

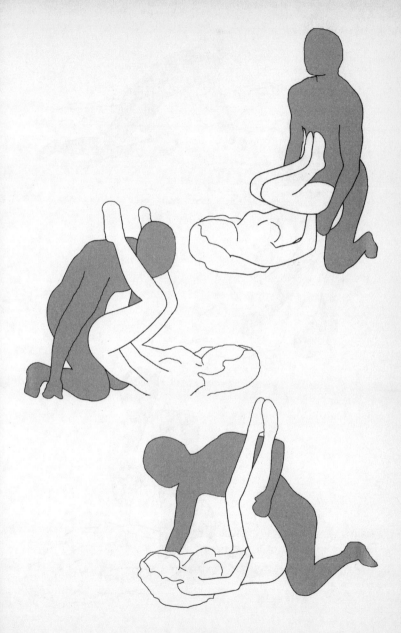

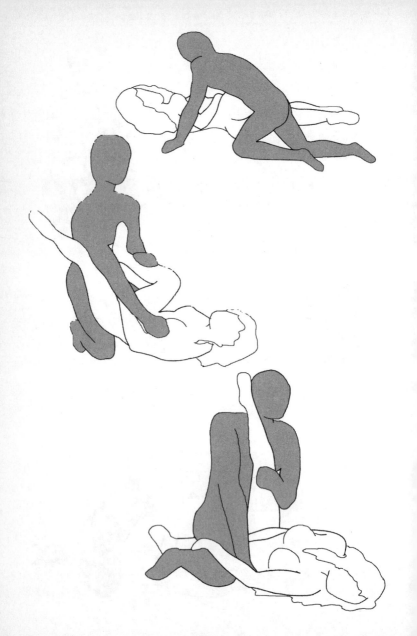

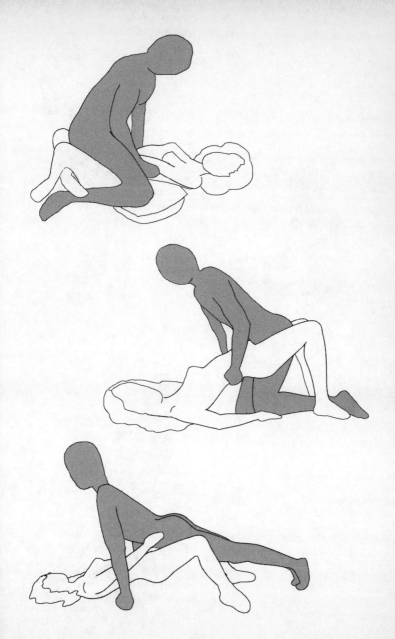

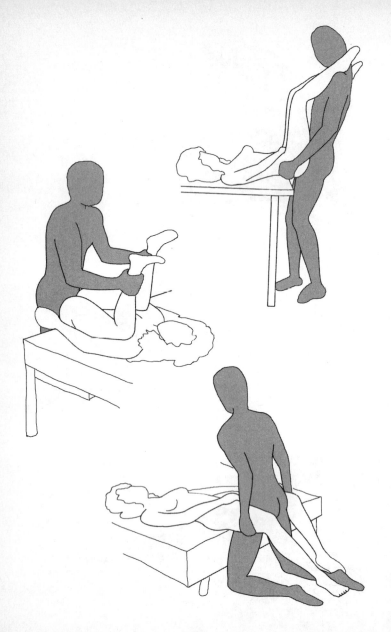

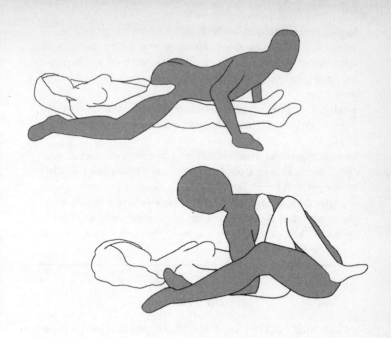

Die »Coital Alignment Technique«

Vielleicht hast du schon mal von der »Coital Alignment Technique«, kurz »CAT«, gehört, einer Technik, die in den frühen neunziger Jahren für Aufsehen gesorgt hat, denn sie verspricht gleichzeitige Orgasmen und garantiert der Frau zu kommen, ohne dass die Klitoris direkt stimuliert wird. Tatsächlich handelt es sich um eine Variante der Missionarstellung, bei der die Stimulation der Klitoris durch Druck auf den Venushügel erfolgt. Entwickelt von dem amerikanischen Psychotherapeuten Edward Eichel, erweist sie sich bei den Paaren, die sie ausprobiert haben, als durchaus wirksam; sie ist jedoch nicht ganz einfach.

Wie funktioniert sie? Du liegst unten, dein Partner flach auf dir, ohne sich abzustützen. Sein Becken ruht etwas oberhalb deines Beckens. Sein Penis penetriert dich nicht ganz, so dass der Schaft gegen den Venushügel drücken kann. Du umschlingst seine Beine, deine Knöchel liegen auf seinen Waden. Nun beginnt ihr beide, euch gleichmäßig auf und ab zu bewegen, wobei du bei der Aufwärts-, er bei der Abwärtsbewegung führt. Bei der

Aufwärtsbewegung gleitet sein Penis ganz in die Vagina, bei der Abwärtsbewegung drückst du die Klitoris kräftig gegen seine Peniswurzel. Statt auf kräftigen Stößen beruht das Prinzip auf einem Spiel von Druck und Gegendruck, bei dem ein gleichmäßiges Tempo beibehalten wird, bis beide kommen.

Wichtig ist, dass ihr euch beide unter Kontrolle habt und einen durchgängigen Rhythmus beibehaltet, ohne dass einer von euch die Zügel schießen lässt.

Ist es die Mühe wert? Wenn ihr Lust habt, könnt ihr es ein paarmal versuchen, aber denkt dran: Diese Technik hat zum Ziel, dass die Frau allein durch den Koitus kommt (erinnert dich das vielleicht an den Mythos des vaginalen Orgasmus?) – dabei gibt es so viele einfachere Wege zum Ziel. Wie immer, solltet ihr euch nicht unter Druck setzen lassen, denn das ist der größte Feind der Lust. Es ist eine Möglichkeit unter vielen. Hauptsache ist, ihr habt Spaß.

Du oben

Die Grundstellung: Er liegt auf dem Rücken, du sitzt mit gespreizten Beinen auf ihm. Diese Position ist bei uns die zweitverbreitetste, und auch sie ermöglicht viele Varianten. Du führst, so dass du selbst für dein Vergnügen sorgen und besonders viel Spaß haben kannst, außer du bist sehr schüchtern oder magst das Gefühl nicht, dass er deinen Körper sehen kann, oder ziehst eine andere Stellung vor.

— Auch diese Position ist sehr persönlich, weil ihr euch in die Augen sehen, euch küssen, berühren und zusehen könnt, wie der andere kommt. Auch sie begünstigt die Kommunikation.

— Sie ist besonders empfehlenswert, wenn du Orgasmusprobleme hast, weil du dich leicht dabei selbst befriedigen kannst und den Rhythmus, den Winkel und die Tiefe der Penetration selbst bestimmen kannst.

— Du bist diejenige, die die Arbeit hat (eine gewisse Ausdauer ist erforderlich). Wenn du sehr erschöpft bist, ist sie weniger geeignet. Falls du währenddessen ermüdest, könnt ihr immer die Stellung wechseln.

- Eine gute Position für die Stimulation des G-Punkts, wenn er oberflächlich in dich eindringt, oder des Cul-de-sacs, wenn er tief eindringt. Auch wenn du führst, solltest du ihm Anweisungen geben: »lieg still«, »bewege langsam die Hüften«, »drücke, ohne zu stoßen«, »streichle meine Klitoris« etc. Warum? Wenn er – mit den besten Absichten – etwas tun würde, was dir unangenehm ist, kann deine Lust verpuffen.
- Er kann sich total entspannen und nimmt die passive Rolle an.
- Je nach eurer Haltung kannst du dabei mit seinen Hoden, dem Perineum und dem Anus spielen (vor allem, wenn du mit Blick auf seine Füße sitzt), und auch er hat die Hände frei, um dich zu streicheln, wo und wie du willst. Du kannst ihm die Sache erleichtern,

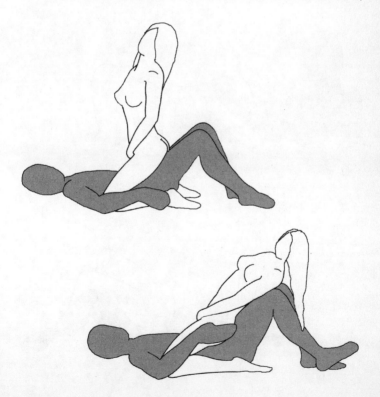

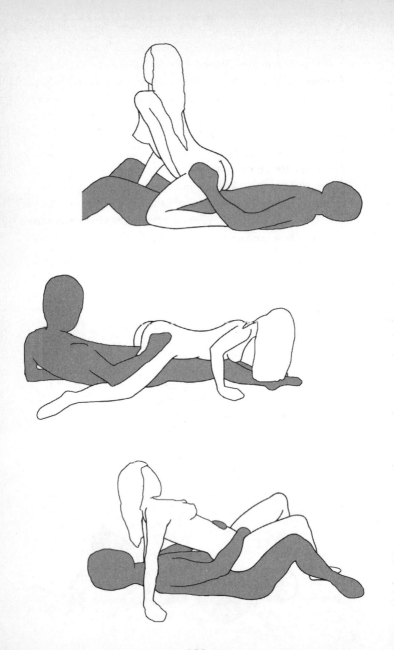

indem du ihm ein Kissen unter den Rücken schiebst, damit er dich mit den Händen besser erreicht.
- Männer reagieren besonders auf visuelle Reize. Es findet es wahrscheinlich erregend zu sehen, wie du mit deinen Brüsten spielst. Benutze Öl oder ziehe dir ein aufreizendes Kleidungsstück an. Auch zu sehen, wie du dich selbst befriedigst, ist für ihn erregend – also keine falsche Scham.
- Viele Frauen kommen zum Orgasmus, indem sie den Venushügel an sein Schambein reiben oder drücken, was in dieser Stellung besonders begünstigt wird.
- Wenn dein Muttermund besonders empfindlich ist, kannst du in dieser Position gut kontrollieren, dass dein Partner nicht zu tief in dich eindringt. Daher ist sie auch für Frauen, die gerade eine Hysterektomie (Entfernung der Gebärmutter) oder eine Geburt hinter sich haben, empfehlenswert.
- Da er nicht die Kontrolle hat, kann sein Penis leicht herausrutschen, je nach Bewegung und Rhythmus. Achte darauf, dass ihr euch dabei nicht wehtut.
- Wenn du Lust hast, mach dabei deine Kegel-Übungen und spiele mit deiner Atmung. Es hört sich komplizierter an, als es ist.

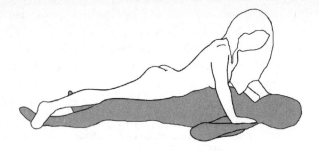

- Sexualtherapeuten empfehlen die Stellung für Männer, die unter vorzeitiger Ejakulation leiden, denn sie können sich besser konzentrieren und zurückhalten.
- Falls du stark übergewichtig bist, ist diese Position nicht gerade die beste.

Von hinten: a tergo

Du kniest, mit den Händen oder den Ellbogen aufgestützt, er kniet hinter dir und dringt von hinten in dich ein. Natürlich gibt es auch hier viele Varianten (zum Beispiel kannst du flach auf dem Bauch liegen etc.). Die Hündchenstellung ist weniger verbreitet, als sie verdient hätte, weil sie von manchen für vulgär, tierhaft, zu unpersönlich o. Ä. gehalten wird. Sehr bedauerlich.

- Dass sie angeblich weniger persönlich ist als die vorigen Stellungen, liegt daran, dass ihr euch nicht in die Augen seht – aber dafür kannst du das Gesicht verziehen, ohne dass er es merkt.
- Der fehlende Blickkontakt verleiht unserer Fantasie Flügel. Wenn du manchmal davon träumst, die unterwürfige Frau zu spielen, ist es genau das Richtige für dich.
- Deinem Partner gefällt der Anblick deines Hinterns bestimmt. Keine Angst, er achtet in dem Augenblick nicht auf Zellulitis.
- Es gefällt ihm auch zuzusehen, wie er in dich eindringt. Falls ein Spiegel in der Nähe ist, kann der Anblick eurer Körper für euch beide erregend sein.

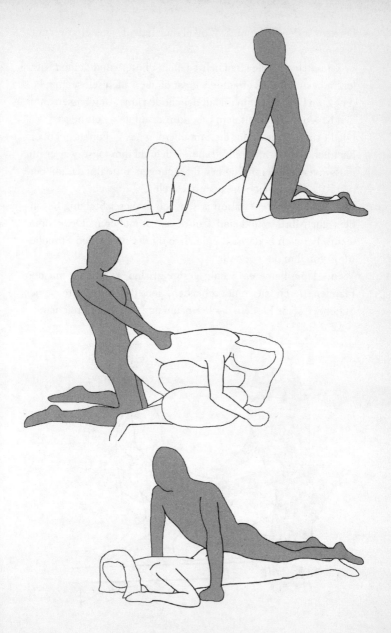

- Du kannst den Rhythmus, Winkel und Tiefe der Penetration mitbestimmen.
- Er kann deine Brüste streicheln, deinen Hintern und deinen Kitzler. In bestimmten Varianten kannst du dich auch selbst stimulieren. Zum Beispiel wenn ihr auf dem Boden kniet (mit Kissen unter den Knien) und du mit dem Oberkörper auf dem Bett liegst.
- Die Position ist ideal für die Stimulierung des G-Punkts bei oberflächlicher Penetration. Hilf ihm, indem du ihm sagst, was er tun muss – verbal oder mit deinen Bewegungen. Bitte ihn darum, deinen Kitzler zu streicheln, oder tu es selbst.
- Durch die tiefe Penetration lassen sich in dieser Stellung besonders gut Muttermund und Cul-de-sac stimulieren. Denk dran, wahrscheinlich bedarfst du gleichzeitig der manuellen Stimulierung, von ihm oder von dir.
- Wenn deine Beine ein wenig gespreizt sind, kannst du mit den Händen durch sie hindurchfassen und die Innenseite seiner Schenkel, seine Hoden, das Perineum und den Anus streicheln.

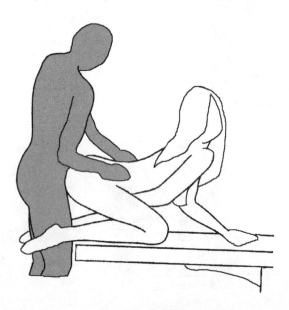

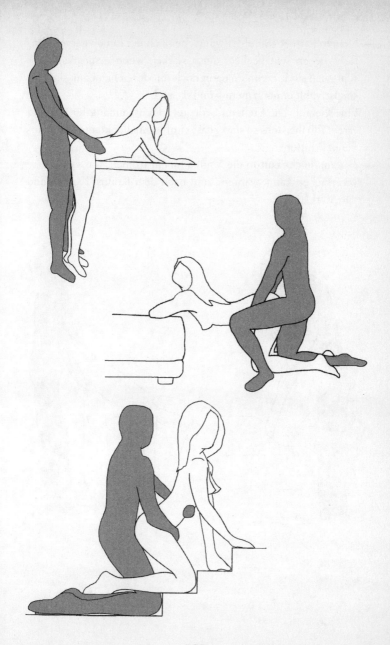

- Deinen Partner stimuliert wahrscheinlich der Druck deines Hinterns gegen sein Becken, umso stärker, wenn deine Beine geschlossen sind. Wenn du dann noch mit der Scheidenmuskulatur spielst, fühlt er noch mehr – und du auch.
- Eine Gefahr: Die Stellung bedeutet Hochspannung für ihn und erregt ihn meistens so stark, dass er oft schneller kommt als in anderen Positionen.
- Es kann leicht Luft in die Vagina hineinströmen, was Geräusche verursachen kann, während und nach dem Koitus. Kein Grund zur Aufregung.

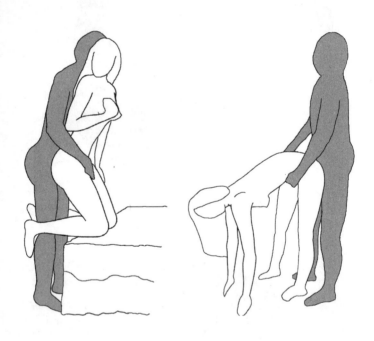

Probleme mit dem Geschlechtsverkehr bei Frauen

Die zwei häufigsten ernst zu nehmenden Probleme sind schmerzhafter Geschlechtsverkehr (Dyspareunia) und Vaginismus, eine nicht kontrollierbare Verkrampfung der Scheidenmuskulatur, die den Geschlechtsverkehr verhindert (und manchmal sogar das Benutzen von Tampons).

Schmerzhafter Geschlechtsverkehr kann sowohl durch physische Störungen (Infektionen im Vaginalbereich, Trockenheit, Geschlechtskrankheiten, Beckenentzündung, Endometriose, Rückenprobleme etc.) als auch durch psychische (Konflikte in der Partnerschaft, Schuldgefühle, Angst vor Sex, das Opfer von Missbrauch gewesen zu sein etc.) verursacht werden. Vaginismus kann zwar in seltenen Fällen auch durch physische Störungen ausgelöst werden, doch meistens geht er auf psychische Ursachen zurück.

In beiden Fällen solltest du einen Gynäkologen und einen Therapeuten aufsuchen. So kann zunächst festgestellt werden, ob eine körperliche Störung vorliegt, anschließend könnt ihr euch mit den psychischen Aspekten befassen.

Seite an Seite

Entweder liegt er hinter dir (Löffelstellung) oder ihr seht euch an. Die Stellung eignet sich besonders gut, wenn ihr müde seid oder wenn ihr euch Zeit lassen wollt, weil keiner sein oder das Gewicht des anderen tragen muss.

– Wenn ihr euch anseht, könnt ihr euch küssen, anfassen und in die Augen sehen. Außerdem könnt ihr miteinander sprechen und euch zusehen, wie ihr zum Orgasmus kommt.

– Die Stellung lässt normalerweise kein allzu tiefes Eindringen zu, so dass sie sich empfiehlt, wenn er einen sehr großen Penis hat.

– Wenn du mit dem Rücken zu ihm liegst, kann er deine Klitoris und deine Brüste streicheln und du kannst die Tiefe seiner Stöße kontrollieren. Wenn du die Beine schließt, erhöht sich die Reibung.

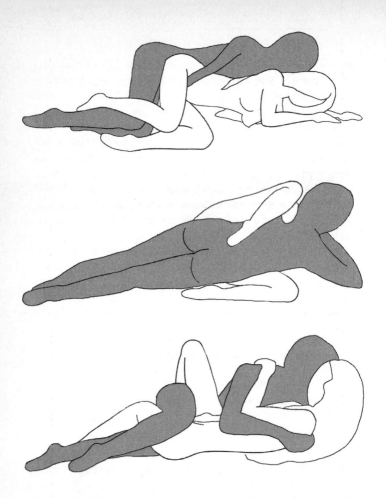

- Indem du dich bewegst, kannst du seinen Penis so dirigieren, dass er den G-Punkt oder die Zonen, die dir am meisten Lust bereiten, stimuliert.
- Ideal für ältere Menschen und für Paare von sehr unterschiedlicher Statur.
- Die Löffelstellung empfiehlt sich besonders für die letzte Phase der Schwangerschaft.

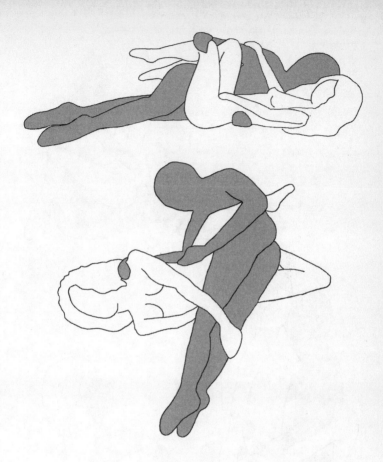

Im Sitzen

Hier gibt es viele Varianten, und die Stellung eignet sich ausgezeichnet sowohl für schnellen Sex (ihr müsst nicht einmal eure Kleider ausziehen) als auch für langsamen, bedächtigen. Beispiele findest du in den Zeichnungen.
– Wenn ihr es mit dem Gesicht zueinander macht, könntet ihr euch küssen, anfassen, euch in die Augen sehen und auch miteinander sprechen.

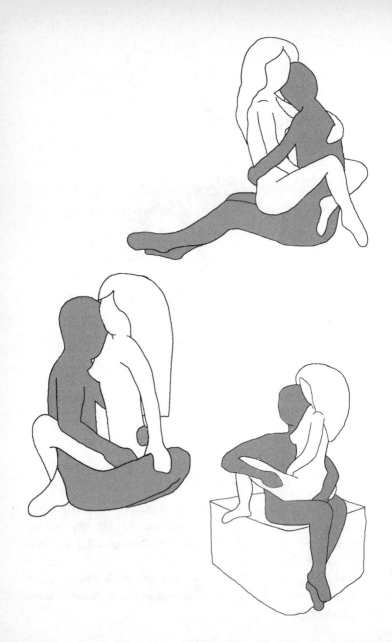

- Die Klitoris streichelt er oder du, je nachdem wie herum ihr sitzt.
- Wenn du oben bist, machst du die ganze Arbeit. Wenn es dir zu anstrengend wird, wechselt euch ab und/oder verändert Rhythmus und Art eurer Bewegungen.
- Vergiss nicht deine Kegel-Übungen zu machen und mit der Atmung zu spielen.
- Wenn er auch Kegel-Übungen macht, wäre jetzt ein guter Moment, es dir zu demonstrieren.

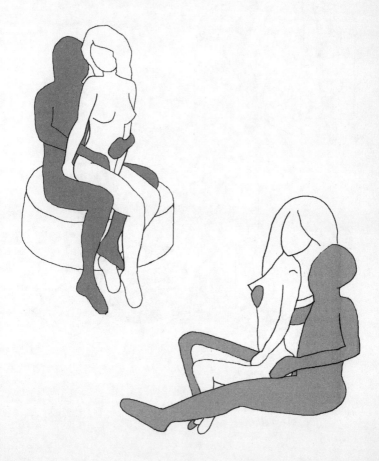

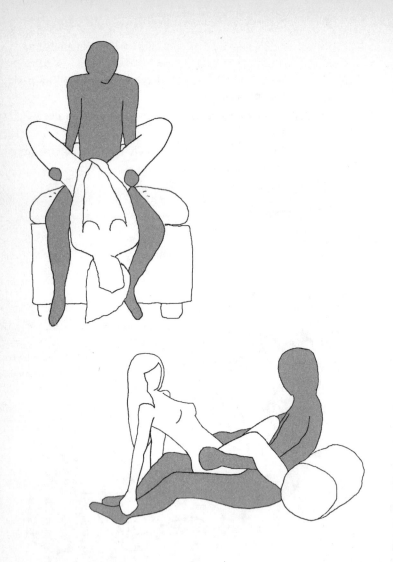

Im Stehen

Wunderbar für schnellen Sex, egal an welchem Ort, auch wenn diese Stellung nicht jedem gelingt, da sie Gelenkigkeit und manchmal Kraft erfordert. Übergewicht und große Unterschiede in der Statur können sie fast unmöglich machen.

- Paare, die fast gleich groß sind, haben es im Stehen leicht. Ein Trick: hochhackige Schuhe oder ein Hocker.
- Vor allem für die Hollywood-Variante braucht man viel Kraft: Du sitzt auf seiner Hüfte und umschlingst ihn mit deinen Beinen, während er dich trägt. Leichter wird es, wenn er sich oder dich gegen eine Wand lehnt.
- Wenn du ihm den Rücken zukehrst, kann er (oder du) deine Klitoris leichter erreichen. Diese Variante ist die leichteste.
- Die Probleme mit der Schwerkraft verschwinden, wenn ihr es im Wasser macht.

Gruppensex

Unbewiesene Statistiken bestätigen seine Verbreitung und danach herrscht kaum Zweifel daran, dass nur wenige Männer ablehnen würden, das Bett mit mehr als einer zu teilen (die Partnerin mit einem anderen zu teilen scheint allerdings etwas anderes zu sein). Auch wir Frauen haben nicht viel dagegen, doch scheinen wir diesbezüglich zurückhaltender zu sein, sei es aus Erziehungsgründen oder weil wir bei unseren Sexbeziehungen größere Intimität vorziehen.

Gruppensex gehört zu den Fantasien, die am schwierigsten in die Tat umzusetzen sind. Wenn der Austausch sich nicht spontan entwickelt (mit Freunden oder Bekannten), sind der Besuch von bestimmten Clubs oder Zeitungsannoncen der übliche Weg. »In Europa wächst die Anhängerschaft des Gruppensex immer mehr. Es gibt Lokale, die jedermann zugänglich sind, aber auch exklusive Zirkel, die zu erreichen sehr schwierig ist, da auf höchste Diskretion geachtet wird«, berichtet ein Mitglied, das anonym bleiben möchte.

Welche Probleme sind damit verbunden? Vor allem die Gefahr von Eifersucht und Unsicherheit. Es ist nicht einfach zuzusehen, wie dein Partner es mit einer anderen tut und auch noch Spaß dabei hat! Wenn ihr beide euch eurer Gefühle nicht sehr sicher seid und nicht wisst, bis zu welchem Punkt ihr gehen könnt (Techtelmechtel, lesbische und schwule Abenteuer etc.), Vorsicht. Diese Art der Liebesspiele beeinflusst die Stabilität eurer Beziehung. Ein Rat: Lass dich nie darauf ein, wenn ihr euch nicht hundertprozentig vertraut, damit es später keine Vorwürfe, Eifersucht und Streitereien gibt.

»Dunkel und kraus wie eine violette Nelke«

Vers aus dem ›Sonett an die Rosette‹ von
Paul Verlaine und Arthur Rimbaud

Analsex macht Spaß. Abgesehen von dem Reiz, etwas »Verbotenes« zu tun, vermittelt er besonders intensive Gefühle, denn der Anus ist, wie du weißt, mit besonders vielen Nervenenden ausgestattet, er schwillt bei Erregung an und zieht sich mit den orgasmischen Kontraktionen zusammen, so dass es nur logisch ist, dass Streicheln und sanfter oder stärkerer Druck bei vielen Menschen Lustgefühle auslöst. Die rektale Penetration ist beim Mann die effektivste Methode, die Peniswurzel und die Prostata (der männliche G-Punkt beziehungsweise P-Punkt) zu stimulieren. Manche Männer kommen dabei direkt, andere, wenn sie sich dabei selbst befriedigen. Frauen, denen Analsex Spaß macht, berichten von intensiven Lustgefühlen, besonders wenn gleichzeitig die Klitoris stimuliert wird. Andere haben sogar anale Orgasmen, ohne anderweitige Stimulierung.

Verpönt

Abgesehen davon, dass er mit Homosexualität assoziiert wird (Perversion oder Irrtum der Natur für manche verkalkte Geister), wird Analsex dadurch diskreditiert, dass er mit als häufigste Ansteckungsform von AIDS gilt. Doch das Sexualleben der Schwulen ist sehr viel vielseitiger, als manche von uns sich vorstellen können. Tatsächlich haben Masters und Johnson herausgefunden, dass »quantitativ mehr heterosexuelle Paare Analsex haben als homosexuelle Männer, von denen ein großer Teil noch nie Analsex hatte«. Wusstest du, dass in vielen Kulturen (und teilweise auch bei uns) Analsex eine verbreitete Alternative ist, um die Jungfräulichkeit der Frau zu bewahren oder die Schwangerschaft zu verhüten? Vergiss nicht, dass das, was als gesellschaftlich akzeptiert gilt, jeweils von der Epoche und dem Kulturkreis abhängig ist, in dem wir leben. So galt bis vor kurzem zum Beispiel auch Oralsex als Tabu.

Ungefähr 25 Prozent der heterosexuellen Paare unter 35 haben eine Form der analen Penetration ausprobiert, und wahrscheinlich wäre der Prozentsatz um einiges höher, wenn es vielen nicht so peinlich wäre. Viele Männer würden es gerne ausprobieren (penetrieren ebenso wie penetriert zu werden), aber trauen sich nicht zu fragen aus Angst, für schwul gehalten zu werden. Sie sind es nicht, und du bist natürlich auch nicht pervers, wenn du Lust darauf hast (die Fantasie ist sehr verbreitet). Wenn du also Lust darauf hast (nicht ihm zuliebe), steht dem nichts im Wege. Aber lass dich zu nichts überreden, was dir keinen Spaß macht! Du darfst ihn umgekehrt natürlich auch zu nichts zwingen, was er nicht will.

Tatsächlich gibt es Risiken. Analsex wird als höchst riskante Praxis eingestuft, da die Ansteckungsgefahr für viele Krankheiten besonders hoch ist. Ihr müsst also stabile Kondome benutzen (nimm immer vertrauenswürdige Marken und achte auf das Verfallsdatum – es gibt spezielle Kondome für Analverkehr) und nichts in Vagina oder Mund einführen, das in Kontakt mit dem Anus gewesen ist, ohne abgewaschen worden zu sein: Penis, Finger, Zunge oder Sexspielzeug. Auch wenn das Rektum im Allgemeinen sehr sauber ist (es sind keine Fäkalien darin, allerhöchstens winzige Spuren), können gewisse Bakterien vorhanden sein. Abgesehen davon ist Analsex auf keinen Fall eine Praxis, die eine Frau mit einem Unbekannten durchführen sollte.

Wie findest du heraus, was dein Partner von analer Stimulation hält, ohne ihn zu fragen? (Lektion für sie und für ihn)

Wenn es schon schwer ist, über *normalen* Sex zu reden, so scheint es bei diesem Thema doppelt schwierig. Natürlich ist darüber reden die beste Methode, euch zu verständigen, aber vielleicht würdest du das Thema lieber vermeiden. Wenn ihr das nächste Mal Sex habt, streichle sein Perineum und achte auf seine Reaktion. Wahrscheinlich geben dir seine Bewegungen Aufschluss. Lässt er dich machen? Spannt er sich an, aber bewegt sich nicht weg? Drückt er sich gegen deine Hand? Bewegt er seinen Anus in deine Richtung? Stöhnt er? Wie atmet er? Achte auf die Signale, und wenn du das Gefühl hast, es gefällt ihm, berühre seinen Anus, wenn du willst sogar mit der Zunge. Doch keinen Schritt weiter. Ihr solltet keine Art der analen Penetration vornehmen (auch nicht mit den Fingern), ohne vorher darüber gesprochen zu haben. Ihr müsst euch darauf vorbereiten. Wenn du weitergehen möchtest, sag ihm, was du fühlst, was du gern mit ihm machen würdest und/oder was du dir von ihm wünschst.

»Analingus«

Beim Analingus handelt es sich um die Stimulierung des Anus mit Zunge, Lippen und/oder Zähnen. Er kann große Lust auslösen, doch ihr solltet dabei einen »Überzieher« verwenden, den du zum Beispiel aus einem Gummihandschuh herstellen kannst, außer wenn ihr euch eurer Treue und Gesundheit ganz sicher seid und es ohne tun möchtet. Trotzdem sollte sich der »Küssende« wegen der Gefahr von bakteriellen Infektionen den Mund danach gut ausspülen.

Einige Vorschläge (für sie und für ihn):

– Stimulation außen: Probiere verschiedene Formen aus: feuchtes Ablecken des Pos, des Perineums, des Anus (währenddessen ist die Vagina tabu); schneller Zungenschlag im Anus wie Schmetterlingsflügel; Saugen und Knabbern, sanfte Bisse; hauche warme Luft über die verbotene Zone (aber nicht in den Anus blasen), nimm einen Eiswürfel in den Mund, um die Zunge abzukühlen. Experimentiere. Alles ist erlaubt, außer Grobheiten (es sei denn, er/sie bittet dich).

– »Beso negro« (»schwarzer Kuss«): Lass deine Zunge in den Anus gleiten und bearbeite ihn sanft. Denk daran: Fang ganz langsam an. Probiere kreisende Bewegungen, Hineinschieben und wieder Herausziehen, seitliche Bewegungen, langsam oder schnell.

– Vergiss deine Hände nicht: Während sich dein Mund dem Anus und dem Perineum widmet, können deine Hände andere Stellen seines/ihres Körpers liebkosen oder ihn/sie masturbieren. Wenn du dich lieber auf eine Sache konzentrieren willst, kann dein Partner/deine Partnerin sich selbst stimulieren.

– Wenn du stimuliert wirst: Zeige ihm/ihr durch anspornende Worte, wollüstiges Stöhnen oder direkte Hinweise, was er/sie tun soll. Natürlich musst du auch sagen, wenn dir etwas nicht gefällt.

Mit Fingern, Penis und Sexspielzeugen

Die anale Penetration mit einem oder mehreren Fingern, mit dem Penis oder mit einem Sexspielzeug (Analplug, Dildo, thailändische Kugeln, Vibrator etc.) bedarf einer speziellen Vorbereitung: Ihr müsst vorher über das Thema sprechen, wissen, was ein jeder von euch will und erwartet, und ihr müsst euch physisch vorbereiten – Präservative und Gleitmittel – und das Ganze langsam angehen, ganz langsam.

Das Rektum ist nicht so elastisch wie die Vagina und folgende Vorsichtsmaßnahmen sind daher unumgänglich:

– Die Person, die penetriert werden soll, muss entspannt sein. Wenn sie nervös oder unsicher ist, zieht sich der Schließmuskel zusammen, und jeglicher Versuch des Eindringens wird schmerzhaft.
– Geht großzügig mit dem Gleitmittel um. Es sollte sowohl auf dem Anus als auch dem Finger, Penis oder Sexspielzeug reichlich verteilt werden. Nehmt dabei nicht irgendwas, sondern ein gutes, benutzt euren Menschenverstand. Kondom und Gleitcreme sind unbedingt erforderlich.
– Seid ganz vorsichtig. Analsex kann nicht mit der Schnelligkeit und Sorglosigkeit praktiziert werden, mit der die vaginale Penetration oftmals erfolgt. Heftige Stöße sowie jegliche Grobheiten sind verboten. Es ist empfehlenswert, sich noch einmal die Zeichnungen auf S. 78 und 99 anzusehen, damit ihr euch die Anatomie des Rektums in Erinnerung ruft; seine Krümmung ist beim Analsex zu berücksichtigen.

Tipps für den »Geber«

Vor allen Dingen darf die anale Penetration nicht ohne Vorbereitung angegangen werden. Dein/e Partner/in muss unbedingt vorher erregt und befeuchtet sein. Wenn nicht, kannst du ihn/sie leicht verletzen.

Auch wenn du vorhast, mit einem Sexspielzeug oder dem Penis einzudringen, führe zuerst einen Finger ein (unabdingbar, wenn es das erste Mal ist): deine Finger sind dünner und biegsamer. Der Finger muss sauber sein, mit geschnittenen Nägeln, wenn möglich, trägst du einen Latexhandschuh oder Fingerling, und er muss vor allen Dingen gut befeuchtet sein. Lass den Finger langsam eindringen, nur bis zum ersten Glied, und halte inne. Möglicherweise zieht sich der Anus zusammen und deine Partnerin hat das Gefühl, aufs Klo zu müssen. Warte ein wenig, damit sie sich an das neue Gefühl gewöhnt. Wenn sie nach einer Weile nichts dagegen hat, oder besser noch, wenn sie dich bittet weiterzumachen, bewege den Finger in langsamen Kreisen, seitwärts oder rein und raus. Keine Eile: Lass ihr Zeit, sich daran zu gewöhnen. Frage nach, ob sie sich wohl fühlt, was sie braucht, was ihr gefällt, und achte auch auf ihre Reaktionen: Manchmal bedeutet eine subtile Bewegung, dass sie es mag und du weitermachen sollst. Wenn sie Spaß daran hat, kannst du den Finger noch tiefer hineingleiten lassen und sie weiter stimulieren, doch sei dabei immer vorsichtig.

Wenn es ihr dagegen unangenehm ist, wehtut oder einfach nicht gefällt, lass es sofort sein. Respektiere ihren Willen. Es kann auch sein, dass er oder sie einfach eine stärkere Stimulation von Klitoris oder Penis braucht, um erregt und empfänglich zu sein für diese Art des Gefühls. Doch erzwinge nichts: Es geht für euch beide um Wohlgefühle.

Wenn alles gut geht und dein/e Partner/in dir die Erlaubnis gibt, kannst du einen zweiten Finger dazunehmen, wobei du genauso verfährst, wie eben dargelegt. Normalerweise entsprechen zwei Finger mehr oder weniger der Dicke des Penis (oder Sexspielzeugs), so dass ihr, wenn du sie eine Zeit lang mit zwei Fingern anal stimuliert hast und ihr beide einverstanden seid, einen Schritt weitergehen könnt. Ihr wollt jetzt richtigen Analsex haben? Dann los, doch weiterhin mit Ruhe. Wenn du es als Mann mit dem Penis tun willst, kannst du jetzt ganz langsam mit der Eichel (und nur der Eichel) eindringen, doch halte dann zunächst inne, damit sich ihr Körper darauf einstellen kann. Wenn du ein Sexspielzeug benutzt, musst du besonders vorsichtig sein; schiebe es wenige Zentimeter hinein und warte. Wenn er/sie dir das Okay gibt, fahre fort, aber denke daran, dass das Rektum nicht elastisch ist und sich krümmt. Auf keinen Fall ganz auf einmal eindringen. Außerdem musst du jederzeit abbrechen, wenn er/sie es von dir verlangt.

Nach dem Analsex müssen Finger, Penis oder Sexspielzeug auch wieder ganz langsam herausgezogen werden, da sich, vor allem beim Orgasmus, die Muskulatur zusammenzieht. Anschließend wascht Finger, Penis oder Sexspielzeug ausgiebig mit Wasser und Seife.

Wenn du seine Prostata oder den P-Punkt stimulieren willst, erinnere dich, dass es sich um einen festen Hubbel in der Größe einer Kastanie handelt, ca. 2,5 cm (oder zwei Fingerglieder) tief an der Vorderseite der Rektalwand. Manchmal ist die Prostata vom umgebenden Gewebe verborgen. Du kannst sie mit der Fingerkuppe des Zeigefingers (den du am besten kontrollieren kannst) massieren. Doch wenn er dich bittet aufzuhören, lass es sofort sein: Viele Männer mögen diese Technik nicht, manchen tut es sogar weh.

Tipps für den »Empfänger«

– Praktiziere niemals Analsex, wenn du es nicht wirklich willst oder wenn du deinem Partner nicht vollkommen vertraust. Du musst dich sehr sicher fühlen, damit du dich entspannen und die Penetration genießen kannst. (Eine Frage: Viele Männer, die gerne Analsex mit ihren Freundinnen haben, weigern sich dagegen, umgekehrt penetriert zu werden. Woran liegt das wohl?)
– Geh niemals unvorbereitet an die Sache heran. Du musst unbedingt sehr erregt und gut befeuchtet sein.
– Sag ihm/ihr, wie du dich dabei fühlst, ob es dir gefällt, dich irritiert etc.
– Es darf nicht wehtun. Wenn das der Fall ist, hört sofort auf. Mögliche Gründe: Du bist nicht entspannt genug oder nicht erregt genug oder nicht ausreichend befeuchtet, der Winkel der Penetration ist nicht der richtige etc. Bevor ihr weitermacht, müsst ihr das Problem lösen.
– Als Frau stimuliere dabei deine Klitoris, als Mann den Penis.

Welche Stellung eignet sich am besten? Fast alle Stellungen funktionieren, am meisten verbreitet ist dabei jedoch a tergo. Nichtsdestotrotz lassen sich alle hier besprochenen Positionen an die speziellen Erfordernisse des Analsex anpassen. Benutzt euren Menschenverstand und vergesst die Klitoris/den Penis dabei nicht.

Noch ein Hinweis: Selbst wenn du einverstanden warst oder sogar diejenige, die Analsex vorgeschlagen hat, kannst du deine Meinung immer noch ändern. Hab keine Schuldgefühle, wenn du mittendrin abbrichst. Ihr könnt es ja auf ein andermal verschieben. Und wenn du gar nicht mehr willst, kein Problem: Du hast das Recht, jegliche Sexualpraxis abzulehnen, die du nicht willst. Es geht um dein Wohlgefühl, um deinen Körper. Du und nur du bestimmst darüber.

365 + 1 VORSCHLÄGE

Viel wichtiger als alles andere ist es, du selbst zu sein.«
Virginia Woolf

Stell dir eine Frau am Rande des Nervenzusammenbruchs vor – das bin ich –, die alle ihre Freundinnen anruft und hektisch fordert: »Ich brauche 365 + 1 Idee, die unser Sexualleben bereichern.«

»Typisch«, blafft eine.

»So viele?«, wundert sich eine andere.

»Kein Problem«, meint die Mehrheit.

Wie immer war Z. die Beste: »Hast du Papier und Bleistift? Gut. Dann schreib auf!«

In null Komma nichts hatte ich die Liste zusammen. Moral: Wenn wir nur wollen, fallen uns haufenweise Dinge ein, die unser Leben schöner machen. Und ich habe nicht mal alle aufgeschrieben. Unsere Auswahl soll deine Fantasie anregen. Wie immer, du bist diejenige, die entscheidet, was dir Spaß macht.

1. Liebe deinen Körper . . .
2. . . . und den, mit dem du ihn teilst.
3. Was die anderen tun oder denken, ist völlig egal. Es geht allein um dich.
4. Wenn ihr das nächste Mal ausgeht, zieh keine Unterwäsche an und erwähne das beiläufig, wenn ihr schon auf der Straße seid.
5. Oder sag es ihm nicht, sondern lass es ihn entdecken. (Z. überreicht ihrem Lover unter dem Tisch im Restaurant ihren Tanga . . .)

6. Wenn du eine exhibitionistische Ader hast und es ihn nicht stört, hast du dabei erst recht deinen Spaß. (Such dir die Zuschauer dabei gut aus. Auch sie sollten Spaß daran haben und sich nicht belästigt fühlen.)

7. Vergiss das Märchen: »Wenn er mich richtig lieben würde, wüsste er, was ich will.« Diese Einstellung führt zwangsläufig zu Frustrationen.

8. Lass dich überraschen. Guter Sex hat viel mit deiner Haltung zu tun. Wenn du ängstlich und passiv bist, wirf deine Ängste über Bord. Öffne dich!

9. Schamhaftigkeit stutzt uns die Flügel. Du kannst sie vielleicht nicht über Nacht bezwingen, doch überwinde sie allmählich, Schritt für Schritt.

10. Gib der Missionarstellung mal eine Auszeit. Männer reagieren auf visuelle Reize, und dein Partner wird den Anblick deines Hinterns zu schätzen wissen.

11. Oder setze dich auf ihn und liebkose deinen Körper vor seinen Augen.

12. Steh im Mantel mit nichts drunter vor seiner Tür... außer vielleicht mit einer Flasche Wein. (Diese Szene ist nicht nur für Hollywood-Filme geeignet.)

13. Lass das Licht an. Oder mach noch mehr Licht.

14. Stell dir vor, du bist sexy. Verhalte dich sexy. Dann fühlst du dich auch sexy.

15. Wenn dir etwas nicht gefällt, sag es ihm klipp und klar. Sonst denkt er vielleicht, es macht dir Spaß und macht den gleichen Fehler immer wieder. Viele Frauen klagen, dass ihr Partner immer zu grob mit ihrem Kitzler umgehe – dabei müssten sie es ihm nur einmal sagen. Wahrscheinlich macht er es, wie er es in Filmen gesehen hat.

16. Kissenschlacht. Es gibt nichts Befreienderes als Spielen.

17. Kitzeln, aus dem gleichen Grund. Doch Vorsicht: Manche Leute hassen Kitzeln.

18. Habe Respekt vor ihm. Verlange Respekt von ihm.

19. Sprecht darüber, was ihr mögt und was nicht, über eure Bedürfnisse, Fantasien etc. Ihr werdet beide glücklicher im Bett sein. Wenn es dir schwer fällt über Sex zu reden – Rom wurde auch nicht an einem Tag erbaut. Versuche es erst mal mit kleinen Dingen wie: »langsamer«, »ein bisschen höher«, »beiß mich« oder »noch nicht«. Später traust du dich schon mehr: »Streichle meinen Hintern«, »ich hätte gern, dass du mir in die Brustwarzen beißt«, »ich will, dass du die Klitoris streichelst, wenn wir vögeln«. (Dieses kleine Sätzchen kann so viel Frustration ersparen!)

20. Wenn es ihm schwer fällt, darüber zu reden, stelle ihm Fragen. Aber sei taktvoll dabei, sonst habt ihr beide nichts davon.

21. Sei egoistisch. Denk zuerst an dich. An deinen Spaß. Ohne Schuldgefühle. Ohne Scham.

22. Lasst einen Abend den Fernseher aus. Oder eine Woche. Ihr könnt reden, Dinge zusammen erleben und habt wahrscheinlich besseren Sex. Klingt einleuchtend, oder? Warum macht ihr es dann nicht?

23. Eine gemeinsame Dusche oder ein gemeinsames Bad. Einschäumen, abreiben, einölen ... Du wäschst ihn, er wäscht dich.

24. Wenn du zu denen gehörst, die die Augen schließen und ganz weit weg sind, konzentriere dich diesmal genau auf das, was ihr macht. Sei Voyeurin eurer selbst. Für viele gibt es keinen erregenderen Porno als den eigenen.

25. Filmt euch dabei. Ihr könnt den Film ja immer noch löschen.

26. Vergiss nicht, ihm zu sagen, dass du ihn begehrst, dass er der Beste ist, dass du sein Glied liebst und dergleichen ... Sein Ego wird es dir danken, und der Sex auch.

27. Für ihn: Auch wir Frauen mögen, wenn ihr uns sagt, dass wir die Besten sind, dass unser Busen, Hintern oder Was-auch-immer fantastisch ist.

28. Was einen guten Liebhaber wirklich auszeichnet, ist die Tatsache, dass er ein guter Liebhaber sein will. Alles andere ist erlernbar. Ein neugieriger, offener Mann, der dich erforschen will,

sich an dir erfreuen will, mit dir teilen will, wissen will, was du magst, und dir zeigen will, was er mag, ist der richtige Mann! Auf weniger lass dich nicht ein.

29. Das Gleiche gilt natürlich auch für dich. Befrage dein Gewissen.

30. Profil einer sexuell befriedigten Frau: Sie übernimmt selbst die Verantwortung für ihre Befriedigung; sie kennt ihren Körper und weiß, was ihr Lust bereitet; sie kann ihre Bedürfnisse ausdrücken und sorgt dafür, dass sie befriedigt werden, auch wenn sie dafür eintreten muss; sie befriedigt sich selbst, wenn sie Lust dazu hat; Sex ist ihr nicht peinlich, sondern etwas ganz Natürliches; sie probiert neue Sachen aus, auch wenn sie sich erst überwinden muss sie vorzuschlagen; sie liebt ihren Körper und ist gut zu ihm ... Wenn du findest, du bist ihr nicht sehr ähnlich, sei nicht frustriert: Du kannst es lernen.

31. Iss mit viel sagenden Blicken eine Banane oder ein Eis am Stiel und lass ihn zuschauen.

32. Zieh deinen Partner ganz langsam aus. Nimm dir Zeit dafür. Er soll warten, er soll leiden – er wird es genießen.

33. Wenn er dich auszieht, bitte ihn, dir etwas anzulassen. Zum Beispiel Strümpfe, den Strumpfhalter oder den BH. Lass ihn den BH so herunterziehen, dass die Brüste oben herausschauen (wenn es das Modell erlaubt).

34. Mal seinen Körper an, und er malt deinen Körper an.

35. Tanzt miteinander und gebt euch dem Rhythmus hin.

36. Lerne, ein Nein zu akzeptieren. Wenn er keine Lust hat, hindert dich niemand daran, dich selbst zu befriedigen.

37. Auch er muss dein Nein akzeptieren.

38. Bitte ihn, sich vor dir selbst zu befriedigen, und achte darauf, wie er es tut.

39. Befriedige dich vor seinen Augen und zeig ihm dabei, wie du es gern hast.

40. Gewöhne dich nicht an eine bestimmte Art der Stimulation. Probiere neue Sachen aus und erweitere, je nach Lust, dein Repertoire.

41. Manche Dinge haben eine zweite Chance verdient. Beim zweiten Mal klappt es oft besser. Denk dran, Menschen entwickeln sich und Vorlieben können sich ändern.

42. Beschreibe ihm in einem Brief, was er in deiner Fantasie mit dir tut. Schick ihm den Brief mit der Post.

43. Bitte ihn, dir zu schreiben.

44. Wie wäre es mit einer erotischen Korrespondenz zwischen euch? Selbst wenn ihr zusammenlebt, kannst du auf diese Art vielleicht hemmungsloser, romantischer, leidenschaftlicher sein, und er genauso.

45. Wenn ihr es noch nicht tut, solltet ihr unbedingt Gleitcremes ausprobieren. Das sollte Vorschrift sein.

46. Rollenspiele können sehr erregend sein. Du kannst dich benehmen, wie du immer schon mal wolltest: das unschuldige Mädchen, die Verruchte, die unterwürfige Geisha, die Domina ... Oder verkleide dich als Ärztin und gib ihm seine Medizin.

47. Wenn du lieber Patientin bist, kauf ihm einen weißen Kittel, und er soll der Arzt sein.

48. Spielt Lehrer/Schüler in verschiedenen Varianten. »Du willst also die Prüfung bestehen, ohne gelernt zu haben? Wie stellst du dir das vor?«

49. Geh in einen Sexshop und kauf etwas für dich.

50. Oder überrasche ihn mit etwas.

51. Geht zusammen dorthin und jeder sucht sich etwas aus. Ihr zeigt es euch erst, wenn ihr zu Hause seid.

52. Erinnere dich an die Liebe, auch wenn du in Ekstase bist. Ein Blick, eine zartere Berührung, ein Griff nach seiner Hand, ein Kuss ...

53. Sei spontan. Nicht alles bewerten, planen, kontrollieren wollen. Lass dich treiben. *Befreie deinen Geist, dein Körper wird folgen.*

54. Nimm beim Koitus eine aktive Rolle an. Achte darauf, ob sein Penis gerade ist oder sich in eine Richtung krümmt, welche Zonen deiner Vagina bei welcher Bewegung stimuliert werden. Bewege dich so, dass du mehr Lust verspürst.

55. Schick ihm ein Telegramm ins Büro, mit dem du ihn in ein Hotel bestellst.

56. Oder telegrafiere ihm: »Du machst mich ganz heiß.«

57. Vergiss deine Kegel-Übungen nicht. Morgens, mittags und abends. Du wirst es nicht bereuen.

58. Auch er kann seine Muskulatur trainieren. Nur so kann er multiorgasmisch werden. Brauchst du Argumente? Der Durchmesser seines Penis während der Erektion wächst (er wird muskulöser).

59. Schenk ihm eine erotische Zeitschrift und zeige ihm die Seiten, die dich anmachen.

60. Er zeigt dir seine Lieblingsseiten.

61. Versöhnungssex. Der Nachteil: Vielleicht wollt ihr mehr davon. Wie gut so ein Streit tun kann!

62. Du bist müde und hast keine Lust. Am liebsten würdest du gleich schlafen. Lass dich heute ausnahmsweise überreden. Macht es in einer Stellung, die nicht anstrengend für dich ist und warte, was passiert; vielleicht kommt deine Energie ja zurück.

63. Wenn du ein Problem hast oder ernste Zweifel im Hinblick auf dein Sexleben, suche einen Spezialisten auf. Das Gleiche gilt für ihn.

64. Er soll dich durch die Unterhose hindurch streicheln. Bis du kommst.

65. Mach dasselbe mit ihm.

66. Missionarstellung: Heb dein Becken an, indem du mehrere Kissen darunter schiebst. Du wirst den Unterschied merken.

67. Wenn ihr gerne esst: Kocht ein gutes Abendessen mit gutem Wein. Du bist unter der Schürze nackt.

68. Ruf ihn bei der Arbeit an und beschreib ihm, was du anhast.

69. Oder beschreibe ihm, was du mit ihm tun wirst, wenn du ihn das nächste Mal siehst.

70. Oder erkläre ihm bis ins Detail, wie ihr heute Abend vögelt.

71. Telefonsex: Wenn er ein Handy hat, sag ihm, er soll sich irgendwo verstecken, wo du ihn anrufen kannst.

72. Oder umgekehrt: Er ruft dich an.

73. Kauf ein Paar Handschellen und verhafte ihn wegen Geschwindigkeitsübertretung. Oder wegen Schwarzhandels. Oder dafür, dass seine Schuhe schmutzig sind.

74. Komplizenhafte Blicke: Ihr seid mit Freunden auf dem Land. Wirf ihm immer wieder Blicke zu und lass hier und da deine Hand das Terrain ergründen. Sende den ganzen Tag eindeutige Botschaften aus, die ihn schon mal für später vorwärmen.

75. Und wenn ihr mal schnell in den Wald verschwindet, in die Garage, auf den Dachboden oder ins Bad? Es gibt so viele Möglichkeiten: schneller Sex, Fellatio, Cunnilingus, nur mit den Händen ...

76. Rote Grütze, Joghurt, Pudding, Mousse au chocolat, Vanillesoße, Erdbeeren, geschälte kernlose Trauben, Gefrorenes auf seinem/deinem Geschlecht ... Auch an anderen Körperzonen: ein Stück Schokolade, ein Schluck Milch oder Honigtropfen im Bauchnabel.

77. Verbinde ihm dabei die Augen und er muss raten, was es ist.

78. Lass ihn von der Banane kosten, mit der du dich vorher vor seinen Augen liebkost hast. (Dieser Tipp ist natürlich von Z. Muss ich noch sagen, dass ihr Mann ihr zu Füßen liegt?)

79. Wenn dein Mann lieber Zigarren raucht, befeuchte du für ihn die Spitze – du weißt schon wie. Doch Vorsicht, Nikotin kann die Schleimhäute reizen.

80. Ein einsamer Strand bei Nacht.

81. Macht es, ohne euch auszuziehen.

82. Einer ist nackt, der andere angezogen. Das Gefühl von Macht und Unterwerfung kann berauschend sein.

83. Schenk ihm einen feinen Pinsel für deinen Kitzler.

84. Achte auf seine Reaktionen bei bestimmten Szenen in Filmen, Gesprächen oder Situationen, um herauszufinden, was ihn scharf macht.

85. Die Nacht bricht herein. Schlag ihm eine Ausfahrt mit dem Auto vor – nur in Unterwäsche. (Eindeutig Z. ...)

86. Lies ihm eine erotische Geschichte vor oder einen Absatz, der dir besonders gefällt.

87. Wenn ihr Lust habt, gestaltet eure eigene Inszenierung.

88. Spielt Karten. Wer verliert, muss ein Pfand abgeben.

89. Oder dem Gewinner einen Dienst erweisen.

90. Es gibt auch erotische Brettspiele für Paare.

91. Schneller Sex, bevor die Gäste kommen – oder vor einem Familienfest.

92. Wenn euch eine Geschäftsreise ein paar Tage trennt, versprecht euch absolute Abstinenz (keine Selbstbefriedigung!), aber heizt euch täglich auf: mit erotischer Lektüre (wie wär's, wenn ihr das gleiche Buch lest?), Zeitschriften, Telefongesprächen. Bis ihr bei eurem Wiedersehen der Qual ein Ende macht.

93. Wenn ihr nie voneinander getrennt seid, beschließt eine Zeit der Abstinenz. Einen Zeitraum, der euch schwer fällt. Ihr sollt vor Lust vergehen. Dabei sollt ihr euch so viel wie möglich mental stimulieren: Lektüre, Filme etc.

94. Oder: die Übungen zur sensorischen Rückfokussierung.

95. Schenk ihm einen Penisring und einen Blowjob.

96. Küsse ihn, berühre ihn, sag ihm schöne Dinge, aber nicht nur, wenn ihr intim seid. Beziehungen gestalten sich über 24 Stunden am Tag.

97. Bitte ihn um dasselbe. Wenn du ständig gibst und er nicht, ohne gute Gründe zu haben, solltest du dich fragen, ob er es wert ist.

98. Geh auf ihn ein. Zeig ihm, dass du ihm zuhörst und tust, worum er dich bittet (solange es dich nicht abstößt), lerne, was er mag.

99. Manchmal ist es schwierig, unsere intimsten Wünsche auszusprechen. Reich ihm die Hand, verurteile ihn nicht und lache ihn nicht aus. Erwarte das Gleiche von ihm.

100. Setz dich mit einer Flasche Sekt in die Badewanne (am besten Champagner, wenn du es dir leisten kannst) und fordere ihn auf, dich trocken zu lecken.

101. Trink Sekt aus seiner Achselhöhle, dem Bauchnabel oder irgendeiner anderen Vertiefung seines Körpers. Wahrscheinlich kitzelt es, aber er muss stillhalten.

102. Verhütung geht euch beide an. Safer Sex ebenso.

103. Sag ihm, wie erregt, wie feucht, wie heiß du bist.

104. Wenn ihr Kinder habt: Schickt sie zu den Großeltern oder tauscht mit einer befreundeten Familie (ein Wochenende bei ihnen, eins bei euch), um 24 Stunden für euch zu haben.

105. Lade ihn auf ein hemmungsloses Wochenende ein: in eine Stadt, die ihn interessiert, ans Meer oder auch zum Go-Cart-Fahren. Freude erweckt Leidenschaft.

106. Nimm einen Eiswürfel in den Mund und spiele mit seinem Körper.

107. Manche Frauen stecken sich einen Eiswürfel in die Vagina – probiere es zunächst mit einem kleinen Stückchen.

108. Kaltes und warmes Wasser und ein guter Blowjob.

109. Nimm Gelee in den Mund – und seinen Penis.

110. Probier es unbedingt mal mit Baileys aus.

111. Und wenn er nicht von selbst draufkommt, gib ihm einen Schubs: auch *dein* Geschlecht will so delikat garniert werden.

112. Mehrdeutige Gespräche – mit ihm oder jemand anderem – sind immer anregend.

113. Mit einer selbstbewussten, hemmungslosen Freundin wie Z. über Sex zu reden, auch. (Ich wünsche dir eine Freundin wie sie.)

114. Suche deinen G-Punkt. Mit der Hand, mit seiner, seinem Penis, einem Sexspielzeug oder Ähnlichem. Denk dran, du musst vorher schon erregt sein, und gib den Plan nicht auf, wenn es beim ersten Mal nicht klappt.

115. Frag ihn, ob es ihm recht ist, wenn du seinen P-Punkt suchst.

116. Spiel mit seinem Perineum. Massiere, reibe, drücke es mit dem Daumen oder mit den Knöcheln des Zeige- und Mittelfingers.

117. Mach das Licht aus und leuchte mit einer Taschenlampe auf die Stellen, die dich heute besonders interessieren.

118. Stöhne, wenn es dir Spaß macht. Ihm gefällt es bestimmt.

119. Hör dir selbst zu. Stöhne, atme, rede. Lass dich von deiner eigenen Erregung anmachen.

120. Hör ihm zu. Wie er atmet, was er flüstert, ob er stöhnt. Wenn er ganz still ist, ermuntere ihn, sich gehen zu lassen, vielleicht ist es ihm bisher peinlich gewesen. Aber versuche nicht, ihn gegen seinen Willen zu überreden. Manche Menschen genießen das Schweigen.

121. Hört auf eure Körper. Warum sind uns unsere Körpergeräusche peinlich? Manche sind sehr aufregend, über andere könnt ihr gemeinsam lachen. So sind wir halt.

122. Lasst euch zur Musik gehen. Das ist allerdings ein schlechter Rat, wenn du es gern romantisch hast und er auf Heavy Metal steht.

123. Es gibt spezielle Platten für erotische Begegnungen. Frage in einem Sexshop oder in einem gut sortierten Plattenladen.

124. Hört zusammen Walkman: ein Ohrstöpsel für jeden.

125. Verschenke deine kitschigen Schlafanzüge. Und seine, wenn sie dir nicht gefallen. Wenn er sie vermisst? Schieb es auf den Hund oder die Waschmaschine.

126. Hast du schon mal daran gedacht, dass er dich beim Anziehen oder Ausziehen heimlich beobachten könnte?

127. Benutze beim Masturbieren reichlich Gleitcreme.

128. Wenn du im Internet surfst, sieh dir die Seite des Sexshops Good Vibrations an (www.goodvibes.com).

129. Pack ihn in der Missionarstellung herzhaft am Hintern.

130. Sei wagemutig. Sei verwegen. Es gibt nichts Schlimmeres, als ohne Verrücktheiten zu leben.

131. Während ihr es tut, sammle deine Gedanken und konzentriere dich auf das, was zwischen euch geschieht. Lebe den Augenblick ganz bewusst.

132. Sieh ihm in die Augen, wenn du kommst oder wenn er kommt.

133. Die Wunschschachtel: Jeder schreibt seine Wünsche auf Zettelchen (eins für jedes Verlangen): »Oralsex«, »Du versohlst

mir den Hintern«, »Nichts machen müssen«, »In der Badewanne vögeln«, »Du nimmst mich von hinten« ... Wie in der
Lotterie zieht ihr jedes Mal eins heraus. Natürlich ist keiner
verpflichtet, etwas zu tun, das er nicht will.

134. Jeder hat seine eigene Wunschschachtel, und wenn du den anderen besonders verwöhnen willst (oder er dich), ziehst du ein
Zettelchen aus seiner Schachtel.

135. Streichle ihn wach. Das ist schöner als der Wecker.

136. Streichle ihn wach. Aber zuvor hast du ihn gefesselt.

137. Oder wecke ihn, indem du mit seiner Hand über deinen nackten Körper streichst.

138. Wenn ihr es immer am gleichen Wochentag um dieselbe Uhr-
zeit macht, findest du nicht, es ist Zeit für Abwechslung?

139. Küssen. Nur küssen. Ohne andere Absichten, als euch zu küssen. Ein Kuss nach dem anderen, wie Teenager, die sich noch
nicht mehr trauen.

140. Schlüpfrige Küsse. Teilt euch eine Olive, eine Erdbeere oder
eine Praline. Du hast die Lippen voller Honig und findest
keine Serviette.

141. Chinesische Kugeln oder etwas Ähnliches. Du führst sie dir
vor seinen Augen ein, bevor ihr zur Hochzeit deiner Cousine
geht. Woran, glaubst du, wird er während der Trauung denken?

142. Oder du sagst ihm nichts davon, sondern bittest ihn mitten auf
dem Fest, dir zu helfen, sie herauszuziehen.

143. Sei nicht schüchtern. Sei nicht schüchtern. Sei nicht schüchtern.

144. Er darf gebieten. Sein Wunsch ist dir Befehl.

145. Du darfst gebieten. Räche dich.

146. Geht noch weiter: Der Sklave wird ans Bett gefesselt. Seine
Herrin kann ihm Essen bringen, ihm erlauben sich zu waschen
oder sie zu waschen, was ihr wollt, und sie darf sich natürlich
des Sklaven bedienen, sooft sie die Lust verspürt ... Oder das
Ganze umgekehrt.

147. Wenn du kurz davor bist zu kommen, halte inne und beginne noch einmal von vorn. Verschiebe deinen Orgasmus, sooft du kannst. Am Ende ist er noch intensiver.

148. Schlag ihm das Gleiche vor.

149. Wasch ihm die Füße. Seine Zehen werden zu oft vernachlässigt.

150. Das Gleiche gilt für den Kopf. Wasch ihm die Haare. Massiere seine Kopfhaut.

151. Zurück in die Kindheit: Schenk ihm ein Spielzeugauto. Er soll damit auf deinem Körper herumfahren.

152. Fahr auf seinem Körper herum. Riskiere Verkehrsübertretungen.

153. Sobald du sehr erregt bist, nimm eine Stellung ein, in der der Penis ganz tief eindringen kann, um die empfindlichen Zonen um den Muttermund und den Cul-de-sac zu erreichen.

154. Schick ihm eine E-Mail. Beginne eine Geschichte, die er weiterspinnen soll. Wohin wird es gehen? Was passiert, wenn ihr euch wiederseht?

155. Oralsex mit Dreitagebart: schlechte Kombination. Gib ihm zu verstehen, dass er sich rasieren soll.

156. Sorgt für weiche Haut. Er genauso wie du. Auch für Männer gibt es Cremes, Lotionen und Parfüms. Wenn er das noch nicht wusste, schenk ihm welche.

157. Nehmt beim Sex nicht immer die Überholspur. Je mehr Zeit ihr euch nehmt, desto besser ist er.

158. Trefft euch in einer Bar und tut so, als würdet ihr euch eben kennen lernen. Lasst dabei eurer Fantasie freien Lauf.

159. Wie wäre es mit einem Kurzurlaub für dieses Rollenspiel? Ein Wochenende oder mehr, in dem ihr ganz andere Personen als im Alltag seid.

160. Noch eine Möglichkeit: Schicke ihm eine Bestätigung, dass die von ihm bestellte Hostess ihn um 20.00 Uhr im Hotel X in Zimmer Y erwarten wird ...

161. Oder willst du lieber die Dienste eines Begleitservice nutzen?

Dann gib deinem Callboy Instruktionen. Vergiss nicht, ihn zu bezahlen – er soll dir davon etwas Schönes zur Erinnerung an euer Abenteuer kaufen.

162. Geh ihm an die Hose – im Restaurant, im Kino, im Auto oder an einem anderen öffentlichen Ort. Vorsicht im Verkehr: erhöhte Unfallgefahr.

163. Oder knöpf dir die Bluse immer weiter auf, schieb deinen Rock hoch, lass den Slip heruntergleiten ...

164. Noch mehr? Spiel vor seinen Augen an dir herum. (Im Auto bedeutet das erhöhte Unfallgefahr. Außerdem: An den Ampeln haben Lastwagen und Busse Einblick.)

165. Bist du ein bisschen faul? Dann soll er dich anfassen.

166. Verbinde ihm die Augen. Du kannst ihn füttern, ausziehen, ihn dich ausziehen lassen – was euch Spaß macht.

167. Er verbindet dir die Augen.

168. Ihr habt beide die Augen verbunden und teilt euch ein Sexspielzeug.

169. Teilt euch eine Videokabine. Normalerweise dürft ihr zwar nicht zusammen hinein, aber man wird sicher ein Auge zudrücken.

170. Spiele mit Düften.

171. Sag ihm, er soll deine Klitoris mit dem großen Zeh oder mit dem Fuß stimulieren.

172. Oder mit seiner Eichel.

173. Masturbiere ihn mit den Füßen.

174. Oder mit den Brüsten. Dazu müssen sie nicht besonders groß sein – hilf mit den Händen nach.

175. Oder mit den Schenkeln.

176. Oder nimm viel Gleitcreme und wickle eine Perlenkette um seinen Penis, die du hoch und runter schiebst. Du kannst sie auch um deine Hand wickeln. Vorsicht mit dem Verschluss.

177. Streichle ihn mit deinem Haar. Ohne Gleitcreme.

178. Täusche nichts vor. Das hast du nicht verdient. Er auch nicht.

179. Falls du keinen Vibrator hast – vielleicht hast du Lust, dir einen zu kaufen?

180. Eine gute Strategie, ihn in deine Vorlieben einzuweihen: Lies etwas Erotisches und fahre dabei mit dem Vibrator über deinen Körper. Wenn du heiß bist, lass ihn zu deinem Geschlecht gleiten ...

181. Wenn du bereits einen Vibrator besitzt und Spaß damit hast, probiere ein anderes Modell aus. Zum Beispiel einen mit Stimulator für den Kitzler oder mit kleinen Kugeln für den G-Punkt.

182. Lass ihn teilhaben. Streichle behutsam die Innenseiten seiner Schenkel mit dem Vibrator, das Perineum, die Hoden, den Schaft, den Eichelkranz.

183. Empfange ihn in verführerischer Unterwäsche. Dich sexy zu fühlen, steigert auch deinen Genuss.

184. Wenn dich seine Unterwäsche abturnt, schenk ihm etwas Aufregenderes.

185. Erforsche seine Hoden.

186. Erzähle ihm von einer deiner Fantasien.

187. Wenn du dich nicht traust, schreib sie ihm auf.

188. Nimm dich auf Video auf. Schenk ihm die Kassette, wenn du verreist, oder seht sie euch gemeinsam an.

189. Sprecht miteinander, wenn ihr zusammen im Bett seid. Wenn du dich nicht traust, fang mit Stöhnen an. Von »aaah«, »oooh«, »mmmh« kannst du dich zu »jaaah«, »sooo«, »guuut« vorarbeiten, und ab da immer weiter. (Oder übe zu reden, während du masturbierst.)

190. Sag ihm Schweinereien. Versuche es erst mit etwas Gemäßigtem (manche stehen nicht darauf) und komm dann allmählich zur Sache. Oder sprich mit ihm zuerst darüber.

191. Wenn du nicht weißt, was du sagen sollst, sieh dir einen Porno an oder lies ein erotisches Buch, dann wirst du bald Expertin sein.

192. Sag ihm, er soll sich nicht bewegen, und du übernimmst das Kommando.

193. Streike und lass ihn machen.

194. Eine Striptease-Einlage hat noch keinem geschadet.

195. Zieh dabei das Trikot seines Lieblingsvereins an beziehungsweise aus.

196. Streichle ihn, streichle ihn, streichle ihn, aber fass seinen Penis erst an, wenn er dich darum anfleht.

197. Das Gleiche, nur er streichelt dich.

198. Jeder sucht dem anderen ein erotisches Buch aus.

199. Schaffe ein geeignetes Ambiente. Wenn ihr zusammenlebt, wie sieht euer Schlafzimmer aus? Ist es warm? Lädt es zu Intimitäten ein?

200. Im Winter solltest du darauf achten, dass es warm genug ist. Wenn es kalt ist, kommt keine heiße Stimmung auf.

201. Die Sonnenstrahlen im Sommer sind auf euren Körpern besonders reizvoll. In der Wohnung, auf einer Wiese oder am Strand ...

202. Schreibe ein Drehbuch. Sag ihm, dass er sich an seine Rolle halten soll.

203. Verbinde ihm die Augen, und dann immer der Nase nach: Deine Brüste riechen nach Minze, dein Hals nach Jasmin, dein Schamhaar nach Sandelholz ... (Vorsicht, dass ihm nicht schwindelig wird.)

204. Macht, was ihr wollt – aber ohne Hände.

205. Das Schlafzimmer ist nicht der einzige Raum, in dem ihr Sex haben könnt. Wie wäre es im Wohnzimmer (auf dem Sofa, dem Teppich ...), auf dem Esstisch, der Arbeitsplatte in der Küche oder auf dem Balkon?

206. In der Garage, im Keller, im Aufzug, im Treppenhaus ...

207. Noch weiter weg: zum Beispiel im Kino.

208. In der Toilette eines Restaurants, Hotels, Flughafens ...

209. In einer Umkleidekabine.

210. Auf der Kühlerhaube eures Autos.

211. In der Waschstraße.

212. Im Büro.

213. Kauft euch Flugtickets – wohin, ist egal. Macht Liebesspiele über den Wolken. Dazu müsst ihr euch nicht mal auf der Toilette einschließen.

214. Kondome sind deine Freunde. Platziere sie überall in der Wohnung – nicht nur im Nachttisch, sondern auch in deiner Handtasche, unter den Sofakissen im Wohnzimmer, in der Küche. Du weißt nie, wo du sie brauchen wirst.

215. Ihr mögt es härter? Zieh hohe Lederstiefel an und ein Latexmieder.

216. Schreibe ihm Botschaften auf deinen Körper: »Küss mich« mit einem Pfeil, »Beiß mich sanft an diese Stelle«, »Hier Streichelbedarf«, »Leck mich ab« und noch ein Pfeil …

217. Wonach riecht dein Zimmer? Weihrauch, Duftkerzen, deinem Parfüm …

218. Du hast keinen Freund. Warum masturbierst du nicht? Du weißt, dass Sex allein genauso gesund und natürlich ist wie Sex mit einem Partner.

219. Du hast einen Partner. Warum hörst du deswegen auf, dich selbst zu befriedigen?

220. Spiele vor einem Spiegel mit deinem Körper. Sieh dir dabei zu.

221. Wenn du es noch nicht ausprobiert hast: Nimm den Wasserstrahl der Dusche.

222. Wenn du immer mit den Fingern masturbierst, lerne, nur durch Anspannung der Schenkel zu kommen. Fange damit an, dass du es genauso machst wie sonst, aber wenn der Orgasmus kommt, spannst du die Muskeln kräftig an. Nach ein paar Mal, wenn du trainiert hast, ist es äußerst stimulierend; dann setze die manuelle Stimulierung aus und komme nur durch den Druck der Schenkel zum Orgasmus.

223. Ihr arbeitet viel und habt wenig Zeit. Lasst eine Mahlzeit ausfallen, schaltet den Fernseher aus oder stellt den Wecker früher.

224. Oder holt eure Kalender heraus und macht einen Termin aus, selbst wenn es erst in einer Woche möglich ist.

225. Auch wenn ihr Zeit habt: Verabredet einen Termin. Den genauen Zeitpunkt zu wissen, steigert die Erwartung.

226. Wenn du mit seinem Penis spielst, verwöhne besonders das Vorhautbändchen.

227. Besorge dir eine Anleitung für erotische Massagen und viel Massageöl.

228. Nach der Massage: Handarbeit.

229. Dann mündlich.

230. Kauf dir sexy Bettwäsche. Lass einmal die Blümchen und Pastellfarben beiseite.

231. Besorg dir einen Katalog mit Reizwäsche und frag ihn, was ihm am besten gefällt.

232. Ihr hattet ausgiebigen Sex, er ist gekommen, du bist gekommen, doch du willst noch mehr. Bitte ihn, dich weiter zu stimulieren, oder mach du es selbst.

233. Erforsche seine erogenen Zonen. Vergiss nicht seine Brustwarzen, oft sind sie sehr sensibel.

234. Er soll deine erogenen Zonen erforschen. Frauen bestehen nicht nur aus Brustwarzen.

235. Manche Stellen unseres Körpers werden immer vernachlässigt: die Armbeuge, die Achseln, die Handflächen, die Ohrmuschel...

236. Reserviert ein Zimmer im teuersten Hotel, das ihr euch leisten könnt.

237. Geht zusammen in einen Pornofilm oder eine Peepshow.

238. Verstecke deinen Körper nicht.

239. Vergiss deine angeblichen körperlichen Mängel. Hörst du etwa gerne, wenn er über seine Rettungsringe, seine Glatze, die dürren Oberarme oder den flachen Hintern jammert?

240. »Liebling, möchtest du einen Aperitif?« Zieh dein Kleid aus, und er darf sich aussuchen, worauf er Lust hat.

241. »Das Essen ist fertig.« Und du setzt dich nackt auf den Esstisch.

242. Reibt euch mit Gleitcreme ein und spielt mit euren Körpern.

243. Am besten vor dem Spiegel. Oder vor mehreren.

244. Während des Koitus: Legt es nicht direkt auf den Orgasmus an. Ihr kennt die Umwege.

245. Wenn er das nächste Mal deinen Kitzler leckt, bitte ihn, mit dem Kinn gegen den Scheideneingang zu drücken.

246. Häng das Telefon aus und schalte das Handy ab. Oder ruf bei einer heißen Telefonansage an.

247. Du bist allein. Er kommt in einer Stunde. Stimuliere dich, aber bring dich nicht zum Orgasmus.

248. Traut sich einer von euch beiden, sich piercen zu lassen? Manche Frauen berichten, dass es sich gut anfühlt, wenn er einen Ring trägt oder mehrere.

249. Wenn ihr einen Kamin habt: Macht es auf dem Teppich oder einer Decke.

250. Das beste Rezept, um zu multiplen Orgasmen zu kommen: Oralsex, während seine Finger den G-Punkt stimulieren.

251. Oder, wenn ihr wollt, mit einem Dildo, Vibrator oder Öko-Penis.

252. Hol ihm in der Dusche einen runter, während heißes Wasser über seinen Körper strömt.

253. Macht es bei Kerzenlicht. Oder besorg farbige Glühbirnen oder häng bunte Tücher über die Lampen. (Vorsicht, Brandgefahr.)

254. Setz dich auf ihn und zeige ihm, wie man die Hüften bewegt: mehrere flache Stöße, ein tiefer; kreisende Bewegungen; Seitwärtsbewegungen; variiere das Tempo ...

255. Wenn du Entspannung brauchst oder es dir mehr Spaß macht, wenn du dich vorbereitet hast, erschaffe ein Ritual, das du vor dem Sex zelebrierst, wann immer du kannst. Baden, eincremen, parfümieren, ein Glas Wein, Musik ...

256. Fotografiert euch gegenseitig. Wenn ihr wollt, mit einer Polaroid- oder Digitalkamera.

257. Massiert euch gegenseitig mit dem Duschstrahl.

258. Habt ihr schon mal Sadomaso *light* ausprobiert? Ein paar

Schläge auf den Hintern, Bisse, eingeschränkte Aggressivität ... Es ist nicht pervers, Unterwerfung und einen gewissen Grad von »Misshandlung« aufregend zu finden.

259. Fessle deinen Partner (ein andermal kann er dich fesseln); spiel mit ihm, bring ihn zum Schwitzen. Nimm dazu Nylonstrümpfe, Krawatten etc. Das Opfer sollte sich nicht befreien können.

260. Imitiere Madonna und lass Kerzenwachs auf ihn tropfen. Aber sei vorsichtig! Es tut nämlich weh, wenn auch nur einen Moment.

261. Peitsche ihn aus, mit der Hand, der Rückseite einer Bürste oder mit einer mehrschwänzigen Peitsche – kontrollierte Folter. Lass dich im Sexshop inspirieren.

262. Lasst es drauf ankommen, dass euch jemand sieht. Habt Sex bei Licht, offenen Vorhängen und geöffneten Fenstern.

263. Lass ihn deinen BH aufessen – es gibt essbare zu kaufen.

264. Oder lass ihn deinen Slip zerreißen.

265. Probiert mal Kondome mit Geschmack.

266. Fessle ihn. Zieh dich vor ihm aus, streichle und liebkose dich, bis er um Gnade winselt.

267. Sobald er eine Erektion hat, schlinge ihm eine Schnur um den Penisschaft. Wenn er kommt, lass ihn frei. Aber sei vorsichtig!

268. Für Beckenbodenprofis: Mach das Gleiche, nur dass du mit den Scheidenmuskeln zudrückst. Im richtigen Moment lässt du los.

269. Streichelt euch durch ein Satinlaken hindurch.

270. Macht es nackt, nur mit Stiefeln.

271. Unterwasser-Sex. Hast du dich im Sommer noch nie gefragt, was die ganzen umschlungenen Pärchen ein paar Dutzend Meter vor dem Strand in der Dünung so lange machen.

272. Gruppensex: Entweder mit Bekannten oder mit Unbekannten – Swingerclubs etc.

273. Streichelst du ihn immer mit den Händen? Liebkose seine Brust mit deinem Haar, den Rücken mit deinen Brüsten, seinen

Hintern mit deinem Bauch, die Fußsohlen mit den Fingerknöcheln ...

274. Oder probiere verschiedene Materialien aus: eine Feder, einen Staubwedel, einen Pinsel, Watte, ein Seidentuch, oder rauere Dinge wie eine Bürste, grobes Leinen, einen Naturschwamm ...

275. Er rasiert dir das Schamhaar. (Wenn es nachwächst, kann es ziemlich jucken.)

276. Oder du rasierst dich selbst, ohne es ihm anzukündigen.

277. Rasier du ihn. Wenn er das Gefühl hat, einen kleinen Penis zu haben: Rasiert sieht er viel größer aus.

278. Pflege dein Schamhaar wie dein Haupthaar auch: Es gibt viele Kosmetikinstitute, die sich darum kümmern. Viele Frauen lassen sich zum Beispiel graue Schamhaare tönen. Wenn er Geburtstag hat, freut er sich sicher auch über ein rotes Herz ...

279. Du kannst dir auch zu Hause mit einer normalen Tönung (auswaschbar oder intensiv) die Haare färben. Deck die Schamlippen dabei mit Watte ab.

280. Und er?

281. Wenn du noch nie einen Stringtanga getragen hast, probier es aus. Er kann stimulieren.

282. Kinoabend. Leiht euch einen Porno aus (oder mehrere).

283. Spielt ihn nach.

284. Nimm eine alte Jeans und eine alte Bluse und verziere sie mit strategischen Schnitten ...

285. Schenk ihm künstlerische Fotos von dir. So gewagt wie möglich.

286. Kurz vor Weihnachten: Wie wär's mit einem schönen Kalender für das nächste Jahr? Du bist das Bunny: zwölf Posen, für jeden Monat eine.

287. Wenn du deinen Kalender noch verfeinern willst, gib ihm für jeden Monat eine Idee mit auf den Weg. Januar: »Du bist der Schneemann und ich die strenge Herrin, die dich fest klopft.« Februar: »Zimmerreservierung in einem Hotel am Valentinstag.« März: »Eine Striptease-Nacht.« April: »Ich bin dein

Osterhäschen.« Mai: »Ich bin eine Woche lang deine Sklavin.« Juni: »Ich habe eine Überraschung für dich.« (Zum Beispiel einen Kurztrip nach Paris.) Juli: »Du bist mein Sklave.« August: »Jetzt können wir im Meer *spielen* ...« etc.

288. Noch eine Geschenkidee: Treibe einen Maler auf, der dich als nackte Venus malt.

289. Oder einen Zeichner, der dich als Pin-up-Girl zeichnet.

290. Schenk ihm eine Ménage à trois.

291. Er will Sex? Widerstehe ihm. Mach ihm klar, dass er sich anstrengen muss, um dich zu überzeugen.

292. Kannst du auswendig aufsagen, was er macht, bevor er in dich eindringt? Und er weiß auch genau, was du machst? Ein ernster Rat, damit ihr euch treu und scharf aufeinander bleiben könnt: Lasst keine Routine aufkommen.

293. Knabbere durch die Hose an ihm herum und blase warme Luft durch den Stoff.

294. Nicht nur Frauen werden gern zärtlich gestreichelt.

295. Freistilringen. In Unterwäsche.

296. Lass deine Zunge über sein Perineum und um den Anus kreisen. Wie reagiert er?

297. In umgekehrter Richtung: mit der Zunge vom Perineum zur Eichel, ganz langsam.

298. Trinkt zusammen aus einem Glas.

299. Sommer. Strand. Bikini. Eis. Es tropft.

300. Alles ist erlaubt, wenn es dir Spaß macht, ihm Spaß macht und keinem wehtut.

301. Austern, Kaviar, Spargel, Feigen ... Kocht ein Essen mit aphrodisierenden Gerichten. (Das beste Aphrodisiakum ist und bleibt dein Kopf.)

302. Wenn ihr Sex habt, vergiss nicht ihn anzufassen: den Hintern, das Perineum, die Hoden ...

303. Egal ob du gerade euren zweijährigen Sohn fütterst oder mit Freundinnen einen trinken warst, flüstere ihm etwas Obszönes ins Ohr.

304. Er telefoniert gerade, du spielst mit ihm: Zeig ihm etwas, streichle ihn durch die Hose, beiß ihn sanft in den Nacken.

305. Für Paare, die schon sehr lange zusammen sind, ist das beste Rezept, mal wieder etwas gemeinsam zu unternehmen: ein Gespräch, Kino, Sport, ein Hobby, einen Spaziergang, ein Abendessen ... Wenn ihr auch sonst keine gemeinsamen Erlebnisse habt, wie soll es dann im Bett funktionieren? Wunder gibt es nun mal nicht.

306. Denke tagsüber an ihn und daran, wie du über ihn herfallen wirst.

307. Für ihn: Fahre ganz sanft mit den Fingern über den Rand ihrer Unterwäsche. Lass den Finger sacht unter den Rand der Wäsche gleiten, doch keinen Zentimeter weiter. Lass sie schwitzen. Lass sie betteln.

308. Wenn du schon länger mit deinem Partner zusammen bist, versuche ein Muster in deinem Menstruationszyklus und deinem Sexualverhalten zu erkennen. Meistens gibt es Phasen, in denen du mehr oder weniger Lust auf Sex hast. Wende dein neues Wissen an.

309. Beim nächsten Mal bitte ihn, auf mehrere flache einen tiefen Stoß folgen zu lassen, und wieder von vorn.

310. Wenn du müde bist und keine Lust hast dich zu bewegen, bitte ihn einfach, dich zu masturbieren.

311. Wenn du siehst, dass er müde ist, masturbiere ihn, ohne eine Gegenleistung zu erwarten.

312. Zieh dich aus, geh unter die Dusche, seife dich ein, dusch dich ab, rubble dich trocken, schlüpfe in die Wäsche – wie würdest du es tun, wenn dich jemand dabei beobachtet?

313. Stelle dir den heimlichen Voyeur bei allem vor, was du tust: bei der Arbeit, beim Einkaufen, im Kino ...

314. Wenn er keine Kondome anziehen mag, sucht euch extrasensible aus und befeuchte seinen Penis mit ein wenig Gleitmittel, bevor du ihm das Kondom überziehst.

315. Cybersex. Such dir einen heißen Chat.

316. Stundenlang küssen, streicheln, lecken, aber ohne zu kommen.

317. Wochenende. Reize ihn von morgens bis abends: durch Kommentare, Zärtlichkeiten, Blicke, züchtige Küsse in den Nacken ...

318. Es muss nicht immer derselbe von euch nachgeben. Wenn es zwischen euch Missverhältnisse gibt – zum Beispiel, wenn einer mehr Sex braucht als der andere, ihr euch über eure Vorlieben nicht einig seid etc. –, müsst ihr verhandeln.

319. Wenn immer du verzichten musst, frag dich, ob der Mann der Richtige für dich ist. Deine Konzessionen können der Spiegel für andere Ungleichgewichte in eurer Beziehung sein.

320. Treibe Sport, ernähre dich gesund, schenk dir schöne Kleider, nimm dir Zeit für dich, lies ein gutes Buch ... Wenn du dich gut fühlst, hast du auch mehr Lust.

321. Mehr Cybersex. Besuche eine scharfe Website. Einige, zum Beispiel www.voyeurweb.com (wo ganz normale Leute ihre Fotos zeigen), haben zwei Ebenen, eine öffentliche und eine, die als pornografisch eingestuft wird, für die man einen bestimmten Jahresbeitrag zahlt.

322. Viele Frauen, die wissen, welche Websites ihr Partner öfter besucht, schicken ihr Foto ein, um ihn zum Geburtstag zu überraschen. (Es sei denn, dein Partner hätte ein Problem damit.)

323. Analsex ist keine Perversion.

324. Für ihn: Sei ein Kavalier. Eine zärtliche Nachricht, ein Blumenstrauß ohne besonderen Anlass, ein Schal, »damit du nicht frierst«, ein selbst verfasstes Gedicht. Wir wissen solche Gesten anzuerkennen.

325. Nimm Beziehungsprobleme nicht mit ins Bett.

326. Wenn euer Sexleben sich auf Koitus beschränkt, verbietet ihn euch für eine Weile. Für ein paar Wochen, einen Monat. Alles andere ist erlaubt, und ihr werdet die anderen Vergnügungen bestimmt für euch wiederentdecken.

327. Wenn dein Orgasmus euch Probleme macht, du nur langsam

zum Höhepunkt kommst oder auch, wenn du multiple Orgasmen haben möchtest, empfiehlt sich *Ladys first.*

328. Reibe dich gegen ihn, wenn ihr euch umarmt. Drücke deinen Hintern in seinen Schoß, wenn er dich von hinten umarmt.

329. Spielt ein erotisches Videospiel.

330. Er ist kurz vor dem Orgasmus, will aber weitermachen. Es gibt verschiedene Tricks: Haltet einen Moment inne; er spannt Beckenbodenmuskeln, Hintern, Kiefer und Fäuste an; benutzt einen Cockring; zieh seine Hoden vom Körper weg; drücke auf den Schaft, dort wo der Penis in den Hodensack übergeht (vier oder fünf Sekunden; das kannst du drei- bis viermal wiederholen) ... Wenn du ihn mit der Hand oder mit dem Mund stimulierst, drück fest auf den Eichelkranz und gleichzeitig mit dem Daumen auf die Eichel (auf die Harnöffnung). Er kann auch beim Masturbieren üben. Wenn seine vorzeitige Ejakulation euch ernsthaft beunruhigt, sucht einen Spezialisten auf.

331. Geht nicht zum Geschlechtsverkehr über, solange du nicht erregt bist. Erkläre ihm, dass »feucht« nicht gleich »erregt« ist.

332. Stress beeinflusst die Sexualität. Gönnt euch Auszeiten.

333. Rollenspiel: Chef und Angestellte. Es geht darum, eine Gehaltserhöhung zu erwirken.

334. Oder: Er ist Handwerker, du die Herrin des Hauses.

335. Sei ein Girlie in Minirock und Zöpfen.

336. Uniform. Er oder du.

337. Fahrer und Anhalterin. Ideal, wenn ihr in die Ferien fahrt.

338. Wenn du verzweifelt zum Orgasmus kommen willst, klappt es oft nicht. Etwas unbedingt zu wollen, ist ein großer Feind der Lust.

339. Oralsex. Du bist kurz vor dem Orgasmus. Haltet inne und wartet 30 Sekunden. Fangt wieder an. Beim nächsten Mal wartet 20, beim nächsten Mal 10 ... Vorsicht: Der Orgasmus kann eventuell auch verpuffen.

340. Dasselbe bei ihm.

341. Schick ihm eine SMS aufs Handy.

342. Für ihn: Halte ihre Handgelenke hinter ihrem Rücken fest, während ihr euch küsst.

343. Oder zieh sanft an ihren Haaren.

344. Streichle deinen Körper, während er dich leckt.

345. Nötige ihn. Bei diesem Spiel müsst ihr jedoch auf jeden Fall ein Codewort ausmachen, falls es einem nicht mehr gefällt. Am besten eins, in dem nicht die Wörter: »nicht«, »nein«, »halt« und ähnliche vorkommen, denn die sollt ihr bei eurem Spiel benutzen (nicht dass es zu Missverständnissen kommt). Nehmt zum Beispiel »Regenbogen«. (Diese Regel gilt für alle Variationen von Spielen um Macht und Unterwerfung.)

346. Nach dem Sex nicht gleich den Fernseher anmachen oder aufstehen. Gönnt euch noch einen Moment der Zärtlichkeit. Oder liegt einfach nur still da.

347. Lutsche seine Finger. Sauge an ihnen. Führe sie über deine Vulva.

348. Er kommt nach Hause. Ohne ein Wort zu sprechen, ziehst du ihn aus.

349. Zeig ihm deine Leidenschaft. Nichts ist lustfeindlicher als Desinteresse. Beim Blasen oder wenn du ihn masturbierst, zeig ihm, dass du interessiert an ihm, seinem Körper und seinen Reaktionen bist.

350. Mach es dir mit einem Klitorisvibrator (Schmetterling; oder einem BH mit Fernbedienung): Schalte ihn auf der Straße ein.

351. Besorg einen Vibrator für Männer und bitte ihn, einen für dich zu besorgen.

352. Ihr seid im Kino oder im Restaurant. Du gibst ihm deine Fernbedienung, er dir seine. Wer von euch verbirgt es besser?

353. Sex kennt kein Alter. Es gilt einfach, sich an die neuen Bedürfnisse und Gegebenheiten jeder Lebensphase anzupassen.

354. Was würdest du an deinem Sexualleben gern ändern, was fehlt dir? Was könntest du tun, um das zu erreichen? Tu es.

355. Es gibt bestimmt etwas, das du dir selbst nicht eingestehen willst. Eine unsägliche Fantasie? Etwas, um dessentwillen du

dich pervers und schmutzig fühlst? Wie lange willst du es verheimlichen?

356. Ihr habt eine sexuelle Flaute. Na und. Das ist nicht das Ende der Welt. Im Gegenteil, es ist ganz normal. Sprecht darüber und gebt euch Zeit. Vielleicht braucht ihr einfach eine Pause.

357. Kennst du eine Bar, in der sich Paare heimlich treffen? Führe ihn dorthin.

358. Bring ihm bei, sein Becken zu lösen.

359. Mach ein Foto, auf dem du sehr sexy aussiehst. Häng es an den Kühlschrank, mit einer Notiz.

360. Spiel mit deiner Atmung. Du kennst jetzt die Möglichkeiten. Ein Beispiel: kurz vor dem Orgasmus zehnmal tief einatmen und das Becken entspannen.

361. Lest euch gemeinsam in tantrischen Sex ein. Mal sehen, was ihr umsetzen könnt . . .

362. Oder in die taoistischen Praktiken.

363. Ein Picknick mit Delikatessen. Im Bett. Natürlich nackt.

364. Jeder hat das Recht auf seine eigene Meinung über Sex, solange er die anderen respektiert. Verurteile niemanden, und lass dich nicht verurteilen.

365. Schreibe Tagebuch über dein Sexleben. Mit deinen Sehnsüchten, Fantasien, Ideen . . .

+ 1. Ein Ratschlag, der für alle Bereiche des Lebens gilt: Lebe dein Leben, als wäre heute dein letzter Tag. Warum lässt du dir etwas entgehen? Worauf wartest du?

EPILOG

Natürlich gab es verschiedene Gründe, mich in das Abenteuer zu stürzen, dieses Buch zu schreiben. Wahrscheinlich aber wäre es nicht dazu gekommen, wenn ich mir nicht eines Abends selbst zugehört hätte, als ich meinem Sohn feierlich sagte: »Angst zu haben, bedeutet nicht, ein Feigling zu sein. Ein Feigling ist man, wenn man seiner Angst nicht ins Auge sieht.«

Ausgerechnet ich sagte das! Es sind die Worte eines Bekannten (ich entschuldige mich gleich hier für die Aneignung), und in diesem Moment dachte ich: »Schätzchen, wem willst du hier etwas vormachen?«

Und so musste ich die Konsequenzen tragen und mich an den Computer setzen.

Jetzt, da ich das Geschriebene noch einmal gelesen habe, stelle ich fest, dass ich artiger war, als ich sein wollte. Doch ich vergebe mir. Immerhin, nicht jede würde sich trauen, ihren Namen darunter zu setzen. Ich kann von mir sagen, dass ich mit meinem Sexleben zufrieden bin (glücklicherweise gibt es aber immer noch Territorien, die zu erobern sind – und unter anderem bin ich *extrem schüchtern*), und auch wenn ich oft Angst habe: Ich will kein Feigling sein. Bitte tu dir einen Gefallen:

Sei auch du kein Feigling.

INTERNETADRESSEN

Das Internet ist ein unerschöpflicher Quell an Überraschungen. Es gibt Tausende von interessanten Seiten. Hier kann ich nur einige wenige Beispiele nennen:

www.bettydodson.com: Betty Dodson Homepage. Dort findest du ihre Bücher und Videos, Briefe ihrer Anhängerinnen, Essays, Bilder von Vulvas und Penissen ...

www.eroto.com: Fotografien. Du kannst den »Grad« der Erotik wählen.

www.fineartnude.com: Fotografien. Auch wenn sich über Geschmack nicht streiten lässt, ist diese Seite meiner Meinung nach die geschmackvollste ihrer Art.

www.goodvibes.com: Onlineshop des berühmten Sexshops Good Vibrations aus San Francisco. Er steht für Seriosität und Qualität. Hier gibt es Sexspielzeuge, Bücher, Videos und eine eigene monatliche Zeitschrift. Wenn du dich anmeldest, schicken sie dir alle zwei Wochen einen Newsletter mit Produkten und anderen Nachrichten per E-Mail.

www.nerve.com: Gewagte Texte und erotische Fotografien.

www.sexuality.org: Eine der vollständigsten Seiten über Sexualität. Sie begann als Studentenprojekt der University of Washington und ist inzwischen zu einer der anerkanntesten Adressen ihrer Art im Netz geworden.

www.royalle.com: Pornofilme für Frauen. Außerdem auch Sexspielzeuge.

www.taschen.de: Im Taschen-Verlag sind eine Reihe von Büchern mit erotischen Fotografien erschienen. Viele Bilder kannst du auch auf der Homepage sehen.

www.voyeurweb.com: Für Voyeure und Exhibitionisten. Es gibt mehr Bilder von Frauen als von Männern. Zwei Ebenen: die zweite, »Inflagranti«, ist kostenpflichtig.

DANKSAGUNGEN

Dieses Buch wäre nicht entstanden ohne die großzügige Hilfe von Marta Arasanz vom Institut de Sexología in Barcelona, Miguel Ángel Cueto vom Centro Psicológico de Terapia de Conducta (CEP-TECO) in León, Juan José Borrás von der Federación Española de Sociedades de Sexología (FESS) und María Pérez von der World Association for Sexology. Die Zusammenarbeit war für mich eine große Ehre, dafür gilt ihnen meine ewige Dankbarkeit. (Natürlich sind sie nicht verantwortlich für meine Meinungen.)

Außerdem danke ich Dr. Rosa Porqueras, Dr. Javier de Unzueta und Dr. Beverly Whipple, vormals Präsidentin der American Association of Sex Education, Counselors and Therapists, für ihren Beitrag zum Kapitel »Was keinen Namen hatte« und Dr. Olatz Gómez vom Centro de Orientación, Psicoterapia y Sexología in Valencia (CARSIS) für die Revision des Manuskripts.

Ich danke auch all jenen Psychologen, besonders Raimon Gaja, Antoni Bolinches, Daya Helena Rolsma und José García Romero, die mir während meiner Arbeit als Journalistin in den letzten zehn Jahren immer wieder beim Versuch geholfen haben, die Komplexität der menschlichen Beziehungen ein bisschen besser zu verstehen.

Dank gilt Nuria Tey für ihr Vertrauen und die Chance, dieses Projekt zu realisieren, vor allem aber für ihre Fröhlichkeit und Wärme. Laura Álvarez für den Beistand in den vielen Stunden des Zweifels und für Gespräche, ihr Lachen und Augenzwinkern. María Borrás für die Geduld und Nachsicht, und auch jener großartigen anderen María. Allen dreien (oder vieren) tausend Dank, dass mit eurer

Hilfe diese Arbeit Spaß gemacht hat. Und dass ihr Freundinnen seid.

Dank an Maribel, meinen Glücksbringer, die meine Texte gelesen, mir Ideen gegeben und mich infrage gestellt hat, wenn es nötig war, aber vor allem für ihre Akzeptanz.

An AZ für ihre Teilnahme. Inklusive Nachtisch ohne Reue!

An Sito für Beharrlichkeit und Zuspruch, an Mario für seine Zustimmung und Offenheit und an Jaume, der sich um meine Leute gekümmert hat.

Und ich danke Quincy für das Verständnis dafür, dass Mama dir deine Zeit wegnimmt, um ein Buch zu schreiben, das sie dich nicht einmal lesen lässt. Hab Geduld. Und Pas, der mir Mut gegeben und meine Höhen und Tiefen ertragen hat in den über eineinhalb Jahren, in denen ich dieses Buch geschrieben habe.

Alles Zauberei?

Hokus Pokus, liebe mich
und fünfzig andere Zauberrituale
Von Helen Glisic
<u>dtv</u> 3-423-20094-4

Magie ist, wenn man an sie glaubt. Für die Liebe, für Familie und Freundschaft, Gesundheit und Erfolg, für alles finden Sie in diesem Buch den richtigen Zauber.

Wie du deinen Ex-Prinzen in eine Kröte verwandelst und andere Hexensprüche für böse Mädchen
Von Deborah Gray und Athena Starwoman
<u>dtv</u> 3-423-20014-6

Die Sammlung uralter und neuer Hexensprüche enthält ausschließlich Weiße Magie und ist deshalb nicht nur für böse Mädchen geeignet.

Hexensprüche für nette Mädchen
Von Deborah Gray
<u>dtv</u> 3-423-20406-0

Auch nette Mädchen müssen manchmal zaubern. Mit diesen Hexensprüchen werden sie vor positiver Energie nur so sprühen.

Zauber der Liebe
Beschwörungsformeln, Riten und Rezepte
Von Ditte und Giovanni Bandini
<u>dtv</u> 3-423-20422-2

Alles über den Liebeszauber im Allgemeinen und im Besonderen, wie er seit Jahrhunderten von Menschen in aller Welt praktiziert wird. Doch Vorsicht: Der Zauber wirkt!

Die Zauberwelt der Kelten
Von D. J. Conway
<u>dtv</u> 3-423-20430-3

Das Einmaleins der Keltenmagie. Folgen Sie der Autorin in die Welt der wichtigsten keltischen Gottheiten und lernen Sie die wichtigsten Zaubersprüche kennen, für spirituelle wie auch für ganz irdische Anliegen.

Voll erwischt – und jetzt?
Das Lexikon für Verliebte

Alexandra Berger, Andrea Ketterer
Immer muß ich an dich denken
Was Verliebte wissen wollen
dtv 3-423-20263-7

Herzklopfen, weiche Knie und Schmetterlinge im Bauch. Chaos im Herzen und Chaos im Kopf – Lust und Leid aller Verliebten, ob 15 oder 75. Auch die Unsicherheit ist dieselbe: Soll ich den ersten Schritt tun? Was denkt er/sie von mir? Und: Wie wird aus dem ersten Flirt eine feste Beziehung?

Klar, verliebt sein kann man nicht lernen, und all die Dummheiten, die man so begeht, sind auch ganz charmant. Trotzdem, ein bisschen Kopf, ein paar Tipps und kleine Tricks dürfen bei dieser Herzensangelegenheit ruhig sein.

Von A wie Anmache über R wie rosarote Brille bis Z wie Ziele: Alexandra Berger und Andrea Ketterer gehen mit viel Witz und Esprit allen Fragen und Facetten des prickelndsten aller Gefühle nach. Für alle, die verliebt sind und diesen wunderbaren Zustand möglichst lange erhalten wollen.

Das Sexbuch für Frauen

Der Bestseller von
Alexandra Berger und
Andrea Ketterer
dtv 3-423-20017-0

Alles, was Frauen zum Thema Liebe, Lust und Leidenschaft schon immer wissen wollten: Vorschläge für Massagen, aphrodisische Menüs, Rollenspiele und vieles mehr bringen Frauen auf neue Ideen. So kehren Spannung und Erotik auch in langjährige Beziehungen zurück!
Alexandra Berger und Andrea Ketterer nennen die Dinge beim Namen, haben keine Scheu vor vermeintlichen Tabus und geben viele praktische Tips. Fazit: Gute Mädchen haben ihre Migräne und langweilen sich, böse Mädchen holen sich, was sie wollen – und haben jede Menge Spaß dabei.

Lebensart und Lifestyle im <u>dtv</u>

Luxus will gelernt sein, ganz ohne Kenntnis der Produkte, der Marken und Mythen macht er wenig Sinn, schlimmer noch: wenig Spaß.

C. Bernd Sucher
Hummer, Handkuß, Höflichkeit
Das Handbuch des guten Benehmens
<u>dtv</u> premium 3-423-**15102**-1

Betty Halbreich
Sally Wadyka
Der Fashion Guide
Geheimtips aus der Modewelt
<u>dtv</u> 3-423-**20243**-2

Caroline Knapp
Warum Frauen große Handtaschen brauchen
Das Tagebuch der Alice K.
<u>dtv</u> 3-423-**20400**-1

Roger Rosenblatt
58 Perlen der Weisheit
für ein ziemlich vollkommenes Leben
<u>dtv</u> 3-423-**20502**-4

Grant McCracken
Big Hair
Der Kult um die Frisur
<u>dtv</u> premium 3-423-**24110**-1

Erhard Gorys
Die Kunst, Zigarre zu rauchen
<u>dtv</u> 3-423-**36076**-3

Eva Gesine Baur
Feste der Phantasie Phantastische Feste
<u>dtv</u> 3-423-**36101**-8

Horst-Dieter Ebert
Album des Luxus und der Moden
<u>dtv</u> 3-423-**36125**-5

Amy Holman Edelman
Das kleine Schwarze
Eine Erfolgsstory
<u>dtv</u> 3-423-**36212**-X